AF303257

Studien zur Kunstdidaktik | Band 13

U-WESTEND

Herausgegeben von

Klaus-Peter Busse
Rudolf Preuss
Kurt Wettengl

DORTMUNDER | SCHRIFTEN
| ZUR KUNST

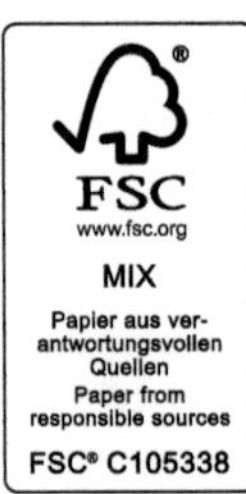

Impressum   Dortmunder Schriften zur Kunst

Studien zur Kunstdidaktik | Band 13

Bibliografische Informationen der Deutschen Bibliothek
Die Deutsche Bibliothek verzeichnet diese Publikation in der deutschen Nationalbibliographie;
detaillierte bibliografische Daten sind im Internet über <http://dnb.ddb.de> abrufbar.

© 2011 Dortmunder Schriften zur Kunst

Gestaltung: Oliver Mast, olli@violi.de
Redaktionelle Mitarbeit: Silke Logemann, Katharina Harsdorf
Herstellung und Verlag: Books on Demand GmbH, Norderstedt

Fotos: Elvira Neuendank und andere Projektbeteiligte

ISBN: 9783844803358

Studien zur Kunstdidaktik | Band 13

U-WESTEND

Herausgegeben von

Klaus-Peter Busse

Rudolf Preuss

Kurt Wettengl

DORTMUNDER | SCHRIFTEN
ZUR KUNST

INHALT

Das Museum am Ostwall, der Lehrstuhl für Kunstdidaktik an der TU Dortmund und die Jugendkunstschule balou e. V. bereiteten im Jahr 2009 ein kunstpädagogisches Projekt vor, das im Jahr der Kulturhauptstadt Ruhr 2010 den Dortmunder Stadtteil Westend mit künstlerischen Methoden untersuchte. An der Schanierstelle zwischen der City und diesem Stadtteil liegt das Dortmunder U, das Zentrum für Kunst und Kreativität, das sich als Dortmunder U in dem ehemaligen Gebäude der Union-Brauerei zu einem wichtigen regionalen und überregionalen Ort des Austausches von Kunst und Kultur entwickeln soll. Das Dortmunder U öffnete im Mai 2010, die TU Dortmund und andere Nutzer – die Fachhochschule, der Hartware Medienkunstverein – zogen zu diesem Zeitpunkt ein, das Museum Ostwall (MO) verlegte im September 2010 seinen Standort vom Ostwall in das Dortmunder U und eröffnete wenig später.

Das Westend, ein Dortmunder Quartier entlang der Rheinischen Straße, im Osten durch die U-Bahn-Haltestelle Westentor – direkt am Wall und neben dem Dortmunder U gelegen – und im Westen durch die Dorstfelder Brücke begrenzt, befindet sich in einer Phase des Stadtumbaus. Durch das Stadtbauprogramm Rheinische Straße erhält das Quartier in der Nähe des Dortmunder U seit einigen Jahren eine neue Identität. Baustellen, bunte Neuanstriche der Häuserfassaden und alte, eher triste Fassaden, kleinbürgerliche historistische Gebäude und schlichte Nachkriegsbauten, Straßensanierungen, frisch gepflanzte Bäume, Brachen und leer stehende Gewerberäume prägen das Bild. Gleichzeitig ist das Westend von heterogenen sozialen Strukturen gekennzeichnet. Der bürgerlich geprägte Raum rund um den Westpark, sozialer Wohnungsbau, viele kleine Gemeinschaften unterschiedlicher Nationen, Studenten und zunehmend auch kulturelle Projekte machen die Identität des Stadtteils aus und geben ihm ein neues Gesicht. Die Nähe zum Stadtzentrum und günstige Mietpreise steigern heute wieder die Attraktivität des Stadtteils.

Auf dem Ludorff-Stadtplan von 1894 wird die frühe industrielle und verkehrstechnische Erschließung des Gebiets deutlich (gekennzeichnet). In der direkten Verlängerung vom alten Dortmunder Westentor ist die Rheinische Straße nach Dorstfeld sichtbar. Die Lage entspricht in etwa dem alten mittelalterlichen Handelsweg. Nördlich dieser Straße befanden sich die Industriekomplexe, südlich, zwischen den Eisenbahnlinien, die dazugehörigen Arbeiter- und Angestelltensiedlungen. Durch das Union Stahlwerk und die entlang der Eisenbahnlinie entstehenden Brauereien entwickelte sich das Projektgebiet zum „Arbeiterviertel im Dortmunder Westen"

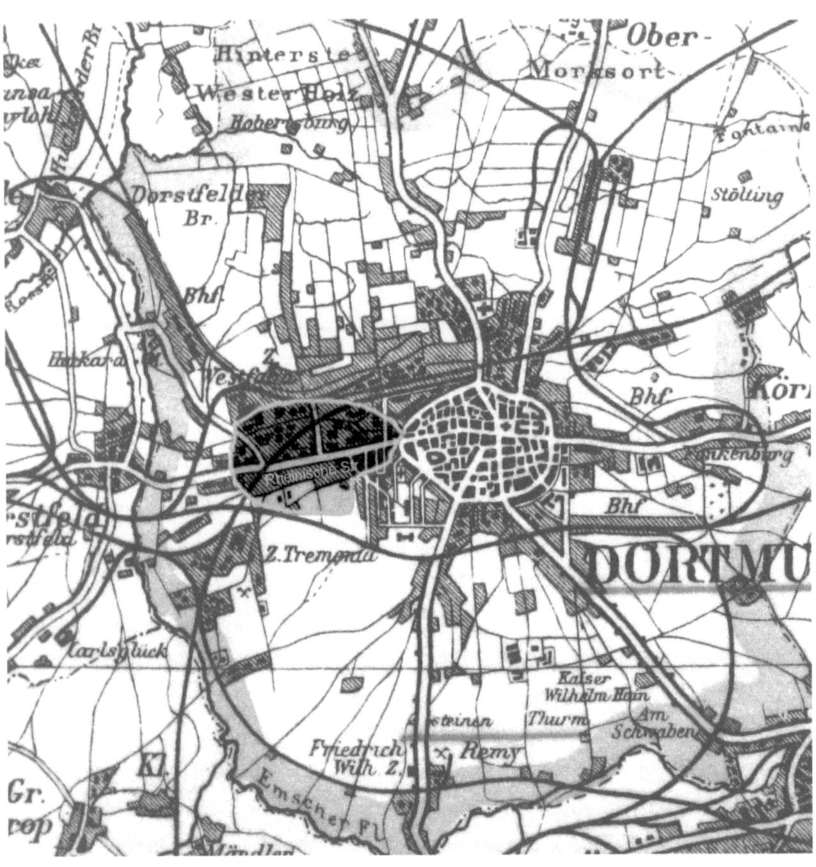

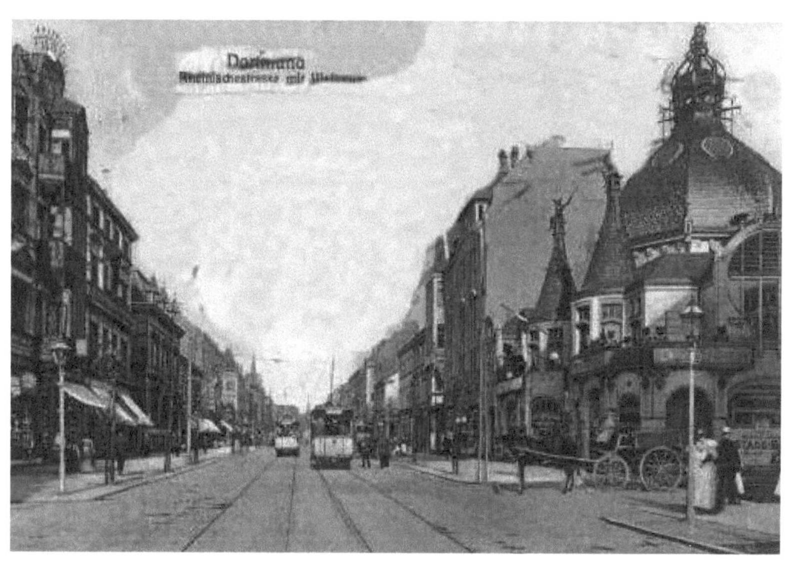

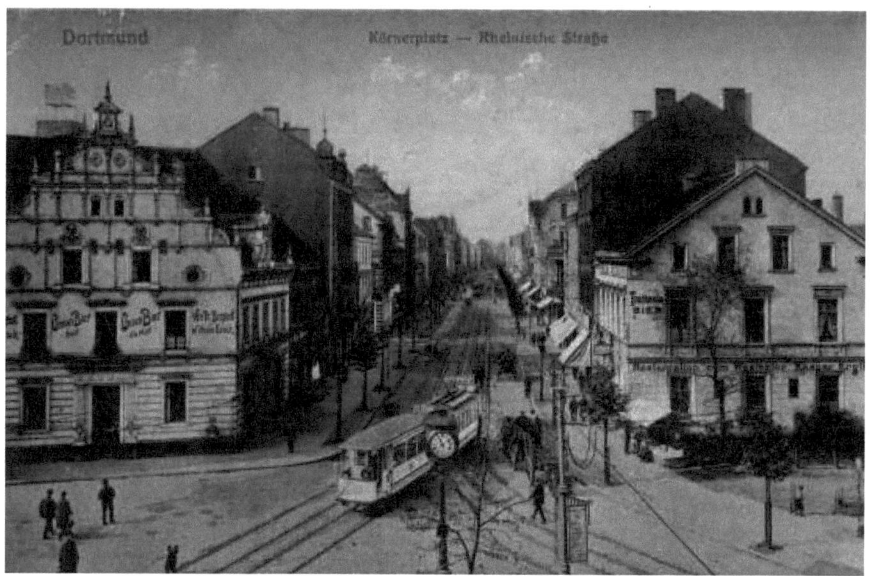

Bild-Postkarten zeigen die Rheinische Straße um 1910 als gut erschlossenes und bedeutsames Einkaufsgebiet für die sich nördlich davon befindenden Siedlungen mit eher bürgerlicher Bebauung. Direkt am Eingang zur Rheinischen Straße, am Körner Platz, lag das Dortmunder Walhalla, ein Kultur- und Vergnügungszentrum mit großem Programm und überörtlichem Bekanntheitsgrad, dessen Besuch die Versendung einer Postkarte wert war.

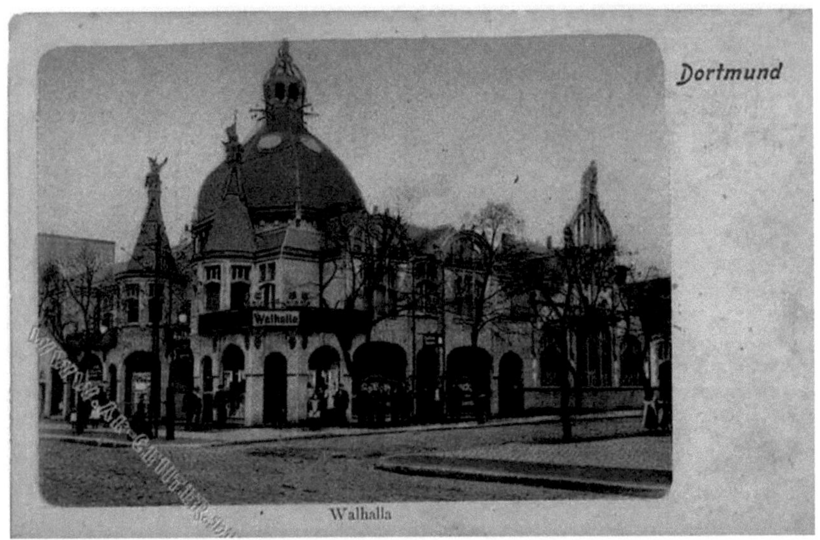

Von der alten Bebauung sind nur noch Reste erhalten, die Industrieschlote sind in den letzten Jahrzehnten stillgelegt worden und zum Teil verschwunden. Neue Industrien haben sich angesiedelt oder auf alten Industriegeländen wurden Umnutzungen entwickelt.

Das Projekt „U-Westend" bezieht sich bewusst auf die gewachsene, noch sichtbare und die heute nicht mehr direkt sichtbare Geschichte des Stadtteils und versucht diese mit den Methoden der künstlerischen Kartographierung zu erkunden und darzustellen. Die Projektkonzeption beinhaltet deshalb neben pädagogischen und künstlerischen Absichten auch stadtteilpolitische Ziele. Mit künstlerischen Methoden wurden die alltäglichen und historischen Spuren der Nutzung dieses Stadtraums durch ihre Bewohnerinnen und Bewohner untersucht und nach der städtischen Identität des Stadtteils gefragt. Absicht war es auch, eine erste Annäherung zwischen den Anwohnern des Quartiers zum Museum Ostwall und der TU Dortmund – oder allgemeiner zum Dortmunder U – herzustellen und erste Schritte zur Einbindung des Zentrums für Kunst und Kreativität in das Stadtumfeld zu unternehmen. Das Projekt „U-Westend" eröffnete Anfang 2010 ein Projektbüro in der Adlerstraße 41, das bis Juni als Informations- und Anlaufstelle für interessierte Bürgerinnen und Bürger diente. In dem Projekt kooperierten mit den drei oben genannten Projektträgern die Fakultät Raumplanung der Technischen Universität, der Verein für baukulturelle Bildung JAS e. V. sowie vier im und um das Westend ansässige Schulen: die Hauptschule Innenstadt-West, die Tremonia Förderschule, die Elsa-Brandström-Grundschule, das Leibniz-Gymnasium und das Max-Planck-Gymnasium.

Im Rahmen des Kunstunterrichts sammelten Kinder und Jugendliche ihre Eindrücke vom Stadtteil. Eine Auseinandersetzung mit dem eigenen Wohn- bzw. Schulviertel und der Blick von außen auf das Gebiet beabsichtigten die Vermittlung von Wissen über die Geschichte und aktuelle Struktur des Stadtteils, die Entwicklung von analytischen Methoden und eine Schulung der Wahrnehmungsfähigkeiten mit dem Ziel, das Bewusstsein der jungen Generation für ihr eigenes Umfeld bzw. das Wohngebiet anderer zu stärken. Die Beobachtungen fanden schließlich als Zeichnungen, Fotografien, Animationsfilme oder in anderen Medien ihren Ausdruck. Einen Blick von außen auf das Westend bieten die im Rahmen des Projektes gestalteten Kunstkurse für Kinder und Jugendliche der Jugendkunstschule balou e. V. und des Museums Ostwall im Dortmunder U. Eine Projektpartnerschaft wurde mit dem Tamilischen Bildungs- und Kulturzentrum an der Rheinischen Straße entwickelt, das Sprach- und Musikunterricht für Kinder und Jugendliche der tamilischen Gemeinde anbietet. In Zusammenarbeit mit Jugend Architektur Stadt (JAS) e. V. nahmen Jugendliche tamilischer Herkunft ab Februar 2010 an Workshops baukultureller Bildung teil. An der Technischen Universität Dortmund fand im Wintersemester 2009/10 ein projektbegleitendes Seminar statt. Studierende im Fach Kunst hospitierten im Unterricht an den beteiligten Schulen und entwickelten auch eigene künstlerische Projekte im Westend. Mit ihren innovativen Ideen bildeten sie eine wichtige Schnittstelle zwischen der Wissenschaft und der konkreten Projektumsetzung. Der in Köln lebende Foto- und Videokünstler Martin Brand führte im Rahmen von U-Westend ein Kunstprojekt im öffentlichen Raum zu Jugendlichen und deren Alltagskultur durch. Er dokumentierte die im Stadtteil vorhandenen Jugendkulturen und problematisierte gleichzeitig den gesellschaftlichen Umgang damit.

„U-Westend" mündete schließlich in einer dreimonatigen Ausstellung im Dortmunder U und wurde von Juli bis September 2010 auf der Etage der TU Dortmund präsentiert. Die Ausstellung fand bei auswärtigen Besuchern und Einwohnern Dortmunds sehr großen Anklang. Der rege Besuch von Bewohnerinnen und Bewohnern des Stadtteils zeigte, dass dieses Thema und der spezifische Blick von Kindern und Jugendlichen auf das Quartier besonders interessant war.

Das Projekt „U-Westend" war zugleich ein Beitrag des Museums Ostwall an dem Ausstellungsprojekt „Mapping the Region", an dem sich vierzehn Kunstmuseen des Ruhrgebietes beteiligten. Im Hinblick auf die Kulturhauptstadt Ruhr 2010 hatten sich zwanzig Kunstmuseen der Ruhrregion zu dem Netzwerk RuhrKunstMuseen zusammengeschlossen.

Das Projekt wäre ohne die finanzielle Unterstützung durch die Stadt Dortmund und die von ihr bereitgestellten Finanzmittel zur Kulturhauptstadt nicht möglich gewesen. Wir danken hierfür allen an der Entscheidung beteiligten, insbesondere

Jörg Stüdemann, dem Stadtdirektor, Kämmerer und Beigeordneten für Kultur, Kurt Eichler, dem Geschäftsführer der Dortmunder Kulturbetriebe sowie Rolf Kuttig, Städtischer Kulturhauptstadtbeauftragter. Die Ruhr 2010 GmbH unterstützte die RuhrKunstMuseen durch Mittel sowie koordinierende und werbende Maßnahmen, die auch dem Projekt U-Westend zugute kamen. Den Geschäftsführern der Ruhr 2010 GmbH, Dr. h. c. Fritz Pleitgen und Prof. Dr. Oliver Scheytt, sowie dem Künstlerischen Direktor „Stadt der Möglichkeiten", Prof. Karl-Heinz Petzinka, gilt unser aufrichtiger Dank. Die aufwändige Koordinationsarbeit des Projektes wurde von Herbst 2009 bis Sommer 2010 von Darija Šimunović geleistet, wofür wir ihr herzlich danken. Annika Wagner und Katharina Vanderminde betreuten das Projektbüro in der Adlerstraße, als zentrale Informations- und Anlaufstelle, und entwickelten vielfältige Ideen und Aktionen, um einen engen Kontakt zu den Bewohnern des Stadtteils herzustellen – auch hierfür möchten wir herzlich danken. Wir danken auch dem Quartiersmanagement Rheinische Straße, das unsere Initiative unterstützte. Im Museum Ostwall lag die inhaltliche Vorbereitung der Kunstkurse bei den Kursleiterinnen Silke Bachner, Sabine Gorski und Barbara Hlali. Das Kunstprojekt der beiden Absolventen des Freiwilligen Sozialen Jahres in der Kultur, Chris Mende und Julius Linnenbrink, wurde vom Museum Ostwall begleitet. Regina Selter, Leiterin für Bildung und Kommunikation, war selbstverständlich in das Leitungsteam des Projektes eingebunden und trug wesentlich zum Gelingen des Konzeptes bei. Unser Dank geht auch an Alischa Leutner. Sie arbeitete experimentell mit der Projektgruppe der Jugendkunstschule im offenen Ganztag der Elsa Brandström- Grundschule. Ohne die intensive Mitarbeit der Lehrerinnen und Lehrer Antoniette Bauch, Winfried Eckernvogt, Rosa Fehr-von Ilten, Jutta Nordhausen, Bodo Schmidt und Benjamin Vogel sowie den beiden architekturpädagogisch erfahrenen Expertinnen und Experten – dem Architekten Torsten Schauz und der Architektin Päivi Kataikko, Fakultät Raumplanung der TU Dortmund – wäre das Projekt keinesfalls umsetzbar gewesen. Sabine Gorski entwarf das prägnante Logo „U-Westend" und gestaltete die begleitenden Printmedien. Ihr wie allen Beteiligten gilt unser aufrichtiger Dank.

Die Studierenden der TU Dortmund haben mit ihrem großen und erfindungsreichen Engagement im Projekt einmal mehr bewiesen, dass Wissenschaft direkt in kulturelle Bildung umgesetzt werden kann.

Ganz besonders danken wir den etwa 250 beteiligten Kindern und Jugendlichen für die intensive und rege Beteiligung an dem Projekt „U-Westend". Unser Dank gilt aber auch den Bewohnerinnen und Bewohnern des Stadtteils, die zu den Veranstaltungen kamen, aktiv dazu beitrugen oder durch ihre interessierten Fragen neue Facetten des Projektes aufzeigten.

Das Projektgebiet ist in dem folgenden Katasterausdruck umrandet.

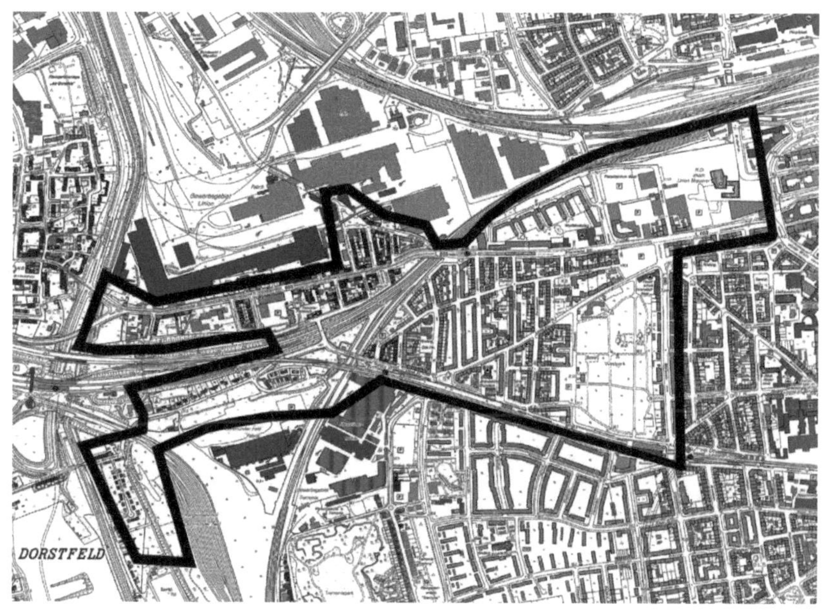

Das Projektteam

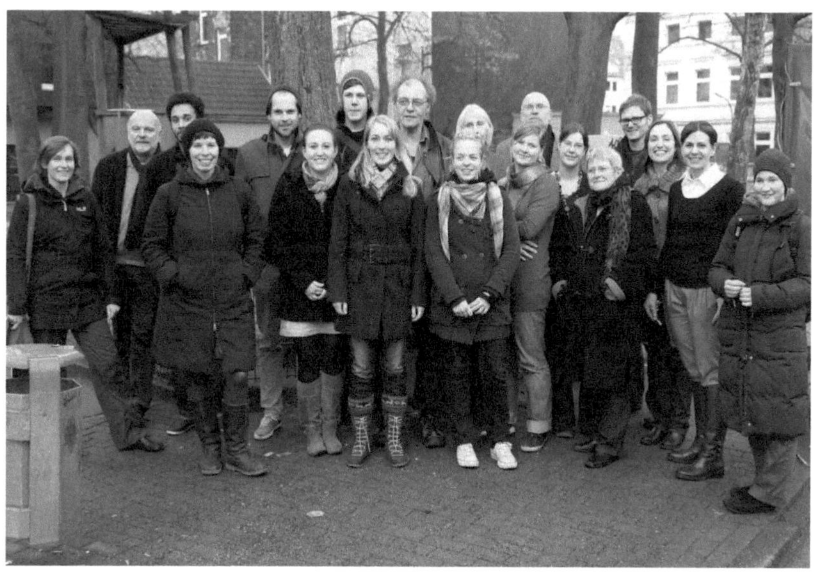

Dieses Projekt war gleichzeitig eine Pilot-Studie für die neuen Aufgaben der Ausbildung von Lehrerinnen und Lehrern, in der die Hochschulen, Studienseminare
und Schulen unter der Federführung des Fachleiters für Kunst am Studienseminar
Dortmund, Herrn Wolfgang Niehoff, exemplarisch neue Wege der Ausbildung von
Studierenden und Referendaren gemeinsam erproben.

Die vorliegende Publikation fasst die Überlegungen und Ergebnisse zu dem außergewöhnlichen Vermittlungsprojekt, an dem sich Kunstwissenschaftler und
Kunstwissenschaftlerinnen, Raumplanerinnen und Architekten, Künstler und
Künstlerinnen, Lehrer und Lehrerinnen, Studierende, Jugendliche und Kinder
und Bewohner beteiligten. Alle Autorinnen und Autoren, der Fotografin Elvira
Neuendank und den Buchdesigner Oliver Mast, schließen wir selbstverständlich
in unseren Dank ein.

Klaus-Peter Busse, TU Dortmund;
Rudolf Preuss, balou e. V.;
Kurt Wettengl, Museum Ostwall.

Abb 1 *Bildnachweis: http://de.wikipedia.org/wiki/Datei:Stadtplan-Ludorff-Dortmund-1894-IMG_2381.jpg[15.5.2011]*
Kennzeichnungen in grün durch den Verfasser.

Abb 2 *Bildnachweis: http://www.dortmund.de/media/bilder_1/pool/__projektseiten/rheinische_strasse/rheinischestrasse_1900_19*
10jpg[15.5.2011]

Abb 3 *Bildnachweis: http://www.flickr.com/photos/mrsfujita/5003895682/ [15.5.2011]*

Abb 4 *Bildnachweis: http://www.ansichtskarten-center.de/webshop/shop/USER_ARTIKEL_HANDLING_AUFRUF.php?darstellen=1&*
*PEPPERSESS=880c772jqtjj6tss64esjokd01&kat_aktiv=290110090&lang=de&update_user_lang=true&is_deeplink=true&Ziel_*
ID=161#Ziel161[15.5.2011]

Klaus-Peter Busse

ORTSGESCHICHTEN

„Sicheren Schritts auf dem schmalen Grat zwischen Wissenschaft und Kunst zu wandeln – geschenkt; schwungvoll über das Seil zu tanzen, den Stab locker über den Schultern – vergiss es; mit freiem Blick da oben zu flanieren – nicht der Rede wert. Sich auf dem Seil zu lümmeln, als wäre es der rauhe Boden, das wäre die Kunst."[1] Hoch oben auf dem Drahtseil sieht die Wirklichkeit ganz anders aus. Der Philosoph Martin Seel sieht unsere Position zwischen Wissenschaft und Kunst sehr pragmatisch - kein sicherer Schritt, wenig Schwung oder vermeintliche Lockerheit, stattdessen „lümmeln" wir uns herum? Es ist sicher das Spiel, das die Kunstpädagogik auszeichnet, zwischen den gebundenen Ansprüchen der Kultur und unvorhersehbaren Ansprüchen ihrer Teilhabe einen Weg zur Kunstvermittlung zu finden.

Der Ort der Kunstvermittlung ist nicht mehr die Schule allein: Der Kunstunterricht öffnet sich gegenüber anderen Fächern und in die Umgebungsräume der Schule hinein. Er nutzt die kulturellen Ressourcen, die es in den Umgebungsräumen gibt: Museen, historische Orte und Prozesse, kulturelle Initiativen. Die Vermittlungsplanung fragt danach, was Kinder und Jugendliche in ihrer Schule aufgrund eines Lehrplans und in ihrem Lebensumfeld so lernen, dass sie Kultur verhandeln können. Sie untersucht, über welche Voraussetzungen sie verfügen, um in neue Lernprozesse einsteigen zu können, welche Kompetenzen sie erreichen sollen und wofür diese sinnvoll sind. Man wird daran denken, Kinder und Jugendliche individuell zu fördern, und man wird die Heterogenität einer Lerngruppe prüfen. Im Kontext ihrer Lebensräume wird man danach fragen, welche Kompetenzen sie an welchen Orten effektiv erreichen können. Vermittlungsplanungen entscheiden, welche Vorteile bestimmte Lernorte haben und wo Lernprozesse am sinnvollsten initiiert werden können. Was kann die Schule besser als das Museum und umgekehrt? Wie können schulische Lernprozesse ergänzt werden? Worauf können Lehrerinnen und Lehrer, Kinder und Jugendliche, Kunstvermittler, Museumspädagogen, Künstlerinnen und Künstler blicken, wenn sie Kunst vermitteln? Alle diese Fragen wird man nur beantworten können, wenn man Inhalte und Methoden reflektiert, die auf der einen Seite Lern- und Erfahrungsinhalte und auf der anderen Seite Vermittlungsformen darstellen. Man wird erkennen, dass es besser ist, Kinder und vor allem Jugendliche nicht nur in die Rolle der Rezipienten von Kultur zu schicken, die fortwährend lernen sollen, was es schon gibt oder was zeitgenössische Künstlerinnen und Künstler über die Kultur herausgefunden haben. Stattdessen begibt man sich auf den Weg, sie selbst zum Sprechen zu bringen - zu dem also, was Kunst eigentlich bestimmt. Man wird auch wissen, dass Kinder und Jugendliche einen Anspruch darauf haben zu erfahren, wie ihre Welten gebaut sind und wie sie selbst Wege finden, sich in diesen Welten verantwortungsvoll zu verhalten. Das sind enorme Ansprüche der Kunstpädagogik.

Schon vor zehn Jahren haben wir „wasserorientierte Freizeitzonen im Ruhrgebiet" kulturwissenschaftlich und künstlerisch untersucht; schließlich entstand die Idee des „Ruhratlas (Ost)", die dann in das Modell „Mapping Ruhr" mündete. 2010 ist das Ruhrgebiet „Kulturhauptstadt" geworden, und die Kunstmuseen in der „Metropolregion Ruhr" sprechen von „Mapping the Region". Die Kartografie sichert dabei die kulturelle Vielfalt der Region. Seit langem beherrscht dieses kulturelle Skript den Alltag der Menschen im „Revier", seitdem sie anfingen, ihre Lebenswelt als Raum zu begreifen, den man gestalten und für sich nutzbar machen kann. Viele künstlerische Projekte dokumentieren heute diesen Umgebungsraum, angefangen bei dem Besuch des amerikanischen Künstlers Robert Smithson, der in Oberhausen arbeitete, über die Arbeiten des Becher-Ehepaares, die heute im Landschaftspark Duisburg-Nord einen Fries an der alten Industriearchitektur bilden, bis hin zu den Fotografien von Joachim Brohm.[2] Eine Vielzahl interessanter Ausstellungen (etwa über die Migration italienischer Familien nach Bochum oder über Eisdielen und Kioske oder über die Landschaftsbauhütte Ruhrtal) hat in den letzten Jahren die Eigenart des Reviers gezeigt. Heute entwickelt man vor allem im Kontext des Kulturhauptstadtjahres aus dem Alltag der Menschen im Revier Mythen. Bedeutungs- und Sinnzuschreibungen werden in Gang gesetzt. Zugleich unterstellt man dem Mythos „Ruhrgebiet" eine überzeitliche Gültigkeit: eine Historizität der Ereignisse im Raum und Alltag der Menschen, die Narrative bereithält, die es wert sind, überliefert zu werden. Das Wechselspiel im Umgang mit historischen Überlieferungen oder Spuren und aktuellen Bestandsaufnahmen schaffe schließlich die Bedeutung dessen, was die „Metropole Ruhr" ausmache. Dies ist eine nachvollziehbare kultursemiologische Sinnpraxis, die viele interessante Bedeutungen hervorbringt und in einem Archiv über Erinnerungstopografien und Raumkulturen speichert.

An der Konstruktion von Mythen sind viele Personen beteiligt. Folgt man dem französischen Philosophen und Semiologen Roland Barthes, dann ist der Alltagsmythos, um den es sich beim Reden über die Metropole Ruhr immer wieder handelt, eine „Einsparung" (das Ruhrgebiet sei grau, grün, Kohle, Stahl, kreativ, weiß, bunt: ein Melting Pot): „Er schafft die Komplexität der menschlichen Handlungen ab und leiht ihnen die Einfachheit der Essenzen, er unterdrückt jede Dialektik, jedes Vordringen über das unmittelbar Sichtbare hinaus, er organisiert eine Welt ohne Widersprüche."[3] Spricht man also von Mythen, muss man sehr vorsichtig mit den Bedeutungen sein, die sie hervorbringen. Auch der „Mythos Ruhr" leidet unter diesen „Glättungen" und „Blendungen" (was der Grund für die vielen kritischen Stimmen zum Kulturhauptstadtjahr ist). Die Frage ist, wie man über die Geschichte und Gegenwart der Metropolregion so reden kann, dass das mythologische Sprechen aufgelöst wird, Mythen entkleidet werden und ungeblendete Bedeutungen entstehen. Diese Entmythologisierung ist ein wichtiger Bestandteil in der Verhandlung von Kultur.

Roland Barthes hat gezeigt, dass es eine Sprache gibt, die nicht mythisch ist: „Es ist die Sprache der produzierenden Menschen: überall, wo der Mensch spricht, um das Wirkliche zu verändern und nicht, um es als Bild zu bewahren, überall, wo er seine Sprache mit der Herstellung der Dinge verbindet, (...) ist der Mythos unmöglich." Um Mythen zu entkleiden, muss man in historischer Sicht das Handeln der produzierenden Menschen rekonstruieren (wie sie beispielsweise den Alltags- und Industrieraum im Ruhrgebiet genutzt haben, wie sie Freizeitorte gestalteten, wie sie mit Dreck, Staub, Klima und Krankheit fertig wurden, aber auch, auf welche historischen Narrative sie zurückgreifen können); aus aktueller Sicht wird man die Menschen in die Lage versetzen, in ihre Welt gestaltend einzugreifen. Das Kulturprogramm hat seinen wesentlichen Kern in dem Möglichkeitsraum, Kultur zu verhandeln und zu gestalten. Dies leisten kulturelle Gebiete selbst in Formen von Eigendynamik und Selbstkonstruktionen. Kulturgebiete sind jedoch auch Räume, in denen kulturelles Handeln in Schulen, Museen und anderen Institutionen vermittelt wird. Dieser Möglichkeitsraum ist auch durch künstlerisches Handeln konfiguriert, weil es eine produktive Praxis ist und Blickfelder öffnet. An der Gestaltung von Möglichkeitsräumen sind Alltag, Kunst und Wissenschaft gleichermaßen beteiligt, aber der Kunst kommt die Aufgabe zu, Blickfelder zu hinterfragen, neue Blickfelder zu entwerfen und auf diese Weise künstlerisch in die Gestaltung von Kultur einzugreifen: „Die Zukunft eines kunstpädagogischen

Prozesses liegt in der Erzeugung von Erzählungen, jedenfalls von kleinen. Wenn heute eine kunstpädagogische Aktion stattfindet im Unterricht, in der Schule, in der Universität, im Museum, im Kindergarten, dann wird seine bildende Wirkung darin gelegen haben, dass es sich lohnt, etwas von diesem Ereignis zu rekapitulieren irgendwann, zu erzählen – auch in ganz anderen Aufführungen und Aktionen kann ein Stück vorkommen – in einer adaptierten oder assimilierten Form, die sich an andere richtet. Der Andere kann auch der Erinnernde selbst sein, der sich etwas verdeutlicht. Unbewusst bildende Wirkungen muss man dabei aus dem Kalkül lassen, da kommt man nicht ran. Jedenfalls nicht ohne besondere Anstrengungen. (...) Die Zukunft der Kunstpädagogik hängt also von der Generierung bemerkenswerter Kristallisationspunkte ab. (...) Was sind Auslöser von Erzählungen? Überraschungen, Unglücke, Glücksfälle, Unheimliches, besonders Schönes, besonders Hässliches, Ekelerregendes, unerwartet Passendes, auf einmal Gekonntes, neu zusammenhangvoll Gewusstes. Wenn der Schüler dort abgeholt wurde, wo er ist, gibt das wahrscheinlich keinen Stoff für eine Erzählung. Wenn nur das passiert, was die Eltern, die Kultusbürokratie oder die Schulleitung gerne hätten, wird es nicht der Rede wert gewesen sein. Jedenfalls wird es etwas sein müssen, das das normale Fassungs- und Verarbeitungsvermögen so übersteigt, irritiert, kurz aussetzen lässt, überzeichnet, durch hartnäckige Disziplin aushebelt, dass ein Mensch willens ist, dies so zu integrieren, dass dabei irgendeine Form von Erzählung abfällt. Das heißt, dass ein neuer Zusammenhang konstruiert wurde. Ein bisschen Qual, Widerwillen, Ekel und Schmerz wird wohl auch dabei gewesen sein."[4] Eine von Mythen befreite Kulturhauptstadt und jeder andere Ort der kulturellen Praxis sind auf diese Weise Möglichkeitsräume des Umgangs mit Biografien, Geschichte, Medien, Kommunikation und Orten. Dieser Prozess zeigt sich im Großen, vor allem aber im Kleinen, wenn Jugendliche heute beiläufig Stadtarchitektur entdecken, um in ihr „Parcours" zu proben (wie sie früher Orte zum Fußballspiel entdeckten und gestalteten). Sobald Jugendliche kulturelle Skripte kennen, suchen sie nach Möglichkeiten, sie anzuwenden. Man habe dann einen neuen Blick auf die Welt, sagt ein Jugendlicher im Interview.

Es ist viele Initiativen Wert, sich eine Kunst- und Kulturvermittlung vorzustellen, die Fähigkeiten vermitteln will, um jungen Menschen zu helfen, sich in ihrer Welt mit künstlerischen Blickfeldern einzurichten. Die Vermittlung hat dabei eine doppelte Aufgabe: Sie öffnet Lernräume, wie man Kunst und Bilder untersuchen und verstehen kann; zugleich zeigt sie Möglichkeiten, mit künstlerischen Blickfeldern die eigene Welt und Kultur zu gestalten. In Schulen unterscheidet sich das Fach Kunst dabei von keinem anderen Fach in Bildungsprozessen: Spracherziehung vermittelt Sprachkompetenzen und ermöglicht Kindern und Jugendlichen schon sehr früh, ihre Interessen zu artikulieren und zu erörtern. Naturwissenschaftliche Didaktiken vermitteln Kompetenzen, um verantwortungsbewusst mit der Natur umzugehen. Für das Fach Kunst eine Sonderstellung in diesen Fächern zu reklamieren, was viele tun, ist widersinnig. Es kann viel von anderen Fächern lernen, die längst begonnen haben, neben Kompetenzen auch Inhalte zu beschreiben, die man öffnet, um einen verantwortungsbewussten Umgang mit Nachhaltigkeit, Klima, Körper, Natur und anderen Menschen zu ermöglichen. Es ist an der Zeit, dass sich auch die Kunstpädagogik zu fragen beginnt, welche Inhalte sie neben allen Kompetenzen lehren will, welche Bilder und welche Kunst sie heute zeigt. Die kulturellen Skripte und ihre Anwendungsbeispiele sind nur ein erster Schritt in der unendlichen Liste kultureller Praxis. Dennoch gibt es Fragen und Inhalte, die sie eingrenzen und die aus dem Wirklichkeitsraum stammen, in dem Kinder und Jugendliche leben und leben werden, ganz so wie vor Jahrzehnten im Ruhrgebiet. Es deutet aber viel darauf hin, noch weiter in die Zukunft blicken zu müssen, als man es jemals gemacht hat, um Orientierungen dafür zu finden, wie man schon heute Kultur gestalten muss.

Erproben wir ein Spiel mit allen beteiligten Personen der Kunstvermittlung an Schulen und anderen gesellschaftlichen Orten, das sie zusammenführt und ihre unterschiedlichen Interessen berücksichtigt. Jeder kann sich in diesem Spiel einbringen: die Lehrerinnen und Lehrer, die Kunstunterricht machen, die Referendare, Referendarinnen und Studierenden, die lernen, wie man unterrichtet und vermittelt, die Museen mit ihren Bildungsangeboten, Sammlungsbestände und Kunst verständlich zu machen, Künstlerinnen und Künstler, die (ihre) Kunst vermitteln wollen, Jugendkunstschulen, lokale Bildungseinrichtungen, die Hochschulen, die wissenschaftliches Wissen generieren und lehren, und schließlich die Kinder und Jugendlichen, denen alle Personenkreise Wege zeigen wollen, mit denen sie sich in einem kulturellen und künstlerischen Feld orientieren und dort handeln können. Für dieses Spiel, das ein Bildumgangsspiel sein wird, gibt es viele Ansatzpunkte und Eingänge. Das Spiel soll „Ortsgeschichten" heißen.

Dem Inhalt des Spiels ordnen sich alle unter: Es geht darum, einen Ort kennenzulernen und zu untersuchen, um zu erfahren, was es mit diesem Ort auf sich hat, wie man zusammenarbeiten kann und was diese Zusammenarbeit leistet. Der schulische Kunstunterricht trägt zu diesem Spiel mit dem kulturellen Skript des Mappings seine Basics bei, die durch einen Lehrplan bedingt sind. In diesem Lehrplan werden gesellschaftliche Ansprüche im Hinblick darauf niedergelegt, was Kinder und Jugendliche dort lernen sollen. Man hat es mit einer relativ gebundenen Veranstaltung zu tun, die klare Regeln hat. In ihr wird es immer darum gehen müssen, grundlegende Bildkompetenzen in der Analyse, Produktion und

Reflexion von Bildern zu vermitteln. Lehrerinnen und Lehrer werden deshalb vielleicht planen, mit ihren Schülerinnen und Schülern Bilder zu untersuchen, die besondere Orte darstellen, deren kunsthistorische Ikonografie zu prüfen und nach Wegen zu suchen, wie man mit Bildern einen konkreten Ort darstellt. Dazu gehören unter Umständen Kenntnisse und Fertigkeiten des Zeichnens, Malens oder Fotografierens. Auszuschließen ist nicht, dass man ein Projekt plant, um den Ort kennenzulernen. Wenn es die Rahmenbedingungen zulassen, bietet es sich an, dass der Geografie- und Geschichtsunterricht auf besondere Räume hinweist, auf die sich eine Gestaltungspraxis der Schülerinnen und Schüler beziehen kann. Ihre Lernprozesse werden bewertet werden. Aus diesem Grund wird man sie in besonderer Weise beraten und fördern, damit jeder Schüler die Lernziele erreicht und für sich das Beste herausholt. Unter Umständen müssen die Jugendlichen sogar eine Klausur schreiben, die in der gymnasialen Oberstufe besonderen Bedingungen unterliegt. Es kann geschehen, dass sich für diese Schüler der Unterricht entlang strenger Vorgaben vollzieht: Sie müssen etwas lernen, was sie im Abitur gebrauchen können. An anderen Schulformen gestalten sich diese Rahmenbedingungen anders. Der Kunstunterricht vollzieht sich zwischen Festlegungen und Spielräumen, die Lehrerinnen und Lehrer an ihren Schulen erkunden.

Das Museum unterliegt diesen Zwängen nicht, es sei denn, Schule und Museum arbeiten so zusammen, dass Kinder und Jugendliche ihre Lernanforderungen an unterschiedlichen Orten entwickeln. Das Museum bringt die künstlerischen Originalwerke ein, vor denen man lernen kann, und macht deutlich, warum es diese Werke aufbewahrt und betreut. Die Museumspädagogik macht diese Aufgaben des Museums anschaulich und zeigt, wie ein Museum aufgebaut ist. Das Museum ergänzt den Kunstunterricht maßgeblich, denn hier lernen Kinder und Jugendliche, welche künstlerischen Möglichkeiten es gibt, sich mit Orten zu beschäftigen. Möglicherweise weitet sich hier ein Blickfeld, und sie sehen, dass man Orte auch durch Interviews, Videoporträts und Bildsammlungen erforschen kann. Es ist nicht schwer vorstellbar, dass das Museum einen Raum anbietet, in dem Kinder und Jugendliche an Bildschirmen und Archiven arbeiten können oder an dem sie sich treffen können, wenn die Schule bereits geschlossen ist. Vielleicht ergänzt das Museum das schulische Lernangebot durch eine Werkstatt, in der Kinder und Jugendliche mit der Unterstützung von Fachleuten etwas machen können, was die Schule nicht leisten kann. Es ist sogar vorstellbar, dass sich das Museum als Ort der Verhandlung und Gestaltung von Kultur vollkommen verändern wird: von einem Ausstellungsort für zeitgenössische Kunst, der den Prämissen des 19. und 20. Jahrhunderts folgte und dem viele Personen sehr kritisch gegenüberstehen, zu einer „lebendigen urbanen Aufführung, einem Experimentieren mit Formen und Ideen". Vielleicht entstünde so ein Museum in seinem „Stadtteil als poröse, auch sozial durchlässige Struktur, eine aus offenen Räumen zusammengewürfelte Kulturlandschaft".[5] Vielleicht spricht man dort auch nicht mehr von „Kunst", sondern vom Umgang mit kulturellen Skripten zur Verhandlung und Gestaltung von Kultur.

Im Museum arbeiten Personen, die in vielen Fällen Fachleute für Bilder, Orte und kulturelle Räume sind, weil sie „Kunstgeschichte" studiert haben und Spezialisten für den Ort sind, der untersucht werden soll. Solche Personen arbeiten auch an Hochschulen und in der Denkmalpflege, und sie können kunsthistorisches Wissen vermitteln, auf das die „Ortsgeschichten" nicht verzichten, weil es gesichertes, aktuelles und methodisch entwickeltes Wissen ist. Mit diesen Personen und Institutionen drängt also die Wissenschaft ins Spiel, die mehrere Beiträge leistet: Sie lenkt den Blick mit wissenschaftlichen und empirischen Methoden auf den Ort, sie vermittelt diese Methoden und zeigt, welches Wissen man mit diesen Methoden erzeugen kann.[6] Die Wissenschaft hilft dabei, die Schichten abzutragen, die sich über die Ortsgeschichten gelegt haben, und erklärt, warum man sich um diese Ablagerungen und Zeugnisse kümmert, denn die Ortstopografie ist eine Erinnerungslandschaft und gehört zum kulturellen Erbe dieses Orts.

Nun haben Schule, Museum und Wissenschaft, die Kunst vermitteln, einen beschränkten Blick auf den Ort, weil sie auf künstlerische Prozesse schauen. In den „Ortsgeschichten" bietet es sich an, diesen Blick zu weiten, indem man nach Institutionen und Personen sucht, die den Ort mit anderen Augen sehen. Was in der Schule vielleicht schon stattgefunden hat, können die „Ortsgeschichten" vollenden. Kinder und Jugendliche finden deshalb einen Weg in ein Museum, das mit naturwissenschaftlichen oder technikgeschichtlichen Perspektiven einen Ort untersucht. Oder sie nehmen an Workshops teil, die Raumplaner und Architekten zur Untersuchung, Gestaltung und Veränderung eines Orts anbieten. Die kartografische Vermessung eines Raums ist die Voraussetzung für seine Gestaltung, und Raumplaner legen inzwischen sehr großen Wert darauf, dass Raumwahrnehmung und Raumgestaltung städtebauliche Bildungsprozesse sind. Es ist anzunehmen, dass die Partizipanten der „Ortsgeschichten" hinlänglich deutlich gemacht haben, wie man sich einem Ort nähert: durch Analyse und Produktion. Denn die künstlerische Kartografie ist nicht nur ein Skript zum Umgang mit Vorhandenem, sondern auch zur Produktion.

Um diesen künstlerischen Aspekt der Ortserkundung kennenzulernen, bietet es sich an, Künstlerinnen und Künstler an den „Ortsgeschichten" zu beteiligen, die unter Umständen einen völlig anderen Blick auf den Ort entwickeln und sich ihm methodisch different annähern. Viele Personen sprechen sich dafür aus, mit wissenschaftlichen und künstlerischen Methoden komplementäre Blicke auf einen Ort zu richten. Kunst und Wissenschaft können in eine angenehme Nachbarschaft treten, zumal viele künstlerische Positionen selbst empirisches Wissen erzeugen und das Ziel verfolgen, Blicke auf die Wirklichkeit zu entkonventionalisieren. Der besondere Beitrag der Künstlerinnen und Künstler liegt aber sicherlich darin, „Bilder" von Orten zu entwickeln, die im Kreis der übrigen Partizipanten nicht entstehen.

Außerschulische Bildungseinrichtungen wie Jugendkunstschulen oder freie Werkstätten ermöglichen Kindern und Jugendlichen kulturelle Praxis neben den gesellschaftlichen Institutionen der Schule, der Wissenschaft und des Museums an konkreten Orten unter deren jeweiligen Bedingungen. Sie bieten Werkstätten, personale Ressourcen und vor allem Ortskenntnisse. Sie unterliegen nicht den institutionellen Rahmenbedingungen und konstruieren Projekte und Erfahrungsumgebungen der „kulturellen Bildung", die sich an den vielen Zielgruppen und ihren Erwartungen orientieren, und sie verorten sich zwischen den Prozessen formeller und informeller Bildung. Auch sie werden spezialisiertes Wissen in die „Ortsgeschichten" einbringen. Außerschulische Bildungseinrichtungen vervollständigen die Handlungskontexte kultureller Bildung an einem Ort.

Neben den Lehrenden und Lernenden gibt es weitere Partizipanten, denn in allen Lernumgebungen tauchen Personen auf, die selbst lernen wollen, wie man die „Ortsgeschichten" gestaltet und wie man Kunst vermittelt: Studierende, Referendarinnen und Referendare. Die „Ortsgeschichten" werden sie in ihre Projekte einbinden: durch „Lernen in Echtzeit". Dennoch haben diese Personengruppen besondere Interessen. Sie selbst lernen, wie man Unterricht gestaltet, wie man museumspädagogische Handlungen entwirft, wie Lehrende und Vermittler an unterschiedlichen Orten beraten und fördern. Hier kommt die Kunstdidaktik als Kunstwissenschaft ins Spiel, die einerseits dieser besonderen Zielgruppe Kompetenzen zur Planung und Durchführung von Vermittlungssituationen vermittelt, andererseits aber auch diese Vermittlungssituation empirisch prüft und evaluiert. Die Kunstdidaktik leistet einen Beitrag zur optimalen Einrichtung der „Ortsgeschichten" und zu ihrer Verbesserung. Im Grunde zeigt sie auf der Grundlage von Forschungswissen, wie man alle genannten Vermittlungsprozesse so einrichten kann, dass sie kompatibel werden. Sie spannt das didaktische Netz zwischen den Partizipanten im Spiel.

Dies gelingt ihr durch die Aufbereitung methodischer Skripte, denn die „Ortsgeschichten" sind auch ein Planungsspiel. Wie können die unterschiedlichen Partizipanten ihre Projekte und Arbeitsvorhaben entlang einer geprüften und gemeinsamen Vermittlungstheorie entwickeln? Die methodischen Skripte legen hierzu eine

Spielregel fest, auf die man sich einigen kann. Projekte und Lernräume wird man zunächst in den operativen Settings entfalten: Lernende nehmen den Ort wahr, hantieren, erkunden, gestalten und stellen etwas her, sie bündeln und verdichten ihre Aussagen in Bildern. In diesen Lernprozessen gehen sie mit vorhandenen Bildern um, lernen kunsthistorisches und städtebauliches Wissen, analysieren Bilder und wenden Forschungsmethoden an. Möglicherweise werden Kinder und Jugendliche Orte verändern und gestalten, also im Umkreis des Orts fantasieren und imaginieren. Den weiteren fachlichen Zugang auf den Ort stellt das Bridging sicher und ermöglicht sogar das Screening, denn die Bildumgangsspiele sind auch Experimente im Umgang mit medialen Skripten. Schließlich werden die „Ortsgeschichten" ein besonderes Interesse daran haben, die entwickelten Blickfelder der Kinder und Jugendlichen an einem „Ort im Ort" auszustellen, um auf diese Weise die Untersuchungsergebnisse mitteilbar zu machen. Aus dieser didaktischen Handlungsstruktur ergibt sich eine komplementäre Handlungschoreografie der „Ortsgeschichten", die ihre performativen Skripte darstellen.

Es gibt Vermutungen, welche Geschichten die Museen im Ruhrgebiet den Menschen, die dort leben, künftig erzählen werden. Es deutet viel darauf hin, dass dies Geschichten sind, die einem Kunstbegriff des 20. Jahrhunderts folgen und die nicht von einer zusammengewachsenen Region sprechen. Wenn Fritz Pleitgen (der Geschäftsführer des Kulturhauptstadtjahres 2010) anlässlich der Vorstellung der „RuhrKunstMuseen", des ersten Zusammenschlusses aller Kunstmuseen in der Ruhr-Region, für sie durch die Aussage werben möchte, im Ruhrgebiet finde sich die dichteste Konzentration von Museen für moderne Kunst, verheimlicht er, dass jede wichtige europäische und amerikanische Großstadt in einem Museum mehr Qualität gesammelt hat, als in der Ruhr-Region zu finden ist. Die Stärke dieser Region muss also, will man sie überhaupt vergleichen, woanders liegen. So erzählen das neu eröffnete Folkwang-Museum und das Kunstquartier in Hagen durch ihre Sammlungs- und Stiftungsbestände die Geschichte eines Kunstbegriffs des 20. Jahrhunderts, der vor allem in der Folkwang-Idee von Karl Ernst Osthaus einen kulturhistorischen Höhepunkt findet. Dortmund hat mit seinem „U" die Gelegenheit, die Brücke zwischen dem 20. und dem 21. Jahrhundert in eine Kunst hineinzubauen, die nicht mehr selbstreferenziell ist, sondern relational und radikant in die Wirklichkeit hineinwirkt. Dies könnte eine spannende Geschichte über die Kunst im Ruhrgebiet werden. Interessant aber ist, dass sich von einer erhöhten Sicht auf die Ruhr-Region (etwa von einer Halde) ihre Skyline noch anders gestaltet. Ihre Museen erkennt man (bis auf das Dortmunder U) nicht, aber die Landmarken, immer wieder Kirchen, Siedlungen, Stadien, Industriearchive, Eisenbahnstrecken und Renaturierungen, die alle historische und aktuelle Ort der Erinnerungslandschaft des Ruhrgebiets und seiner Neuformulierung sind. Dazwischen liegen die kunsthistorischen Orte, die beispielsweise über das Mittelalter und über die Moderne erzählen, als Architekturen in einem Raumnetz.[7] Dies im Zusammenhang mit Kunst zu denken, könnte eine wichtige Idee der regionalen Kunstzentren sein, ohne ein Puzzle zu werden, das man sich zusammensetzen muss.

In diesem Zusammenhang sollte man die Bemühungen um die Geschichten des „Westends" in Dortmund lesen: als eine Frage an die Kunst, wie es nun weitergeht mit der Hinterlassenschaft des kulturellen Erbes, der Eigenart eines typischen Stadtteils und mit neuen Wahrnehmungen der „Digital Natives". Die Ausstellung zeigt viele Formen des Umgangs mit Bildern, Objekten und kulturellen Räumen. In ihrem Mittelpunkt steht der Stadtteil in Dortmund entlang der Rheinischen Straße, den es zu erkunden galt. Dies ist natürlich die Gemeinsamkeit aller Bilder und Objekte. Alles andere ist vielfältig, unterschiedlich und deshalb spannend.

Der Zugriff auf das Westend erfolgt über die Benutzung von kulturellen und medialen Skripten. Die vielen Teilnehmerinnen und Teilnehmer des Projekts wagen beispielsweise andere Blicke (aus der Hundeperspektive, aus der Sicht eines gebastelten Spielzeugautos oder von Überwachungskameras), sie machen Bücher, erkunden den Raum, verändern ihn, stellen sich oder andere Menschen dar, erforschen ihre Biografien, planen und träumen von Reisen, die im Westend beginnen. Um ihre Blickfelder anschaulich zu machen, benutzen sie Foto- und Filmapparate, sie zeichnen, malen und bauen. In vielen Fällen bringen sie mehrere Medien durch Überblendungen zusammen. In allen Fällen sieht man, dass die Bildautoren und Bildautorinnen die benutzten Medien untersucht haben, bevor sie sie anwenden konnten. Eine Radierung kann man erst anfertigen, wenn man gelernt hat, wie sie entsteht und warum sie sinnvoll ist. Denn dem Foto vergleichbar erlaubt sie mehrere Abzüge.

Den Umgang mit den Medien kann man selbst lernen: Man weiß das von digitalen Kameras, der Übertragung der Bilder auf den Computer und von den Programmen, mit denen man Bilder verändert und druckt. Dies alles bringen sich viele Menschen selbst bei. Andere Beispiele zeigen, dass man den Umgang mit den Medien (und mit den kulturellen Skripten) durch Impulse, Ideen und Konzepte von anderen Menschen lernt. Das muss nicht unbedingt im Kunstunterricht erfolgen. Manche Bilder sind im Museum oder an anderen Orten außerhalb der Schule entstanden.

Besonders interessant sind die vielfältigen Autorenschaften der Bilder und Objekte. Es ist sehr wichtig, diese Autorenschaften zu unterscheiden. Beteiligt sind Anwohner des Westends, Kinder, Jugendliche, Studierende und Künstler, die alle über besondere Voraussetzungen für den Umgang mit Bildern verfügen: Ein

Künstler macht andere Bilder als ein Kind in der Grundschule. Die Ausstellung zeigt mit Absicht ein breites Panorama von Möglichkeiten und Personen, in dem in unserer Kultur heute Bilder entstehen.

Um die ausgestellten Bilder zu verstehen, kann man diese drei Merkmale (die Benutzung von Skripten, das Lernen im Umgang mit Bildern und ihre Autorenschaft) in einen Zusammenhang bringen, der dann genau erklärt, was das Besondere an einem Bild ist. Die Wissenschaft nennt diesen Zusammenhang „Bildumgangsspiel". Das Museum ist der Ort, an dem man diesen Zusammenhang zeigen kann. Sicherlich präsentiert das Museum in erster Linie Bilder von Künstlerinnen und Künstlern. Dies ist die wichtige Aufgabe des Museums Ostwall. Aber im Dortmunder U ergibt sich die Möglichkeit, alle Formen der Bildentstehung in unserer Kultur zu betrachten und zu verstehen. Was viele Menschen als „kulturelle Bildung" verstehen, bedeutet dort die Verhandlung und Gestaltung von Kultur. Sieht man die Bilder aller Personenkreise nebeneinander, dann erkennt man, wie Kinder, Anwohner und Künstler ihr Westend sehen. Manchmal liegen die Bilder auch übereinander!

Die Ausstellung „U-Westend" ist zu einem Ort des Diskurses geworden, an dem man erkennen kann, wie unterschiedlich die Blickfelder in Bezug auf einen Raum sind. Man sieht aber nicht nur die Unterschiede zwischen den Annäherungen von Kindern, Jugendlichen und Erwachsenen; ganz wichtig ist, dass die Ausstellung zu einem Lernort für den Umgang mit Bild- und Kunstbegriffen geworden ist. Denn hinter allen Bildern und Objekten stehen sehr genaue Vorstellungen über das, was man mit ihnen mitteilen will. Die Besucherinnen und Besucher erfahren, dass sich die Ansprüche von Kindern, Jugendlichen, Studierenden und Künstlern unterscheiden, und sie entdecken die jeweils anderen Methoden der Annäherung an das Westend. Die Besucherinnen und Besucher haben Gelegenheit, ihre „Kunstbrillen" zu prüfen, die sie häufig tragen, wenn sie Bilder in einem Museum betrachten. Denn die Ausstellung macht anschaulich, dass man die hier gezeigten Bilder nicht an einer Kunstnorm messen kann (also an dem, was man für Kunst hält), sondern an den Eigenständigkeiten jedes einzelnen Bildumgangsspiels. Auf diese Weise wird die Ausstellung zu einem diskursiven Raum, in dem sich Kunst und Medien mit der Idee der Produktion verbunden haben. Die Fachleute (also die Kunstpädagoginnen und Kunstpädagogen) entdecken, welche Wirkungen ihr Einfluss auf diese Produktion hat. Sie öffnen die Blicke von Kindern und Jugendlichen und stellen für sie mediale Skripte bereit, mit denen sie ihre Wahrnehmungen darstellen können. Es muss spannend sein, zu prüfen, ob sie durch ihren Einfluss die eigenen Bildvorstellungen durchsetzen oder wie sie den Rahmen für die Blickfelder von Kindern und Jugendlichen setzen.

„U-Westend" ist in diesen Zusammenhängen zu einem Modellprojekt für die kulturelle Bildung geworden, in dem es nicht nur darum geht, einen Raum zu erkunden, sich in ihm zu verhalten und Wahrnehmungen darzustellen. Neben diesen ästhetischen Erfahrungen ermöglicht das Projekt einen Blick in die Methoden von Bildumgangsspielen und in ihre Grundlagen. Erst wenn Modelle der kulturellen Bildung diese Prozesse zusammendenken (die Öffnung von Wahrnehmungen, das Machen von Bildern und die Reflexion von Bilddiskursen), werden sie zu einem Ort der Verhandlung und Gestaltung von Kultur.

---

1   Vgl. Martin Seel: Theorien, Frankfurt/Main 2009.

2   Vgl. Anke Asfur/Dietmar Osses (Hg.): Neapel–Bochum–Rimini. Arbeiten in Deutschland. Urlaub in Italien, Essen 2003; James Lingwood (Hg.): Bernd und Hilla Becher. Robert Smithson. Field Trips, Torino 2002 und Heinz Liesbrock (Hg.): Joachim Brohm. Ruhr. Göttingen 2007.

3   Die Aktualität des Buches aus dem Jahr 1957 von Roland Barthes über die „Mythen des Alltags" wird durch seine Neuauflage im Jahr 2010 belegt; vgl. Roland Barthes: Mythen des Alltags, Frankfurt/Main 2010, S. 131/134.

4   Karl-Josef Pazzini: Berge versetzen, in: Franz Billmayer (Hg.): Angeboten, München 2009.

5   Niklas Maak: Fort mit dem weißen Karton, in: Frankfurter Allgemeine Zeitung, Nr. 268 vom 18.11.2009, S. 29.

6   Vgl. das Projekt „Stadt | Kultur | Raum" in der Ausstellung und grundsätzlich: Barbara Welzel (Hg.): Hagen erforschen. Die Stadt als Laboratorium. Mit Texten von Birgitt Borkopp-Restle, Birgit Franke, Rouven Lotz und Barbara Welzel. Illustrationen von Frank Georgy, Essen 2010.

7   Vgl. Barbara Welzel (Hg.): Weltwissen Kunstgeschichte: Kinder entdecken das Mittelalter in Dortmund (Dortmunder Schriften zur Kunst. Studien zur Kunstdidaktik. Band 10), Norderstedt 2009 und Barbara Welzel (Hg.): Hagen erforschen. Die Stadt als Laboratorium. Mit Texten von Birgitt Borkopp-Restle, Birgit Franke, Rouven Lotz und Barbara Welzel. Illustrationen von Frank Georgy, Essen 2010.

Rudolf Preuss

SCHULE: ANKERPUNKT DER KULTURELLEN BILDUNG

Seit 2005 werden vom Lehrstuhl für Kunstdidaktik der Technischen Universität Dortmund Projekte der kulturellen Bildung konzipiert und organisiert.[1] In der intensiven Arbeit der vergangenen Jahre wurden vielfältige Erfahrungen mit unterschiedlichen Projektsettings gesammelt, in deren Vergleich ein hohes innovatives Potenzial für die weitere Entwicklung von Kooperationsprojekten in der kulturellen Bildung liegt. In allen Projekten waren Schulen, WissenschaftlerInnen und Studierende der TU Dortmund involviert. Künstler und Künstlerinnen nahmen unterschiedliche Funktionen und Rollen ein. Die Kombination von Wissenschaft, ästhetischer und pädagogischer Praxis trug wesentlich zum Gelingen der Projekte bei und bildet die Grundlage für den innovativen Charakter von Projekten der kulturellen Bildung.

Die Bedeutung von Kooperationsprojekten in der kulturellen Bildung wird durch die neuesten Forschungsergebnisse des Deutschen Instituts für Wirtschaftsförderung (DIW) Berlin verdeutlicht. Markus Grabka konstatiert, dass kulturelle Angebote außerhalb der Schule deutlich von Kindern der Mittel- und Oberschicht majorisiert werden.[2] Das Deutsche Jugend-Institut stellt eine ähnliche Tendenz fest: „Ein anderer Indikator für die Integration in die Gleichaltrigen-Gruppe ist die Vereinszugehörigkeit – sei es ein Sportverein, ein kultureller Verein (z. B. für Musik) oder einer für soziale Veranstaltungen. Auch hier finden wir wieder, dass die Zahl der Vereinszugehörigkeit bei armen Kindern deutlich niedriger liegt als bei den nicht armen Kindern. Dies gilt vor allem für alle Kinder in Haushalten unter 50 % des MÄEV[….].[3] Ähnlich verhält es sich mit dem Zugang der Kinder zur kommerzialisierten Infrastruktur, zum Beispiel Musikunterricht, Tennisspielen, Ballett, Reiten etc. Das Angebot im weiteren Umfeld der Kinder ist für 53 Prozent der nicht-armen Kinder gut, aber nur für 25 % derjenigen aus der ärmsten Gruppe."[4]

Nur in der Schule – so Grabka – komme es auch zu einer starken Beteiligung der Unterschicht, aber ausschließlich dann, wenn die Angebote in einem direkten schulischen Zusammenhang stehen und ohne Schwellenanforderungen an die Eltern wie finanzielle Beiträge oder Transportwege wahrgenommen werden können.[5] Diese Zweiteilung des Marktes der kulturellen Bildung in schulische und außerschulische Angebote geht an vielen Stellen einher mit Qualitätsunterschieden. Betragen in einer Jugendkunstschule die Kursgrößen zwischen sieben und zehn Kindern, so sind es im offenen Ganztagsbereich an einer Grundschule häufig zwischen 20 und 30. In Deutschland gelten rund 11,4 Millionen Menschen als armutsgefährdet. Betroffen sind vor allen Dingen junge Erwachsene und Haushalte mit Kindern, also genau eine wichtige Zielgruppe der kulturellen Bildung. Eine Zweiteilung des Marktes führt deshalb zwangsläufig über längere Zeiträume zu einer Schere in der kulturellen Partizipation und folgt – international einmalig – der Festschreibung von äußerer Differenzierung im deutschen Bildungssystem. Das ist eine ernüchternde Bilanz für viele, die in der kulturellen Bildung arbeiten und engagiert die Vorstellung der gesellschaftlichen Teilhabe aller Bevölkerungsschichten durch kulturelle Bildung verfolgen. Auch staatlich geförderte Projekte der kulturellen Bildung, wie das Programm „Kultur und Schule" in Nordrhein-Westfalen, müssen sich die Frage gefallen lassen, ob sie durch das gewollt in Kontrast zum Unterricht gesetzte Projekt nicht einfach Eliteförderung betreiben?[6]
Markus Grabka schlussfolgert ganz klar: „Es sieht so aus, als hätten es die Schulen in der Hand, unsere Sorgenkinder in ganz normale Mädchen und Jungen zu verwandeln."[7]
An dieser Stelle entsteht natürlich die Frage, inwieweit die Schulen qualitativ und quantitativ in der Lage sind, eine umfassende kulturelle Bildung umzusetzen.
Das Deutsche Jugendinstitut kommt in seinem Abschlussbericht zur kulturellen Bildung 2010 zu der Einschätzung: „Die pädagogische Expertise der außerschulischen PartnerInnen zur Mitgestaltung solcher Bildungssettings erscheint derzeit als unverzichtbar, gleichwohl findet sich kein systematisches Argument dafür, dass eine reformpädagogisch erneuerte Schulpädagogik diese Funktionen perspektivisch nicht auch alleine übernehmen könnte; lediglich die Fachexpertise der PartnerInnen erscheint als nicht substituierbar."[8]
Festgestellt wird ein momentaner Zustand, aber auch grundsätzlich, dass nur mit einer Veränderung von Schule kulturelle Bildung dort umfassend geleistet werden kann, wenn gleichzeitig die außerschulische Fachexpertise konstruktiv in die Konzepte mit einbezogen wird. Zu ergänzen sind hier mit Sicherheit noch die Fachwissenschaft und die Fachdidaktik, die reformpädagogische Erkenntnisse über die Ausbildung der jungen LehrerInnen transportiert aber auch in der ge-

sellschaftlichen Verantwortung sind, durch Organisation von konkreten Projekten
der kulturellen Bildung direkten Einfluss auf bestehende Zustände zu nehmen.
Entsprechend ist der Zielpunkt der Projektarbeit der Kunstdidaktik der TU Dortmund die Veränderung des Unterrichts im System Schule durch das Arbeiten an
der „Cutting Edge" der kunstdidaktischen Forschung und die damit verbundenen
Erprobung von neuen Kooperationsformen zwischen LehrerInnen und außerschulischen Experten. Projekte der kulturellen Bildung können ihre Stärken, die in
den sehr breiten Spektren in Bezug auf die Wissens- und Kompetenzvermittlung
liegen, erst dann tragend einbringen, wenn es gelingt, innerhalb des Systems
Schule dauerhaft wirksam zu werden.

Insofern wird hier ein Qualitätsmaßstab angelegt, der Projekte der kulturellen Bildung nach ihrem innovativen Charakter in der Bildungslandschaft und nach der Trag-
fähigkeit der Einwirkung auf das System Schule beurteilt. Das unterscheidet sich
sehr stark von den Beurteilungskriterien, die zum Beispiel im Programm „Kultur und
Schule" in Nordrhein Westfalen entwickelt wurden. In der dortigen Auswertung werden die Neuartigkeit in der Distanz zum alltäglichen Unterricht, und die daraus resul-
tierenden positiven Unterrichtserfahrungen der Schüler in den Mittelpunkt gestellt.[9]

U-Westend

Das Projekt zeichnet sich durch ein komplexes Setting aus, welches einerseits die
Unabhängigkeit der Arbeitsweise jedes Partners gewährleistet und gleichzeitig
Synergieeffekte mit einbezogen hat. Beteiligt waren eine Hauptschule, eine Förderschule, eine Grundschule und zwei Gymnasien. Eine Gruppe der Jugendkunstschule balou e.V. im offenen Ganztag einer Grundschule, das tamilische Kulturzentrum Dortmund und zwei Arbeitsgruppen der Museumspädagogik des Museums
Ostwall repräsentierten die freie Jugendkulturarbeit. Die Kunststudierenden der
TU Dortmund hatten eine Doppelfunktion. Einerseits arbeiteten sie in den Schulen
mit, andererseits entwickelten sie auch eigenständige künstlerische Projekte. Aus
dem Stadtteil beteiligten sich Erwachsene, Jugendliche, die wir auf der Straße angesprochen hatten und Vereine, wie zum Beispiel der Verein „Rheinische Straße".
Hinzu kam noch der Künstler Martin Brand, der Kontakt zu Jugendlichen im Stadtteil aufbaute und deren Lebensgefühl in ein Video fasste.
Das Projekt hatte im Wesentlichen zwei Phasen. Zunächst fand im Wintersemester
2009/2010 an der TU Dortmund ein Seminar zum Projekt statt, in dem sich die
verschiedenen Gruppen mit ihrer Arbeitsweise und ihren Zielpunkten vorstellten.
Mit dem Projekt verbundene, projektimmanente Weiterbildungseffekte werden
später noch besprochen. Die Ausstellung am Ende dokumentierte das unter-

schiedliche Verständnis und die Herangehensweise an die Mapping-Methode und stellt damit eine wissenschaftliche Evaluation der Methode in der Praxis dar. Aus dem Vergleich der unterschiedlichen Arbeitsweisen der Akteure in den Köpfen der Betrachter entstehen Synergieeffekte, welche ein subjektives Gesamtbild des Stadtteils auf konstruktivistische Weise generieren.

Während der Erarbeitungsphase ab Februar 2010 bildeten die Studierenden ein wichtiges Bindeglied zwischen der Wissenschaft und der Praxis vor Ort. Sie arbeiteten entweder gemeinsam mit den Lehrer/innen einer Klasse oder nahmen sich innerhalb der Schule eigene pädagogische Projekte vor. Eine Studentin konzipierte beispielsweise mit einem sechsten Schuljahr das Projekt „Das Westend aus der Hundeperspektive". Die Kinder gingen auf Erkundungstour, fotografierten und setzen diese Fotos später in Radierungen um. Dies ist ein klassisches Beispiel für das Arbeiten mit der Mapping-Methode, die ein hohes kreatives Potenzial freisetzen kann. Das Fotografieren, den Ort zu suchen und im richtigen Moment den Ausschnitt festzuhalten, entwickelt die Beobachtungsfähigkeit der Kinder.[10] Die Umsetzung in eine Radierung erfordert ganz andere Qualifikationen. Gegenüber einem Foto reduziert eine Radierung die Farbigkeit auf Schwarz-Weiß und zwingt zu einer Abstraktion der Form. In einem mentalen Prozess wird aus dem gewonnenen Blickwinkel des Fotos das Wesentliche extrahiert und dieses dann grafisch auf den Punkt gebracht. Das Lernpotenzial ist also sehr hoch und ließe sich bei dem erwähnten Beispiel auch noch in ganz andere Richtungen entwickeln. Man könnte beispielsweise die Funktion von Haustieren in unserer Gesellschaft untersuchen und über Radierungen bekannter Künstler, etwa Rembrandt, sprechen. So wird eigene ästhetische Praxis erfolgreich mit einer theoretischen Fundierung und allgemein wissenschaftlichen Bildungszielen verbunden.

Synergien

Das Lernen in Projekten der kulturellen Bildung entwickelt Synergien auf verschiedenen Ebenen. Unter lerntheoretischem Aspekt konstruiert das Lernen im Projekt Zugänge zu Gegenstandsbereichen, die sich aus der Sache und dem Arbeitsprozess ergeben und damit nicht vom Lehrer oder von der Lehrerin vorgegeben werden müssen.[11] Anstatt eine personale Beziehung zur Grundlage der Lern-Lehr-Situation zu machen, entsteht in Projekten eine „Shared Attention"[12]. Die gemeinsame Aufmerksamkeit, die aufgrund des gemeinsamen Themas entsteht, führt zu verändertem Rollenverhalten. Die Lernenden haben die Möglichkeit, eigene Fragestellungen an die Sache und das Material zu stellen, und entwickeln in der Regel eine hohe Motivation zur Weiterentwicklung ihrer Fragestellung. Die

einzelnen Elemente können sich so zu einer Erkenntnis in den Köpfen der Kinder und Jugendlichen zusammenfügen, da diese für sich selbst die Zusammenhänge konstruieren können. Diese Ausführungen gelten allgemein für das Lernen in Projekten, insbesondere aber für Projekte im Rahmen einer ästhetischen Praxis, weil hier eine besonders intensive Verschränkung zwischen handlungsorientiertem Arbeiten durch eigene Produktion und Erkenntnisgewinn in der Entwicklung von eigenen Forschungsfragen, die sich im Zusammenhang mit der eher lustbetonten praktischen Arbeit ergeben, Standard ist. Das Projektsetting wurde in dem Projekt „Mapping Brackel" 2008 entwickelt und erprobt. Auch dort hatten die Studierenden die Doppelfunktion der Produzierenden und Begleitenden und kamen über diese „Shared Attention" mit den Schülern und Schülerinnen in einen intensiven Diskurs. Angeregt durch die Studierenden änderten die Jugendlichen ihr eigenes Produktionsverhalten, indem sie sich plötzlich an Techniken wagten, die ihnen eher fremd waren, wie zum Beispiel das zeichnerische Erfassen von Situationen. Deutlich wird hier eine weitere Synergieebene. Das eigene produktive Handeln generierte Motivation bei den Schülern und Schülerinnen, da diese erfuhren, dass die „überlegenen" Studierenden sich der gleichen Schwierigkeit aussetzten wie sie selbst und auch noch überzeugende Lösungen hatten. Das Annehmen von solchen Herausforderungen und das Auslösen eines Motivationstransfers gelingen besonders gut in offenen Unterrichtssituationen und insbesondere in der Zusammenarbeit mit Menschen, die nicht im System Schule fest eingebunden sind und von den Schülern nicht mit entsprechenden Erwartungshaltungen belegt werden. Ein Ortswechsel[13] kann ähnliche Motivationsschübe provozieren, wenn er geschickt mit inhaltlichen Herausforderungen gekoppelt wird. Genau an dieser Stelle liegt auch eine wichtige Aufgabe der Arbeit von außerschulischen Experten/-innen sowie Künstler/-innen in Projekten. Durch die Einbringung ihrer eigenen Arbeitsweise entsteht in der Regel ein Diskurs zwischen allen Lehrenden und den Lernenden, der Entwicklungsprozesse vorantreibt.
Vom schulischen Lernen unterscheidet sich das Arbeiten in freien Gruppen. Dort wird nicht bewertet und benotet. Die Kinder nehmen freiwillig an diesen Gruppen teil und hegen deshalb ihrerseits eine hohe Erwartungshaltung an die Leiter der Gruppen. Die inhaltlichen Fragestellungen sind indes dieselben wie in schulischen Arbeitsgruppen. Eine Verschränkung der verschiedenen Bereiche der formalen und nonformalen Bildung ist auf organisatorischer Ebene aufgrund der systemischen Unterschiede meist nur mit hohem Aufwand möglich. Inhaltlich hingegen werden durch die Arbeit in einem gemeinsamen Projekt die Grenzen transparent. Für die Jugendlichen bedeutet dies, dass die unterschiedlichen Zugänge, die von ihnen mit den verschiedenen Institutionen verknüpft werden, plötzlich

in einem inhaltlichen und thematischen Zusammenhang stehen und von ihnen als Kooperation wahrgenommen werden können. Diese Arbeitsweise basiert also auf der Tatsache, dass Jugendliche als Bestandteile verschiedener Sozial- und Bezugssysteme in diese ihre gesamte Persönlichkeit exportieren oder importieren. Im Gegensatz zu der Separierung der einzelnen Systeme entspricht deshalb eine themenbezogene, synergetische Arbeit viel mehr den kindlichen und jugendlichen Daseinszuständen. Dies sei kurz anhand von zwei Arbeitsgruppen aus dem Grundschulbereich erläutert. An der Elsa-Brandström-Grundschule in Dortmund arbeitete die Kunstlehrerin mit einer Klasse zum Thema „Guerilla-Gardening". Die Baumscheiben des näheren Umfeldes wurden erfasst und jedes Kind gestaltete seine eigene Baumscheibe. Mit der Umgestaltung verbunden war die Erarbeitung von allgemeinen Wissenszielen zu Bäumen. Von jedem Kind wurde ein Beitrag zu einer gemeinsamen Präsentation der Klasse anlässlich der Ausstellung geleistet. Diese fundierte und erprobte Arbeitsweise, bei der ein Produkt erarbeitet wird und damit zusammenhängende Fragen geklärt werden, ist typisch für modernen Grundschulunterricht.

Die Arbeit der Jugendkunstschule im offenen Ganztag derselben Grundschule war viel stärker prozessorientiert. Unter dem Titel „Experiment Spurensicherung"[14] nahmen die Kinder im Stadtteil Wahrnehmungsexperimente vor und hatten die Gelegenheit, ihre eigenen Lebenswelten in einem Video darzustellen. Die auf der Ausstellung präsentierten Ergebnisse waren für den/die Betrachter/-in schwerer zugänglich. Man sah Kisten herumstehen und ein etwas chaotisches Video lief. Die Baumlandschaft daneben war visuell viel präsenter und erschloss sich dem Publikum sehr schnell. Interessanterweise gab es eine relativ große Schnittmenge zwischen den Kindern der beiden Arbeitsgruppen, die so unterschiedlich gearbeitet hatten. Für die Kinder bedeutete dies, dass ihnen verschiedene Zugänge und Arbeitsmöglichkeiten zu einem Thema eröffnet wurden. Dies förderte die Lust auf Entdeckung und Gestaltung in beiden Arbeitsgruppen.

Projektimmanente „Professionalisierung"

Der fachliche Diskurs innerhalb des Projekts geschah auf zwei Ebenen. Im Wintersemester 2009/2010 fand an der TU Dortmund eine Veranstaltung zum Projekt statt, in der versucht wurde, allgemeine Fragestellungen, die mit dem Thema Stadtteil und mit der gewählten Methode des Mapping in Verbindung standen, zu problematisieren. Mapping als künstlerische und kunstdidaktische Arbeitsweise, kunsthistorische Erläuterungen, sozialwissenschaftliche Erkenntnisse über Stadterneuerungsstrukturen, Probleme der kulturellen Bildung außerhalb der

Schule, Konzepte einer modernen Lehrerbildung und konkrete Kenntnisnahme der Situation vor Ort bildeten eine Herangehensweise ab, auf deren Grundlage alle Beteiligten sich ein Wissensgerüst und ein methodisches Setting erarbeiten konnten, mit dem in der Projektphase ab Februar 2010 eine konkrete Arbeit und vor allem ein gemeinsamer Bezug zur Reflexion des Projekts gegeben war. Während der Projektphase waren die Studierenden der TU Dortmund, die gemeinsam mit den Lehrer/-innen arbeiteten, der Transmissionsriemen zwischen Wissenschaft und pädagogischer Praxis. Die Feststellung des Deutschen Jugendinstituts „Die vielerorts entstehende Kooperationskultur zwischen Schule und außerschulischen Partner/-innen kann zu einem nachhaltig erweiterten Bildungs- und Professionsverständnis der Lehr- und Fachkräfte beitragen, taugt aber nicht zur Kompensation schulpädagogisch didaktischer Defizite der Unterrichtsgestaltung"[15] kann aufgrund der Erfahrungen im „Mapping Westend" nur unterstützt werden. Die Wirkung eines Kooperationsprojekts ist langfristig. Dadurch, dass besondere Bedingungen für die Lehrerinnen und Lehrer geschaffen werden, die in Kooperationsprojekten häufig von den Schulleitungen positiv unterstützt werden, entstehen kreative Elemente und ästhetische Erfahrungen auch für die Lehrkräfte, die für den Regelunterricht positiv genutzt werden können. So ist es in einem solchen Projekt regelmäßig der Fall, dass die Rolle des Lehrers sich gegenüber der Unterrichtsrolle deutlich verändert. Schon allein aufgrund der besonderen Lernorte und der Kooperation mit ausgewiesenen Experten muss der Lehrer diese Erfahrungen zusammenfassen und die Jugendlichen bei der Auswertung dieser Erfahrungen wissenschaftlich systematisch anleiten. Die Rolle ist dann nicht mehr in erster Linie die des Wissensvermittlers, sondern die des Begleiters bei der Wissens- und Erfahrungsverarbeitung. Für die Akteure der kulturellen Bildung bedeutet die Kooperation mit Schulen häufig eine große Herausforderung. Große, stark heterogene Gruppen von Schülerinnen und Schülern und veränderte örtliche und organisatorische Bedingungen erzwingen modifizierte Arbeitsweisen und provozieren die „Experten" in ihren Vermittlungsfähigkeiten. Gemeint ist damit nicht nur die differenzierte Anpassung an die Heterogenität, sondern auch der Zwang, in der konkreten Lern-Lehr-Situation über den Rand des eigenen Expertentums zu blicken. Kunstlehrer/-innen beispielsweise sind Allrounder. Sie unterrichten Grafik, Malerei, Plastik, Video, Kunstgeschichte und schulen die Wahrnehmung. Künstler/-innen dagegen arbeiten häufig nur mit einem oder zwei Verfahren. Gezwungen durch die Projektkonzeption, beschäftigen sie sich auch mit weiteren Fragestellungen und Techniken und können dabei vom Überblickswissen der Lehrer/-innen lernen, so wie diese vom Expertenwissen der Künstler/-innen.

Für alle Beteiligten kann also eine Win-Win-Situation entstehen, die in der „Shared Attention" des Projekts begründet liegt.

Die Sichtweise von Grabka, nach der es die Schulen in der Hand haben, Problemgruppen unter den Kindern und Jugendlichen zu integrieren, begreift Schule eher als ein geschlossenes System. Die Einbeziehung vieler gesellschaftlicher Gruppen außerhalb der Schule in Kooperationsprojekte mit Schulen eröffnet eine Arbeitsweise, die die Arbeit mit allen Kindern und Jugendlichen zu einer gesamtgesellschaftlichen macht.

Die Schulen können die an sie gestellten Integrationsanforderungen nur erfüllen, wenn die Akteure in der Kultur und der außerschulischen kulturellen Bildung, die Lehrer/-innen und die Wissenschaft gemeinsam daran arbeiten, Schulen zur Drehachse der kulturellen Bildung zu entwickeln.

1   Mit den vier durchgeführten Projekten wurden ungefähr 1.000 Jugendliche im Alter zwischen elf und 19 Jahren erreicht. 2005/06:
     Projekt „Westfalenstory": sieben Gymnasien und Gesamtschulen (11. Jg.) zum Thema „Anders Sein". Beteiligt waren außerdem
     17 KünstlerInnen und 13 Kunststudierende der TU Dortmund. 2007/08: „Mapping Brackel": zwei Gesamtschulen und eine Realschule
     eines Stadtteils, die ihren Stadtteil kartografierten. Involviert waren auch 20 Studentinnen der TU Dortmund als Praktikanten in den
     Schulen und/oder als eigenständig arbeitende Künstlerinnen. 2009/11: „UniArte-experiment kunst": TU Dortmund und die Univer-
     sität für angewandte Kunst Wien in Kooperation mit acht Schulen aus Wien und Dortmund/Unna. Themenstellung: künstlerische
     Kartografierung der Partnerregion mit Unterstützung von 15 Studierenden der TU Dortmund. 2009/2010: U-Westend.
2   Vgl. Spiegel 39/2010, S.94–100, unter: http://wissen.spiegel.de/wissen/image/show.html?did=73989809&aref=im
     age044/2010/09/25/CO-SP-2010-039-0094-0100.PDF&thumb=false [16.10.2010].
3   MÄEV: Median der äquivalenzbereinigten Einkommensverteilung.
4   Deutsches Jugend-Institut: Thema 2007/11: Kinderarmut: einmal arm – immer arm?, unter: http://www.dji.de/cgi-bin/projekte/
     output.php?projekt=%20790&Jump1=LINKS&Jump2=15 [15.10.2010].
5   Vgl. Spiegel 39/2010, S.94–100.
6   Die Gruppengröße im Programm „Kultur und Schule" beträgt 9–12 Kinder. Von den beteiligten KünsterInnen werden größere Grup-
     pen als nicht bewältigbar bezeichnet. Pro Schule finden häufig nur ein bis zwei Projekte pro Schuljahr statt. Die Klassengrößen im
     Kunst- und Musikunterricht belaufen sich dagegen auf 30 Kinder.
7   Vgl. Spiegel 39/2010, S.94–100, hier S. 99.
8   Anna Schnitzer: Abschlussbericht Kooperation von Schule mit außerschulischen Akteuren (KOSA), S. 194, unter: www.dji.de/kosa/
     Abschlussbericht%20KOSA_1Neu_Januar_2010.pdf [15.10.2010].
9   „Die Kinder und Jugendlichen registrieren sehr sensibel, dass sich die Arbeitssituation im Projekt deutlich von der im Unterricht
     unterscheidet. Oberflächlich betrachtet handelt es sich dabei um die Möglichkeit, sich anders verhalten zu können: Sie können sich
     bewegen, es gibt Situationen, in denen sie sich untereinander unterhalten können und insgesamt wird viel gelacht[…]
     'Wir durften rumlaufen, mussten uns nicht melden und durften reden.' (Elektronenmusik/Leverkusen)."
     Zit. nach: Annette Aulke/Alexander Flohé/Dr. Reinhold Knopp: Kunst bewegt!, Qualitative Wirksamkeitsstudie NRW Landespro-
     gramm Kultur und Schule, S.32/33 unter: http://www.kulturundschule.de/docs/Bericht_Kultur_und_Schule_stadt-konzept.pdf
     [1.5.2011]. Die Kinder und Jugendlichen empfinden die Befreiung vom Noten- und Leistungsdruck sowie das Herausspringen aus
     der Klassensituation als positiv und kreativitätsfördend. Dass solche Bedingungen letzten Endes die intrinsische Motivation erhöhen
     und damit die Leistungsbereitschaft und die Leistungsfähigkeit, ist eine Behauptung, die schon seit der Reformpädagogik aufge-
     stellt wird und jede/r Lehrer/in kennt. Jede/r Kunstlehrer/in würde sich wünschen, unter solchen Bedingungen arbeiten zu dürfen.
10   Vgl. entsprechenden Beitrag von Lisa Marie Karnagel.
11   Die Rolle der Lehrer/-innen in Projekten ist sehr vielschichtig und hängt stark vom Alter und vom Grad der Selbstständigkeit der
     Schüler/-innen ab. Keinesfalls darf sie so verstanden werden, dass die Lehrer/-innen keine Bildungsaufgabe mehr hätten und das
     Projekt sich sozusagen „im Selbstlauf" nur aus Schüleraktivität entwickelt.
12   Vgl. www.gerald-huether.de/populaer/veroeffentlichungen-von-gerald-huether/zeitschriften/psychologie-heute-interview-gerald-
     huether/index.php [15.10.2010].
13   Das wurde im Projekt „UniArte-experiment kunst" 2009 deutlich. Als die Schüler/-innen in den Werkstätten der Universität arbeite-
     ten, fühlten sie sich durch die professionelle Werkstattumgebung herausgefordert.
14   Vgl. Beitrag von Alischa Leutner: Experiment Spurensicherung in vorliegender Publikation.
15   Anna Schnitzer: Abschlussbericht Kooperation von Schule mit außerschulischen Akteuren (KOSA), S. 193, unter: www.dji.de/kosa/
     Abschlussbericht%20KOSA_1Neu_Januar_2010.pdf [15.10.2010].

Kurt Wettengl

DAS PROJEKT U-WESTEND. DIE VERBINDUNG VON MUSEUM, REGION UND STADT

Die Genese
Ruhr-Atlas. Kartografie einer Region

Für die Europäische Kulturhauptstadt Ruhr 2010 entwickelte das Museum am Ostwall die Idee zur Ausstellung „Ruhr-Atlas. Mapping the Region". Dieses kartografische Ausstellungsprojekt sollte der besondere Beitrag der Stadt Dortmund im „Dortmunder U" werden. Nach den damaligen Zeitplänen sollte das Museum am Ostwall spätestens im Jahr 2010 in die ehemalige Brauerei der Dortmunder Union – das „Dortmunder U" – umziehen. Das industriegeschichtlich bedeutsame Gebäude aus den 1920er Jahren sollte Ausgangspunkt oder Ziel der regional vernetzten Ausstellung werden. Die Ausstellung „Ruhr-Atlas. Mapping the Region" wollte zeitgenössische Kunstformen einbeziehen, die in der Sammlung des Museums nicht vertreten sind oder nicht sein können, da sie in ihrer Prozess- und Ereignishaftigkeit temporär sind, den Museumskontext verlassen und im städtischen beziehungsweise regionalen Umfeld wahrnehmbar und wirksam werden. Das Ausstellungsprojekt „Ruhr-Atlas. Mapping the Region" war als multiperspektivischer Blick der Kunst auf die vielfältigen räumlichen, ökonomischen, alltäglichen und kulturellen Systeme, Strukturen und Szenarien im Ruhrgebiet gedacht. Diese Sichtweise sollte durch die Perspektive der Stadt- und Landschaftsplanung sowie durch lokale Kulturinitiativen erweitert werden.
Die Projektidee entstand auch im Einklang mit den Leitlinien und Ansprüchen des Kulturhauptstadtbüros in Essen. Die zentrale Trias bei der Bewerbung um den Titel der Kulturhauptstadt 2010 waren die Begriffe Identität – Integration – Urbanität; gebündelt wurden diese mit Bezug auf Karl Ernst Osthaus in dem übergeordneten

Motto: Kultur durch Wandel – Wandel durch Kultur. Ruhr 2010 formulierte den Anspruch, die „Metropole Ruhr" als Modell für andere Regionen zu charakterisieren. Die seit 2005 geplante, verschiedentlich modifizierte und schließlich ab Mai 2010 realisierte kulturelle Nutzung des Dortmunder U steht für den Strukturwandel des Ruhrgebiets. Eine der Ausgangsideen für das Ausstellungsprojekt „Ruhr-Atlas. Mapping the Region" war deshalb, diesen Transformationsprozess von der ehemaligen Dortmunder Union-Brauerei zu einem kulturellen Ort, an dem auch das Museum Ostwall seinen neuen Standort finden sollte – und inzwischen gefunden hat –, zu thematisieren.

Aus finanziellen, kulturpolitischen und organisatorisch-baulichen Gründen konnte das Museum Ostwall die Ausstellung „Ruhr-Atlas. Mapping the Region" nicht verwirklichen. Und dennoch wurden diese Überlegungen zum wichtigen Ausgangspunkt für weitere Projekte: Zum einen entstand hieraus das Ausstellungsprojekt „Mapping the Region" der RuhrKunstMuseen. Zu diesem Netzwerk hatten sich 20 Kunstmuseen des Ruhrgebiets anlässlich des Kulturhauptstadtjahres Ruhr 2010 zusammengeschlossen. Zum anderen boten die Vorüberlegungen des Museums am Ostwall die Grundlage für das schließlich in Dortmund realisierte Ausstellungsprojekt „U-Westend. Ein Stadtteil im Dortmunder U", in Kooperation von Museum Ostwall, Technischer Universität (TU) Dortmund und der Jugendkunstschule balou e. V. „U-Westend" wurde zu einer von 14 Ausstellungen der RuhrKunstMuseen und hatte im Unterschied zu den Ausstellungen andernorts einen künstlerisch-pädgogischen und partizipatorischen Ausgangspunkt.

Mapping the Region

Die 14 Ausstellungen der RuhrKunstMuseen wurden unter dem Gemeinschaftstitel „Mapping the Region" in der Verantwortung der beteiligten Häuser kuratiert. Nach der Dortmunder Entscheidung gegen eine große Kunstausstellung unter dem Titel „Ruhr-Atlas. Mapping the Region" unter Beteiligung zahlreicher internationaler Künstlerinnen und Künstler war der „Nukleus" des Ausstellungsprojektes „Mapping the Region" entfallen. Mehr als beabsichtigt wurde die 14-teilige Ausstellung „Mapping the Region" so zu einem Abbild der polyzentrischen Verfasstheit der Region.[1] Die Ausstellungen erstreckten sich über den gesamten Zeitraum des Kulturhauptstadtjahres 2010, waren Einzel- oder Gruppenausstellungen, fanden in den und außerhalb der Museen statt: „Liquid Area" (Flottmann-Hallen, Herne; Städtische Galerie des Emschertal-Museums, Herne); „Übertage" (Kunstmuseum Mülheim an der Ruhr in der Alten Post); „Bernd und Hilla Becher" (Josef Albers Museum Quadrat Bottrop); „Zwischen Kappes und Zypressen" (Ludwig Galerie

Schloss Oberhausen); „Olaf Metzel. Noch Fragen?" (MKM Museum Küppersmühle
für Moderne Kunst, Duisburg); „Christina Kubisch: „Wellenfang" (Skulpturenmu-
seum Glaskasten Marl); „Weltsichten" (Kunstsammlungen der Ruhr-Universität
Bochum, Stiftung Situation Kunst/Für Max Imdahl); „Andreas Siekmann" (Gustav-
Lübcke-Museum, Hamm); „Unerwartet/Unexpected" (Kunstmuseum Bochum);
„U-Westend" (Museum Ostwall; TU Dortmund; Jugendkunstschule Balou e. V., im
Dortmunder U); „Outdoor and Inside" (Kunsthalle Recklinghausen); „Hacking the
City" (Museum Folkwang, Essen); „Light 21" (Zentrum für Internationale Licht-
kunst, Unna); „Mischa Kuball" (Kunstsammlung der Ruhr-Universität Bochum,
Campusmuseum, Sammlung Moderne).

Der Kunstkontext

Die Ausgangsidee zu „Ruhr-Altas. Mapping the Region", die 14-teilige Ausstellung
„Mapping the Region" der beteiligten RuhrKunstMuseen und das Dortmunder
Projekt „U-Westend" gehen auf das Mapping als künstlerische Methode zurück.[2]
Das ursprünglich englische Wort „Mapping" (deutsch, veraltet: Mappierung) und
der Begriff Kartografie bedeuten, das Netzwerk eines Ortes und Raumes zu erfassen. Die Kartografie kann als Instrument zum „Lesen" von Landschaften und Orten
verstanden werden und erfüllt damit eine Bandbreite von Funktionen: Von der
Abgrenzung von territorialen Gebieten und Herrschaftsbereichen bis zur Wander-
karte ist die Spannbreite der Aufgaben breit gefächert. In der Kartografie über-
lagern sich immer Politik und Geschichte mit Geografie, Raumsoziologie usw.[3]
Städte und Landschaften sind nicht nur topografische und geografische, sondern
zugleich kulturelle und semiotische Räume. Sie sind durch Geschichte, Identität
und Relationalität geprägt – um die drei Parameter des französischen Kulturan-
thropologen Marc Augé für den Ort im Unterschied zum Nicht-Ort aufzugreifen.[4]
Eine Region wie das Ruhrgebiet kann auf unterschiedliche Weise kartografisch
erfasst werden: Schon der Blick auf den Rhein-Ruhr-Autoatlas oder den Netzplan
des Verkehrsverbundes Rhein-Ruhr macht dies anschaulich.
Im künstlerischen Kontext spielen Begriffe und Methoden wie Kartografie und
Mapping seit den späten 1950er Jahren und den Aufzeichnungssystemen der
Situationisten zunehmend eine Rolle.[5] Die künstlerische Auseinandersetzung mit
einem Ort beziehungsweise einem Raum kann mit unterschiedlichen Methoden
erfolgen, wissenschaftliche Verfahren oder subjektive Annäherung bieten unterschiedliche Zugangsweisen. Prozesse, Beobachtungen, Messergebnisse und
Erkenntnisse werden in verschiedenen Formen und Medien festgehalten: Landkarte, Fotografie, Film, individuelle Schreibsysteme, Diagramme, Tonaufnahmen

(Soundscape) etc. Mapping in der Kunst berührt die Schnittstelle zwischen Kunst und Gesellschaft: Geschichte, Politik und Alltagskultur dringen in die ästhetische Praxis ein und werden zum Thema der Kunst. Spuren von Mapping-Projekten, die sich auf die Ruhr-Region beziehen, lassen sich seit den späten 1960er Jahren finden. Im Dezember 1968 begleitete der Fotograf Bernd Becher den Galeristen Konrad Fischer und den amerikanischen Künstler Robert Smithson zu einer Tour nach Oberhausen. Die Stadt und ihre unmittelbare Umgebung waren Bernd und Hilla Becher bestens bekannt, da sie seit 1963 und zwischen 1967 und 1969 dort auf der Gutehoffnungshütte West und Ost fotografiert hatten. Einige Tage nach dem Trip nach Oberhausen wurde in der Galerie Konrad Fischer eine Ausstellung mit Arbeiten des Künstlers Robert Smithson eröffnet. Hierin zeigte er seine Skulptur „Non-Site (Oberhausen)" (heute in der Flick Collection). Zentraler Werkstoff dieser Arbeit war Schlacke, die der Künstler von der Exkursion mitgebracht hatte. An den Wänden präsentierte Smithson jeweils den gleichen Ausschnitt einer Karte von Oberhausen mit seiner Beschreibung des Ortes und den Fotografien, die er wenige Tage zuvor gemacht hatte. Die Industriebrachen an den Rändern Oberhausens fügten sich vollkommen in das Interesse des amerikanischen Künstlers, der sich intensiv mit „Orten", ihrer Entstehung und ihrem Verschwinden, ihrer Grenze zu Nicht-Orten befasste.[6]

Im Rahmen der Ausstellung „Vision Ruhr" realisierte der Künstler Jochen Gerz mit Hilfe von knapp 5.000 Ausstellungsbesuchern im Jahr 2000 seine Arbeit „Das Geschenk". Jede und jeder konnte sich fotografieren lassen und ein gerahmtes und signiertes Foto mit nach Hause nehmen; allerdings nicht das eigene Bild, sondern das eines anderen Menschen, der sich ebenfalls in dieser Ausstellung fotografieren ließ. Ein zweiter Abzug eines jeden Porträts kam in die Sammlung des Museums Ostwall. Die Frage nach der Identität des Ruhrgebiets lag diesem Projekt zugrunde, die Teilnahme der Besucher war die Voraussetzung für die Entstehung des Kunstwerks.[7]

Im Jahr 1997 umwanderte der Hamburger Künstler Peter Piller zu Fuß das Ruhrgebiet und legte dabei ca. 350 Kilometer zurück. Das Zufußgehen gehört in dieser Region zu den Seltenheiten und insofern war diese Wanderung schon eine Besonderheit. Piller fasste seine Wege und Beobachtungen in seinem individuellen Schreib- und Zeichensystem unter dem lakonischen Titel „Speiseeiswagen im Wendehammer" zusammen. Der Künstler interessierte sich hier wie in anderen Arbeiten, die nach und nach unter dem Gesamttitel „Archiv Peter Piller" entstehen, für die Alltäglichkeiten des Lebens samt ihrer Schrecken und den Formen der Gestaltung des Raumes durch den Menschen.[8]

Die Grenzen von Landschaft und Stadt sind im Ruhrgebiet fließend, weshalb

Thomas Sieverts die Bezeichnungen der „verstädterten Landschaft" beziehungsweise der „verlandschafteten Stadt" erfand.[9] Die Erfüllung des Bedürfnisses nach
Landschaft und Natur wird in dieser Region seit Jahrzehnten in der Schrebergar-
tenkolonie gesucht. Anna und Bernhard Blume, die ihre Kindheit und Jugend im
Ruhrgebiet verbrachten, dokumentierten das Freizeitverhalten im Schrebergarten
und dessen Idylle vor vielen Jahren.[10] Zu Beginn des 21. Jahrhunderts, im Jahr
2001, ging die finnische Künstlerin Laura Horelli dem Freizeitverhalten in Essen
und Umgebung nach. Ihre Untersuchung bediente sich der Methode des Interviews und wurde auf sechs Videokassetten dokumentiert.[11]
Der koreanische Künstler Park Chan-Kyong machte 2002 das Schicksal der koreanischen Emigranten im deutschen Bergbau zum Thema einer künstlerischen Arbeit.
Die ersten koreanischen Bergarbeiter trafen im Winter 1963 in Duisburg ein. Seine
künstlerische Feldforschung setzte Park Chan-Kyong in einer fotografischen Serie
mit dem Titel „Koreans who went to Germany" um. Die Aufnahmen zeigen koreanische Einwanderer in ihren Wohnungen, Gemeindezentren, auf dem Gelände
der Zeche Zollverein und an anderen Orten des Ruhrgebiets.[12]
Im Rahmen der Ausstellung „M Stadt /M City" stellte ein Projektteam um Bart
Lootsma Ende 2005/06 in Graz Mapping-Projekte aus dem Bereich der Stadtplanung mit Bezug auf das Ruhrgebiet unter dem Titel „Ruhrstadt 2005" vor. Der
Architekt Bruno Ebersbach erstellte eine Serie von digitalen Karten, aus denen
unter anderem das Verhältnis der bebauten zur unbebauten Fläche im Ruhrgebiet
höchst anschaulich wurde. In einer Serie digitaler Fotografien widmete er sich
unter anderem den Schrebergärten in Eppendorf, der durch Natur verborgenen
Technik eines Umspannwerks in Laer und dem Veltins Alpincenter in Welheim.
Philipp Reinfeld erstellte in diesem Rahmen eine digitale Karte von allen Fuß-
ballstadien und Fangemeinden im Ruhrgebiet sowie eine Karte, die die Konzen-
trationen von alten und neuen ökonomischen Aktivitäten veranschaulicht. Der
Architekt Florian Steinbeck entwickelte die Vision einer ringförmigen Bandstadt
innerhalb des Ruhrgebiets. An dieser mit öffentlichem und privatem Verkehr leicht
zu erreichenden Zone sieht er alle öffentlichen Gebäude, parkartige Grünanlagen
zum Wohnen und für die Freizeit.[13]

U-Westend. Ein Stadtteil im Dortmunder U

„U-Westend. Ein Stadtteil im Dortmunder U" wurde als Beitrag der drei Projektpartner – Museum Ostwall, Seminar für Kunst und Kunstwissenschaft der TU Dortmund und Jugendkunstschule balou e.V. – zu einem besonderen Ausstellungsprojekt der RuhrKunstMuseen. Im Unterschied zu den Mapping-Ausstellungen

andernorts war „U-Westend" keine Kunstausstellung, sondern ein Ausstellungsprojekt, an dem sich Schulen, Studierende sowie Kinder und Jugendliche in Kunstkursen des Museums Ostwall, der Jugendkunstschule balou und des Vereins Jugend Architektur Stadt aktiv beteiligten.[14]

Für das Museum Ostwall hatte dieses Projekt einen exemplarischen Stellenwert,
denn der Versuch, eine Verbindung vom Museum zur Stadt und Region zu schaffen, gehört seit einigen Jahren zum Selbstverständnis des Museums Ostwall. Das
Museum möchte Impulse aus der Stadt Dortmund aufnehmen und selbst Anstöße
geben, das heißt gesellschaftliche, stadtplanerische und architektonische Fragen
aufgreifen und in Ausstellungen, Veranstaltungen und Angeboten thematisieren.[15] Diese Idee des Museums bündelt sich unter seiner Leitidee vom Museum als
Kraftwerk. Ausstellungen und Veranstaltungen zum Thema Stadt und Architektur
bilden deshalb einen der thematischen Schwerpunkte des Museums Ostwall. Die
Vermittlung der Sammlung und der Sonderausstellungen, die Zusammenarbeit
mit Schulen und Kindertagesstätten – zum Teil in Bildungspartnerschaften – sowie
Kooperationsprojekte mit dem Institut für Kunst und Kunstwissenschaft an der
TU Dortmund sind gleichfalls selbstverständlicher Teil dieses Ansatzes, ebenso
die außerschulischen Angebote an nachmittäglichen Kunstkursen für Kinder, Jugendliche und Erwachsene sowie der Jugendkunstclub.[16]

Museumsnachbarschaft

Das Museum am Ostwall befand sich über 60 Jahre lang an seinem Standort, der
ihm seinen Namen gab, und innerhalb des Zentrums von Dortmund, das von
den Wallstraßen gefasst wird. Sein neuer Standort im Dortmunder U ist nach wie
vor zentral gelegen; das Museum Ostwall befindet sich nun an einer wichtigen
Scharnierstelle zwischen der City und dem Gebiet an der Rheinischen Straße, in
der Nähe des Hauptbahnhofs. Als ehemals industriell genutztes Gebiet, in dem
auch kleine Handwerksbetriebe angesiedelt waren, Arbeiter und mittleres Bürger-
tum lebten, befindet sich das Quartier durch Stadtentwicklungsmaßnahmen des
Programms „Stadtumbau West" in einem Prozess der Umstrukturierung.
Für das Museum entsteht durch die Verlegung in das Dortmunder U ein neues
Umfeld und für die Bewohner des Gebiets „Westend" wiederum eine neue kulturelle Nachbarschaft. Um diese wechselseitige räumliche Nähe und die gewünschte
Annäherung vorzubereiten, suchte das Museum Ostwall nach einem Standbein im
neuen Quartier, bevor es sich als Museum dort etablieren würde. So mieteten die
drei Projektpartner schließlich im Stadtteil „Westend" einen Laden als Projektbüro
an, mit dem sie interessierten Kindern, Jugendlichen und erwachsenen Stadtteil-

bewohnern eine Anlaufstelle bieten und deren Neugierde am Projekt wecken konnten. Der Gedanke der Möglichkeit zur Partizipation an diesem Mapping-Projekt in eigener Erkundung sollte hierdurch direkt in den Stadtteil getragen werden. Das ca. 50 Quadratmeter große Ladenlokal befand sich in einer eher ruhigen Anwohnerstraße, der Adlerstraße, die parallel zur viel befahrenen Rheinischen Straße verläuft. An mehreren Tagen der Woche stand das Projektbüro als Ort der Information offen und wurde im Wechsel von drei Projektmitarbeiterinnen betreut. Eröffnet wurde es mit einer Aktion, bei der die Anwesenden mit Handy- und Digitalkameras durch den Stadtteil gingen, um ihre Eindrücke von dem ihnen bekannten oder unvertrauten Stadtteil in einem Bild zu kondensieren. Ein anderes Mal stellte zum Beispiel eine Bewohnerin des Stadtteils, Anna Schulte, ihre Publikation „50 Jahre Nachbarschaft. 1959–2009" vor, die als Gemeinschaftsprojekt der Bewohner einer Siedlung im Stadtteil entstanden war und die Baugeschichte der Siedlung, das Wachsen von Vertrautheiten und von Nachbarschaften, das Alltagsleben, die Gestaltung von Gärten etc. in Bildern und Geschichten überliefert.

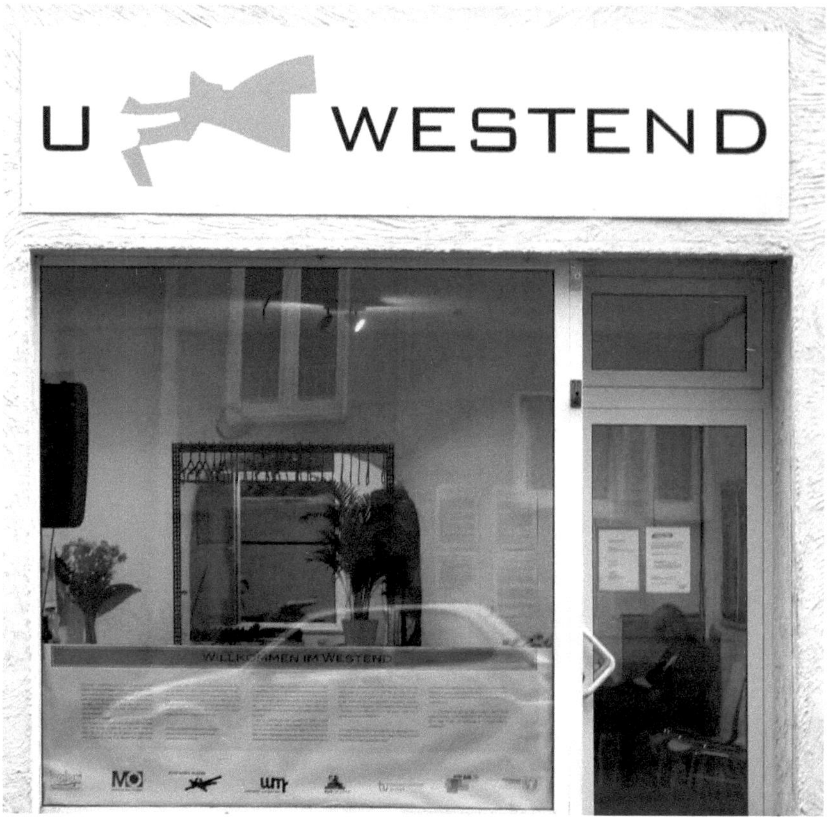

Der Projektraum hatte auch die Funktion als Ausstellungsraum für Projekte von Studierenden der TU Dortmund: Carolin Marchelek stellte hier ihre Fotografien von Ladenbesitzern des Stadtteils aus, Sarah Hübscher, Elvira Neuendank und Uwe Schrader richteten „Das sich dynamisch ordnende Archiv" ein, das allen Interessierten zur Teilnahme offenstand und in einer Abendveranstaltung bekannt gemacht wurde.[17] Neben solchen projekt- und stadtteilbezogenen Nutzungen und Veranstaltungen gab es Künstlerpräsentationen des Museums Ostwall, die sich nicht auf „U-Westend", sondern auf ein parallel laufendes, deutsch-französisches Ausstellungsprojekt des Museums im Dortmunder U bezogen. Für eine tatsächliche Verankerung im Stadtteil war eine fünfmonatige Anmietung des Ladenlokals Anfang 2010 zwar einerseits zu kurz, andererseits dennoch als Übergangsphase vom alten zum neuen Museumsstandort sinnvoll. Durch das Projektbüro und die vielfältigen Aktivitäten, die hiervon ausgingen oder hier zusammenliefen, entstanden Kontakte zu kulturellen und sozialen Initiativen und Verbänden, die ein Kunstmuseum sonst nicht ohne Weiteres aufbauen könnte.

Nach dem Ausstellungsprojekt „U-Westend" kann nun an diese Erfahrungen und Verbindungen angeknüpft werden. In zukünftigen Projekten möchte das Museum Ostwall noch stärker die in der zeitgenössischen Kunst verankerten Ideen der Partizipation und künstlerischen Intervention aufgreifen, um gemeinsam mit Stadt(teil)bewohnern, kulturellen und sozialen Initiativen und Verbänden sowie Künstlerinnen und Künstlern Formen der Teilhabe zu entwickeln. Im besten Fall wirken diese dann sowohl auf den Stadtteil als auch auf die Stadt, aber eben auch auf das Museum Ostwall und das Dortmunder U. Wie kann es gelingen, dass die Bewohner der Stadt und des Stadtteils das Museum Ostwall im Dortmunder U als ihren Ort erfahren? „U-Westend" im Rahmen von „Mapping the Region" war für uns der Versuch einer Antwort.

1   *Die Ausstellungen unter dem Titel „Mapping the Region" waren eines von drei Projekten der RuhrKunstMuseen. Sämtliche Häuser waren ferner verbunden durch das gemeinsame Vermittlungsprojekt „Collection Tours" und die Publikation RuhrKunstMuseen und Ruhr 2010 GmbH (Hg.): RuhrKunstmuseen. Die Sammlung/The Collection, Ostfildern 2010.*

2   *Zum Einstieg in die inzwischen umfangreiche Literatur zum Mapping siehe die wichtige Publikation von Klaus-Peter Busse: Vom Bild zum Ort: Mapping lernen (Dortmunder Schriften zur Kunst: Studien zur Kunstdidaktik, Bd. 3), Norderstedt 2007 sowie Nina Möntmann/Yilmaz Dziewior (Hg.): Mapping a City, Kunstverein Hamburg, Ostfildern-Ruit 2003.*

3   *Siehe Karl Schlögel: Im Raume lesen wir die Zeit. Über Zivilisationsgeschichte und Geopolitik, Frankfurt/Main 2006.*

4   *Marc Augé: Orte und Nicht. Vorüberlegungen zu einer Ethnologie der Einsamkeit, Frankfurt/Main 1994.*

5   *Siehe Guy-Ernst Debord: Theorie des Umherschweifens, in: Situationistische Internationale 1958-1969, Gesammelte Ausgaben des Organs der Situationistischen Internationale, Bd. 1, Hamburg 1976, S. 58–63. (wieder veröffentlicht unter: www.si-revue.de); Simon Ford: Die Situationistische Internationale. Eine Gebrauchsanleitung, Hamburg 2007; Stefan Zweifel/Juri Steiner/Heinz Stahlhut (Hg.): In Girum Imus Nocte et Consumimur Igni – Die Situationistische Internationale (1957-1972), Museum Tinguely, Basel 2007; siehe auch Francesco Careri: Walkscapes. Gehen als ästhetische Praxis, in: archplus. Zeitschrift für Architektur und Städtebau, 183, Mai 2007, S. 32–39. Zur damit verwandten Promenadologie des Landschaftsarchitekten Lucius Burckhardt siehe Markus Ritter/ Martin Schmitz (Hg.): Warum ist Landschaft schön, Die Spaziergangswissenschaft, Berlin 2006.*

6   *Zu Non-Site Oberhausen siehe: Robert Smithson/Bernd&Hilla Becher/James Lingwood: Field Trips, Katalog Museu de Arte Contemporanea der Serralves, Porto 2001.*

7   *Westfälisches Industriemuseum Zeche Zollern II/IV und Museum am Ostwall, Dortmund (Hg.): Vision ruhr: Kunst, Medien, Interaktion auf der Zeche Zollern II/IV, Ostfildern 2000, S. 194–204; Kurt Wettengl (Hg.): Das Gedächtnis der Kunst: Geschichte und Erinnerung in der Kunst der Gegenwart, Historisches Museum und Schirn Kunsthalle, Ostfildern 2000, S. 124–127; Kurt Wettengl (Hg.): Museum Ostwall im Dortmunder U. Das Museum als Kraftwerk, Bönen 2010, S. 24 f. (Text Nicole Grothe).*

8   *Siehe Peter Piller: Speiseeiswagen im Wendehammer, Hochschule für Bildende Kunst, Hamburg 1997. Siehe auch die promenadologischen Projekte von Boris Sieverts. Boris Sieverts: Wie man Städte bereist. Eine Anleitung von Boris Sieverts, in: archplus. Zeitschrift für Architektur und Städtebau, 183, Mai 2007, S. 45; Boris Sieverts: Carambolage. Der Kölner Hauptbahnhof und seine Umgebung, in: archplus. Zeitschrift für Architektur und Städtebau, 183, Mai 2007, S. 46 f.*

9   *Siehe dazu ausführlich: Thomas Sieverts: Zwischenstadt, zwischen Ort und Welt, Raum und Zeit, Stadt und Land, (Vieweg Bauweltfundamente 118), Braunschweig/Wiesbaden 1997.*

10 *Diese Arbeit existiert nicht mehr.*

11 *Präsentiert 2001 in der Ausstellung „Arbeit Essen Angst", Kokerei Zollverein, Essen.*

12 *Siehe: Koreans Who Went to Germany. Photographs by Park Chan-Kyong. Essays by Park Chan-Kyong and Klaus Fehling, Stuttgart 2003.*

13 *Marco De Michaelis (Hg.): M Stadt. Europäische Stadtlandschaften, Kunsthaus Graz 2005, Köln 2005, passim.*

14 *Klaus-Peter Busse: Vom Bild zum Ort: Mapping lernen (Dortmunder Schriften zur Kunst: Studien zur Kunstdidaktik, Bd. 3), Norderstedt 2007; Rudolf Preuss (Hg.): Mapping Brackel, (Dortmunder Schriften zur Kunst: Studien zur Kunstdidaktik, Bd. 7) Norderstedt 2008.*

15 *Siehe dazu Kurt Wettengl: Das Museum Ostwall als Kraftwerk, in: Kurt Wettengl (Hg.): Museum Ostwall im Dortmunder U. Das Museum als Kraftwerk, Bönen 2010, S. 10–17 sowie Kurt Wettengl: Partizipation im Museum, in: Andreas Broeckmann/Dieter Nellen (Hg.), Dortmunder U. Zentrum für Kunst und Kreativität, Bönen 2010, S. 44– 47.*

16 *Siehe Sabine Kehse und Regina Selter: Lust auf Kunst! Jugendkunstclub im Dortmunder Museum am Ostwall, in: Jürgen Stiller (Hg.): Bildräume – Bildungsräume. Kunstvermittlung und Kommunikation im Museum (Dortmunder Schriften zur Kunstdidaktik, Bd. 5), Norderstadt 2007, S. 131– 139; Regina Selter: Bildung und Kommunikation. Kunstvermittlung des Museums Ostwall, in: Kurt Wettengl (Hg.): Museum Ostwall im Dortmunder U. Das Museum als Kraftwerk, Bönen 2010, S. 110–115.*

17 *Siehe die entsprechenden Beiträge in vorliegender Publikation.*

Regina Selter

KÜNSTLERISCHE BILDUNG DES MUSEUMS OSTWALL IM DORTMUNDER U
DIE KUNSTKURSE DES MUSEUMS UND DAS PROJEKT U-WESTEND

Im Rahmen von U-Westend nahmen drei von zwölf Museumskursen für Kinder und Jugendliche mit ihren Kursleiterinnen Barbara Hlali, Silke Bachner und Sabine Gorski an dem Projekt U-Westend und der abschließenden Ausstellung im Dortmunder U teil.

Zum Zeitpunkt der Projektdurchführung befand sich das Museum bereits in der Vorbereitung des Umzugs in das Dortmunder U. Die drei Kurse warfen einen Blick von außen auf den Stadtteil Westend, der das städtische Umfeld der neuen Kunstwerkstätten im Dortmunder U ist.

Der Standortwechsel des Museums, die neue konzeptuelle Ausrichtung zur Leitidee „Das Museum als Kraftwerk" und die zukünftige Einbindung der Kunstwerkstätten in ein übergeordnetes Zentrum für kulturelle Bildung für Kinder und Jugendliche auf der zweiten Etage des Dortmunder U werden zu einem neuen Konzept der Kunstkurse führen und die kunstpädagogischen Aufgaben verändern.

Das Projekt U-Westend bot hierauf einen Vorgeschmack: Es kam dem Ziel des Museums, in den Stadtteil hineinzuwirken, Impulse von außen aufzunehmen und gesellschaftliche Themen mit künstlerischen Mitteln zu bearbeiten, sehr nahe und schuf so einen wichtigen Impuls für eine neue Ausrichtung der Kunstvermittlung.

Künstlerische Bildung im Museum Ostwall – eine lange Tradition

Das Museum Ostwall legt seit seiner Gründung im Jahr 1949 einen Schwerpunkt auf die künstlerische Bildungsarbeit. Die Umsetzung erfolgte seitdem mit unterschiedlichen inhaltlichen Schwerpunkten und Angebotsformen. Ein zentrales Element bei der Vermittlung nahmen seit den 1960er Jahren die Kunstkurse für

Kinder ein.

Ein Rückblick auf die Geschichte der museumspädagogischen Arbeit im Museum Ostwall zeigt, dass es bereits in den bisherigen sechzig Jahren durch die verschiedenen Sammlungs- und Ausstellungsschwerpunkte der jeweiligen Museumsleitung, durch Veränderungen der Raumsituation im Museum Ostwall und durch die Entwicklung neuer methodischer Ansätze immer wieder zu neuen inhaltlichen Ausrichtungen der Kurse kam.

Besonderen Handlungsbedarf in Fragen der Vermittlung von Kunst an Kinder sah bereits die Gründungsdirektorin, Frau Dr. Leonie Reygers. 1953 zeigte das Museum Werke von Kindern in der Ausstellung „Kinder zeichnen und malen – moderne Kunst und Erziehung". Leonie Reygers Vorstellungen vom Museum als Ort der ästhetischen Erziehung von Kindern führten 1961 zur Einrichtung der „Malstube" in den Ausstellungsräumen des Museums. Maltische wurden vor den Kunstwerken aufgestellt; die Kinder malten eigene Bilder nach Originalen aus der Sammlung. Die damalige museumspädagogische Auffassung war, dass Kinder durch kreative Nachahmung einen leichteren Zugang zu Werken aus der Sammlung erhalten könnten.[1]

Die Kindermalstube erfuhr unter dem zweiten Direktor des Museums, Eugen Thiemann, eine Veränderung. 1978 übernahm die Sozialpädagogin Anneli Karrenbrock die Kindermalstube und erweiterte das Malstubenprogramm. Die permanente Installation des Environments „TEK / Thermo-Elektronischer Kaugummi" (1970) von Wolf Vostell im Obergeschoss des Museums hatte 1972 zu einem Umzug der Kindermalstube in die untere Museumsetage geführt. Sie befand sich jetzt in unmittelbarer Nähe zum Ausstellungsbereich. Im Nebeneinander von Ausstellungen und Kinderkunstkursen erlernten die Kinder einen selbstverständlicheren Umgang mit den Kunstwerken und „... die vielzitierte ‚Schwellenangst', speziell vor der reinen Bildergalerie, abzubauen"[2].

Eine weitere Neuerung erfuhr die Museumspädagogik 1980 durch einen erneuten Umzug der Kindermalstube, denn auch im Ausstellungsbereich wurde es mittlerweile zu eng. So zog sie in das Tiefparterre. Die Räume wurden umgebaut und speziell für Kinder eingerichtet. Ein eigener Bereich für die museumspädagogische Arbeit wurde somit geschaffen.

Unter der Leitung von Dr. Ingo Bartsch wurden 1988 die sogenannten Studioräume im Museum eingerichtet. In diesen Räumen fanden ab 1990 auf Initiative der damaligen stellvertretenden Direktorin, Dr. Rosemarie Pahlke, die mehrere Jahre den museumspädagogischen Bereich betreute, einmal im Jahr Ausstellungen der Kindermalstube statt[3]. Diese erzielten öffentlich eine breite Resonanz und vergrößerten den Bekanntheitsgrad der Kindermalstube über Dortmund hinaus. Das museumspädagogische Angebot erweiterte sich zunehmend. Mittlerweile gab es täglich zwei Kurse für Kinder.

Sämtliche Vermittlungsangebote des Museums orientierten sich weiterhin an der museumspädagogischen Methode der Verbindung von Bildbetrachtung und -beschreibung mit anschließender künstlerischer Verarbeitung, die jetzt möglichst nicht mehr analog zum Gesehenen sein, sondern zu einer eigenen Umsetzung führen sollte. Angeregt von der Museumspädagogin Martina Schulte fanden zudem regelmäßig Exkursionen in den Außenraum statt[4]. Die workshopähnlichen Kunstaktionen zum Beispiel in Dortmunder Parks erweiterten die Angebotsform der Malkurse.

Unter der Leitung von Prof. Dr. Kurt Wettengl und unter Mitarbeit der wissenschaftlichen Mitarbeiterin Regina Selter entwickelte der Bereich Bildung und Kommunikation des Museums seit 2005 ein neues Konzept. Formuliert wurden für das Vermittlungskonzept des Museums nun die folgenden vier Ebenen:

1. Das Kennenlernen der Moderne, zeitgenössischer Kunst und künstlerischer Prozesse in der Sammlung und in den Ausstellungen;
2. Wahrnehmungsförderung und das Entdecken des eigenen künstlerischen Potenzials in den Kunstwerkstätten;
3. Die Befähigung zum kompetenten Umgang mit der heutigen medialen Bilderwelt;
4. Das Einbeziehen von Lebenswirklichkeiten.

Im Zusammenhang mit dem erweiterten Angebot und der Neuorientierung im Bildungsbereich wurde die ehemalige „Kindermalstube" in „Kunstwerkstatt" als Ort des prozessorientierten Gestaltens und des Experimentierens umbenannt. Stand am Anfang der Malkurse das Tafelbild und die Vermittlung der eigenen Sammlungsobjekte und Ausstellungen an Kinder und Jugendliche im Vordergrund, veränderten sich zunehmend die Inhalte und Gegenstände in den Kunstkursen, so zum Beispiel durch spartenübergreifende Bildungsarbeit zum Umgang mit Kultur in Kooperationen mit dem Theater Dortmund. In die Vermittlungsarbeit der Kunstkurse wurden analog zu Verfahren aus der aktuellen Kunst alltagskulturelle Bezüge berücksichtigt. Ein Beispiel hierfür war die Kinder- und Jugendausstellung „Meine Stadt" im Jahr 2008. Im Vorfeld erkundeten die Kinder und Jugendlichen aus den Kunstkursen die im Museum präsentierte Ausstellung „Schrumpfende Städte". Darüber hinaus erforschten sie gestaltend ihre städtische Lebenswelt. Die verschiedenen Eindrücke flossen in ihre Kunstwerke und Aktionen ein.

U-Westend

Im Projekt U-Westend wurden die neu formulierten Ansätze der Kunstvermittlung des Museums Ostwall, wie Partizipation und Erkundung des städtischen Raums konkret umgesetzt. U-Westend unterstützte den Schritt aus dem Museum und aus der Kunstwerkstatt heraus in die alltägliche Lebenswelt. Die Kinder und Jugendlichen erkundeten selbstständig den städtischen Raum aus ihrer Perspektive und setzten hierbei unter Anleitung der Kursleiterinnen die Methode des Kartografierens in der Gegenwartskunst und der Stadtplanung als künstlerische Strategie ein. Parallel zur Umsetzung der einzelnen U-Westend-Projekte fand ein begleitendes Studienseminar der Technischen Universität Dortmund statt. Die drei Kursleiterinnen nahmen daran teil und lernten verschiedene kartographische Ansätze aus der zeitgenössischen Kunst und der Raumplanung kennen, die in die jeweilige Projektidee einflossen. Die Kursleiterin Barbara Hlali griff beispielsweise künstlerische Strategien der Situationisten der 1950er Jahre sowie der neueren „Promenadologie" auf. Das Seminar bot so die Chance, eine Schnittstelle zwischen Wissenschaft, neueren kunstwissenschaftlichen Ansätzen und musealer Kunstvermittlung herzustellen.

Mit diesem komplexen Projekt beabsichtigten das Museum und seine Kunstvermittlung bereits frühzeitig, im Vorfeld des Umzuges das Interesse der Anwohnerinnen und Anwohner für das Museum im neuen Zentrum für Kunst und Kreativität zu wecken. Zudem bot dieses Projekt die Möglichkeit, Kinder und Jugendliche als kompetente Beobachter und Forscher einzubeziehen.

Das Museum als Kraftwerk und U-Westend

In Zukunft wird es weiterhin das Ziel des Museums und seiner Kunstvermittlung sein, mit partizipatorischen Angeboten in den Stadtteil Westend hineinzuwirken und ein Ort des Austausches und Dialogs auch für die Bewohner des Viertels zu werden. Die Kunstkurse erhalten bei der Einbeziehung des städtischen Erfahrungsraums und der Öffnung des Museums eine besondere Rolle. U-Westend stellte in diesem Sinne eine erste Probe für „Das Museum als Kraftwerk" dar. Eine Fortsetzung mit ähnlichen Projekten wie U-Westend wäre wünschenswert.

---

1   Vgl. Deutsche Wochenschau: Dortmund: Ostwall Museum, vom 25.11.1965 (1:05 Minuten), Kindermalerei im Museum am Ostwall, vom 25.11.1965 (1:15 Minuten).

2   Anneli Karrenbrock: Vorwort, in: Katalog „Kinder sehen und malen im Museum am Ostwall", Dortmund, ohne Jahrgang.

3   Vgl. Katalog „Kleine große Künstler. 31 Jahre Kindermalstube im Museum am Ostwall", Dortmund 1993.

4   Vgl. ebd.

Barbara Welzel

DAS PROJEKT „STADT KULTUR RAUM. VOM HELLWEG ZUR RHEINISCHEN STRASSE"

An der Kartierung des Dortmunder Westends beteiligte sich auch eine Studierendengruppe des Masterstudienganges „Kulturanalyse und Kulturvermittlung" mit dem Projekt „StadtKulturRaum. Vom Hellweg zur Rheinischen Straße". Der interdisziplinäre Studiengang, in dem Kunstwissenschaft, Kulturanthropologie des Textilen und Musikwissenschaft mit ihren jeweiligen Vermittlungswissenschaften zusammenarbeiten, wird seit dem Wintersemester 2009/2010 an der Technischen Universität Dortmund angeboten. Zentraler Bestandteil sind Projekte. Getragen wird die gemeinsame Arbeit von der Überzeugung, dass Kulturvermittlung in präziser Analyse fundiert sein und Vermittlungswege für die Komplexität der Phänomene suchen sollte. Sie sollte von aktuellen kulturwissenschaftlichen Diskussionen ausgehen und in fachwissenschaftlichen Diskursen verankert sein.[1] Im kunstwissenschaftlichen Wahlpflichtbereich bilden die Konzepte des Kulturellen Gedächtnisses und der Erinnerungsorte einen Schwerpunkt. Dieses Paradigma historisch-kulturwissenschaftlicher Forschung scheint für die Kulturvermittlung vor allem deshalb von herausragender Bedeutung, weil hier der Brückenschlag zwischen eigener Gegenwart und Vergangenheit, mithin das Erschließen historischer Tiefenschärfe als Ressource der Zukunftsgestaltung zentrales Anliegen ist. Wie können Orte, Bauten und Kunstwerke aus früheren Epochen, die bis heute bewahrt und also Teil der Gegenwart sind, als Reichtum der Lebenswelt aktiviert werden? Wie können aus „kalten" Orten „heiße" Orte werden, an denen kulturelle Energie zirkuliert? Zwei Faktoren scheinen dafür – verknappt gesagt – entscheidend: Erstens geht es um Teilhabe an Überlieferungen, die den zeitlichen und räumlichen Rahmen persönlicher Erzählungen grundsätzlich überschreiten. Dies ist immer verbunden mit dem Zugang zu schriftlich und institutionell verankertem

STADT KULTUR RAUM

VOM HELLWEG ZUR RHEINISCHEN STRASSE

Wissen. Zweitens gilt es ganz konkret, die Orte aufzusuchen und als gemeinsame „landmarks" und Orientierungspunkte zu verstehen.[2]

Die Projektgruppe – Sarah Hübscher, Elvira Neuendank, Uwe Schrader und bis März 2010 als Projektleiterin Silke Rüsche – hat zunächst kunst- und stadthistorische Informationen zur Rheinischen Straße zusammengestellt: zur stadtgeschichtlichen und städtebaulichen Achse, die auf den Fundamenten des mittelalterlichen Hellwegs die Stadt im Zeitalter der Industrialisierung westwärts erweiterte. Die beiden prägenden Epochen Dortmunds, das Mittelalter und die Industrialisierung, greifen hier vielfältig und deutlich lesbar ineinander.[3]

Das erste Ergebnis der Projektarbeit waren Texte für einen ausführlichen Flyer, der diese Informationen im Stadtviertel und an Stationen des Hellwegs innerhalb der City verfügbar macht. Zunehmend avanciert das Dortmunder „U" zur stellvertretenden Landmarke für die Stadt. Daher schien es geboten, nach dem Bild der Stadt zu fragen, mehr noch: sich in die Arbeit an diesem Bild einzumischen. Jahrhundertelang war die Stadtsilhouette Dortmunds von den Türmen der Kirchen und der Stadtbefestigung bestimmt. Im 19. Jahrhundert fielen dann die Landmarken der Stadtbefestigung (der Wall wurde geschleift), die Zahl der Kirchtürme war deutlich geringer geworden. Vor allem außerhalb der heutigen City kamen die inzwischen weitestgehend wieder verschwundenen Schornsteine der Industrieanlagen hinzu. 1926 wurde mit dem Gär- und Lagerhaus der Union-Brauerei das erste Hochhaus Dortmunds errichtet, das 1968 seine weithin sichtbare Bekrönung mit dem „U" erhielt. Zwei Bilder wurden daher von der Projektgruppe entwickelt. Das eine legt als farbige Folien unterschiedliche Zeitschichten und Abstraktionen der Stadtsilhouette hintereinander. Die Geschichtlichkeit der Stadt wird auf eine präsentische Anschauungsebene gebracht. Das andere Bild kontextualisiert die meist nur noch isoliert gezeigte Silhouette des „U" mit den Türmen der vier Innenstadtkirchen. Es bringt diese Bauten in ein gemeinsames Bild der Stadt. Beide Darstellungen arbeiten mit summarischen Flächen. Die digitalen Bildbearbeitungen präsentieren sich als Imaginationen und können so dazu anstiften, weitere Imaginationen der Stadt zu entwickeln: im besten Fall wiederum aufbauend auf präzisen Informationen. Solche Arbeit am Bild der Stadt ist für jede Zukunftsgestaltung eine wohl kaum zu überschätzende Ressource – und ein weites Feld für kulturelle Bildung. Noch vor der Präsentation des Flyers, zu der am 16. April 2010 alle Beteiligten des U-Westend-Projektes, die Anwohner des Westend-Viertels und andere Interessierte in die Stadtkirche St. Petri eingeladen waren, wurde ein kommentierter Plan für eine Stadtwanderung nachgefragt. Dies war der Anstoß, noch ein drittes Bild zu entwickeln: eine Karte, die in einprägsamer Visualisierung die Achse der Stadterweiterung mit ihren Markierungen des Industriezeitalters an die alte Stadt-

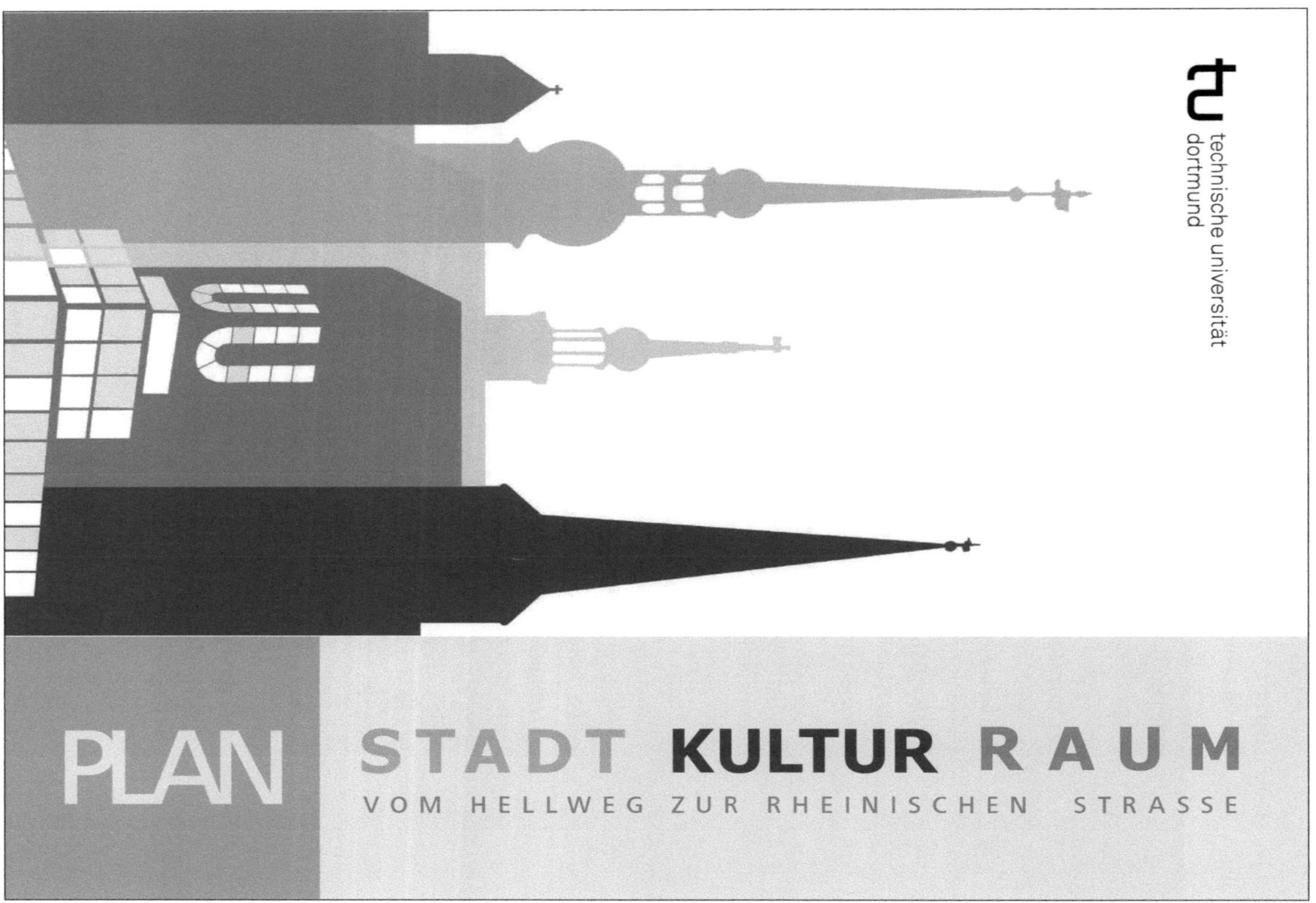

tu
technische universität
dortmund
PLAN STADT KULTUR RAUM
VOM HELLWEG ZUR RHEINISCHEN STRASSE

struktur mit dem Hellweg, den vier Innenstadtkirchen und der alten Stadtgrenze (Wall) zurückbindet und so die stadtgeschichtliche und städtebauliche Struktur auf einen „Bildbegriff" bringt: „Mapping Westend".

Die Projektgruppe hat mit ihren beiden Flyern nicht nur das Westend vom Hellweg zur Rheinischen Straße kartiert, sondern sie hat zugleich Texte und Bilder erarbeitet, die Ausgangspunkt und Material für weitere Ortserkundungen sein können.

An die Flyer-Präsentation schlossen sich zahlreiche – immer auch in der lokalen Presse angekündigte – Veranstaltungen an: Stadtführungen durch die Projektgruppe, die Einbindung in das von der Landesinitiative „StadtBauKultur.NRW" verantwortete Projekt „Baukultur Sehenlernen", das seine „Sehstation" in Dortmund am 5. Juni 2010 eröffnete, sowie Stadtspaziergänge am „Tag des offenen Denkmals" am 12. September 2010.[4]

Im Rahmen der Sommerakademie RUHR.2010 „Das Ruhrgebiet in Europa – Forschungsdiskurse" leiteten die Mitglieder der Projektgruppe Workshops am Thementag „Wessen Erbe – wessen Ort – wessen Zukunft? Kunst und Kirchen im Ruhrgebiet".[5] Der Veranstaltungstag fand in der Stadtkirche St. Reinoldi statt und stellte diesen Erinnerungsort des Ruhrgebiets im interdisziplinären Fachgespräch vor: erlebbar am Ort selbst. In den Workshops wurde das Potential dieser Erinnerungsorte, wie sie auch die beiden Flyer „StadtKulturRaum. Vom Hellweg zur Rheinischen Straße" erschließen, diskutiert. Was leistet ihre Kenntnis für die gemeinsame Arbeit an der Zukunft des Ruhrgebiets? Eindrucksvoll wurde deutlich, dass diese Erinnerungsorte das „Bild" der Region grundsätzlich justieren. Einer der Teilnehmer brachte den Tag auf die Formel: „Das Ruhrgebiet ist heute für mich 1.000 Jahre älter geworden." Mapping the Region!

---

1   Vgl. stellvertretend Holger Noltze: Die Leichtigkeitslüge. Über Musik, Medien und Komplexität, Hamburg 2010; Gudrun M. König/Gabriele Mentges (Hg.): Medien der Mode, Berlin 2010; Barbara Welzel: Kunstgeschichte und kulturelles Gedächtnis: Zur Integration historischer Kunstwerke in Bildungsprozesse, in: Klaus-Peter Busse/Karl-Josef Pazzini (Hg.): (Un)Vorhersehbares Lernen: Kunst-Kultur–Bild (Dortmunder Schriften zur Kunst: Studien zur Kunstdidaktik, Bd. 6), Norderstedt 2008, S. 161–169; dies. (Hg.): Weltwissen Kunstgeschichte. Kinder entdecken das Mittelalter in Dortmund (Dortmunder Schriften zur Kunst: Studien zur Kunstdidaktik, Bd. 10), Norderstedt 2009.

2   Stellvertretend Barbara Welzel: „Warum hat uns das noch niemand gezeigt?" Einige Anmerkungen zu kulturellem Erbe und kultureller Teilhabe, in: Zukunft braucht Herkunft, in Vorbereitung durch die Fachgruppe „Städtebauliche Denkmalpflege"; Gabi Dolff-Bonekämper: Denkmaltopographien, Erinnerungsorte und Gedächtniskollektive, in: Thomas Schilp/Barbara Welzel (Hg.): Die Dortmunder Dominikaner im späten Mittelalter und die Propsteikirche als Erinnerungsort (Dortmunder Mittelalter-Forschungen 8), Bielefeld 2006, S. 361–374.

3   Als Modellstudie Thomas Schilp/Barbara Welzel (Hg.): Mittelalter und Industrialisierung. St. Urbanus in Huckarde (Dortmunder Mittelalter-Forschungen 12), Bielefeld 2009; hier auch der Beitrag von Otto Gerhard Oexle: „Erinnerungsorte" – eine historische Fragestellung und was sie uns sehen lässt, (S. 17–37), der die Diskussion um die Erinnerungsorte an die weithin vergessenen Forschungen der „Exkursionisten" im Russland nach der Oktoberrevolution anschließt; vgl. auch Nikolai Anziferow: Die Seele Petersburgs (1922), München/Wien 2003 mit der Einleitung „Ein legendäres Buch und sein unbekannter Autor" von Karl Schlögel, (S. 7–46).

4   Zur Sehstation (in Dortmund: 5.6.–23.6.2010) vgl. www.sehenlernen.nrw.de oder www.stadtbaukultur.nrw.de. Zum Tag des offenen Denkmals informiert die Denkmalbehörde der Stadt Dortmund mit einer eigenen Broschüre; er stand 2010 unter dem Thema „Kultur in Bewegung – Reisen, Handel und Verkehr".

5   Die Sommerakademie der Universitätsallianz Metropole Ruhr und anderer Hochschulen des Ruhrgebiets für Studierende aller Fachrichtungen fand in der Zeit vom 6.6.–11.6.2010 in Dortmund statt (vgl. www.wissenschaft2010.de); den Thementag „Wessen Erbe (...)" leitete Barbara Welzel.

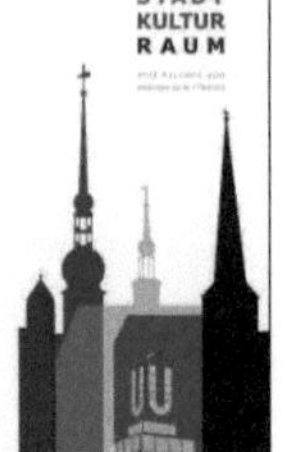

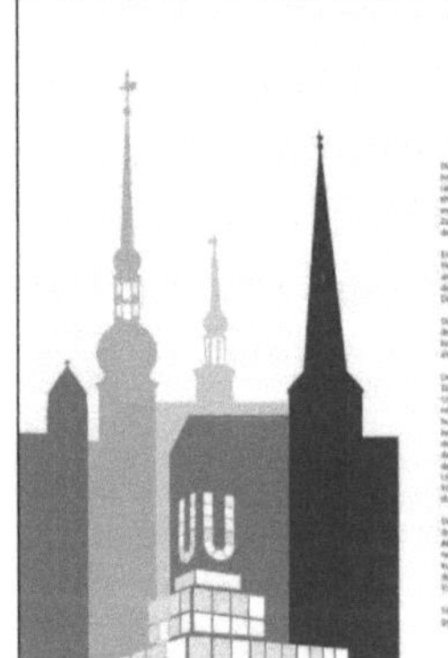

STADT KULTUR RAUM

VOM HELLWEG ZUR RHEINISCHEN STRASSE

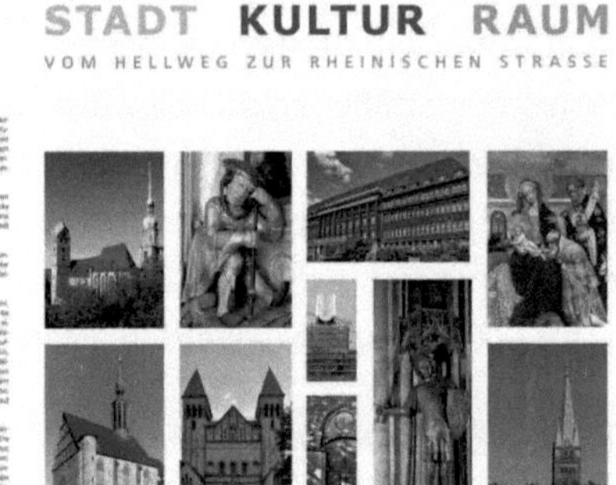

Darija Šimunović

HÖRGESPIELINNEN – LITERATUR IN TRANSITORISCHEN RÄUMEN
EINE AUDIO-TOUR IN DORTMUND WESTEND

„Was würden Sie mir über Ihren Weg erzählen?
Was würde Ihr Weg über Sie erzählen?"
Lale Rodgarkia-Dara

Wie klingt die Geräuschkulisse in einem Stadtteil eines Strukturwandelgebiets? Welche Ereignisse prägten das kollektive Gedächtnis seiner Bewohner/-innen? An welchen Orten im öffentlichen Raum halten sich die Bewohner/-innen auf? Welche Entwicklungen wirkten identitätsbildend? In einer Audio-Tour durch das Viertel entlang der Rheinischen Straße in Dortmund begeben sich die Wiener Künstlerin Lale Rodgarkia-Dara und der Kölner Sounddesigner und Komponist Gregor Schwellenbach zunächst auf Spurensuche. Doch in einer Vermengung von realen und fiktionalen Soundscapes werden die Zuhörer/-innen an Zwischenorte ent- und verführt.
Die 2008 in Zusammenarbeit mit der Gebietsbetreuung Ottakring in Wien begonnene Reihe der literarischen Soundwalks „HörgespielInnen" wurde 2010 in Dortmund fortgeführt und konzeptuell erweitert. Doch warum wurde ausgerechnet der Stadtteil Westend ins Visier der Künstler/-innen genommen? Das neue Zentrum für Kunst und Kreativität, das „Dortmunder U", wurde in diesem Jahr im Stadtteil in einem ehemaligen Brauereigebäude feierlich eröffnet. Doch nicht nur das Gebäude, ein Wahrzeichen Dortmunds mit dem charakteristischen, golden leuchtenden „U" auf dem Dach, erhielt im Kulturhauptstadtjahr 2010 eine neue Identität. Der gesamte Stadtraum rund um das „Dortmunder U" ist in einem beschleunigten Tempo im Wandel begriffen.
Viele Baustellen prägen das Bild entlang der Rheinischen Straße – bunte Neuan-

striche der Häuserfassaden, Straßensanierungen, frisch gepflanzte Bäume, Brachen und leer stehende Gewerberäume. Der Bereich zwischen Westentor und Dorstfelder Allee wurde vor fünf Jahren zum Stadterneuerungsgebiet erklärt. Gleichzeitig ist das Westend von heterogenen sozialen Strukturen geprägt. Der bürgerliche Raumcharakter rund um den Westpark, sozialer Wohnungsbau und viele kleine Gemeinschaften unterschiedlicher Nationalitäten machen die Identität des Stadtteils aus. Immer mehr Künstler, Freiberufler und Studenten richten sich hier ein. Die Nähe zum Stadtzentrum und günstige Mietpreise steigern die Attraktivität des für lange Zeit der Vergessenheit anheimgefallenen Stadtteils. Das neue Zentrum für Kunst und Kreativität wird künftig ebenfalls dazu beitragen. Doch wie erleben die Anwohner/-innen des Westends die rasanten Veränderungen ihres Viertels? Werden sie das Kultur- und Bildungsangebot in ihrer Nachbarschaft wahrnehmen?

Parallel zum Prozess der Umsetzung des Stadtumbaukonzeptes „Rheinische Straße" richtete die Stadt Dortmund vor Ort ein Büro ein, das Quartiersmanagement Rheinische Straße. Die hier beschäftigten Raumplaner/-innen begleiten die Maßnahmen der „städtebaulichen Aufwertung" und stehen als Ansprechpartner/-innen für Anliegen der Immobilieneigentümer und Gewerbetreibenden im Stadtteil zur Verfügung. Darüber hinaus sieht das Konzept den „Aufbau sozialer und kultureller Infrastruktur" vor. Unter anderem wird der Prozess der Ansiedlung von Akteuren der Kreativwirtschaft aktiv von der Stadt unterstützt. Im Union-Gewerbehof an der Huckarder Straße fand im September 2010 die zweite Ausstellung der Plattform „Kreative Klasse Ruhr" statt, mit Präsentationen aus den Bereichen Design, Fotografie und Bildende Kunst. Interessant ist die Gründungsgeschichte dieser Einrichtung: Sie ist auf Initiative einer Gruppe erwerbslos gewordener Menschen zurückzuführen, die 1986 das Gebäude auf dem Gelände der Hoesch Stahl AG besetzten. Heute beherbergt der Union-Gewerbehof mehrere Dutzend kleine Unternehmen und Vereine, unter anderem im Bereich der Kreativwirtschaft. Das angrenzende, stillgelegte Areal (heute ThyssenKrupp AG) ist nicht öffentlich zugänglich und interessanterweise ein weißer Fleck auf der Satellitenaufnahme des Onlinedienstes Google Maps. Dieser und weitere Zwischen- und Un-Orte im Westend werden in „HörgespielInnen" thematisiert, hinterfragt und neu konstruiert. So gehen die Zuhörer/-innen auf Entdeckungsreise in das dritte Stockwerk eines Gebäudes, das ein „Haus der Vielfalt" des Interkulturellen Begegnungszentrums (IBZ) beherbergt, besuchen das durch eine Milchglasscheibe von der Außenwelt abgeschirmte Tanzcafé & Bistro Casablanca, und auch das geheimnisvolle Gebäude mit der Aufschrift „Museum" im Westpark bleibt nicht unentdeckt. Inhaltlich entfaltet sich das Hörspiel entlang einer Erzähldramaturgie zum Strukturwandel, zu Identität und Zukunftsvisionen. Die Protagonisten befinden sich in

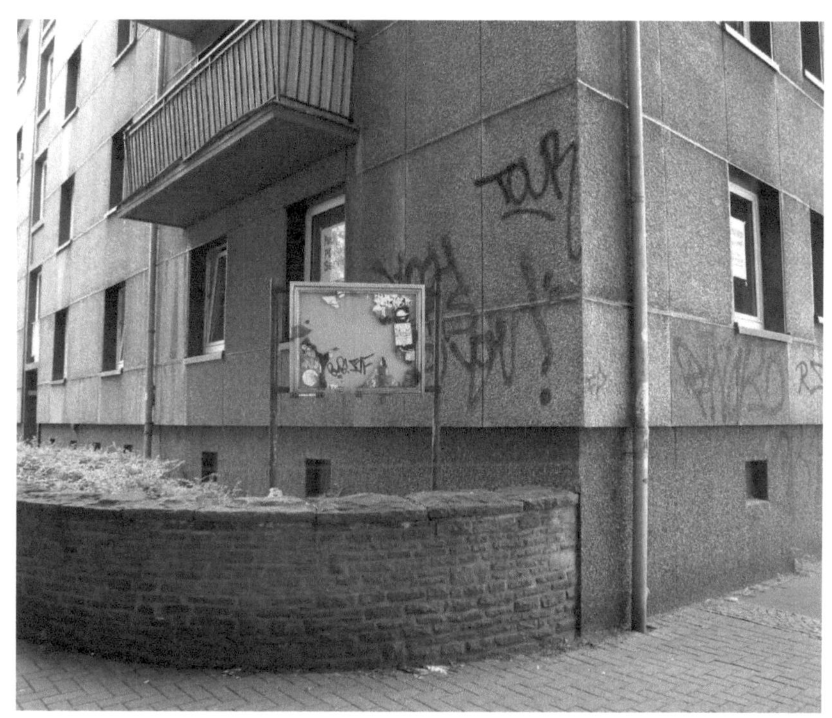

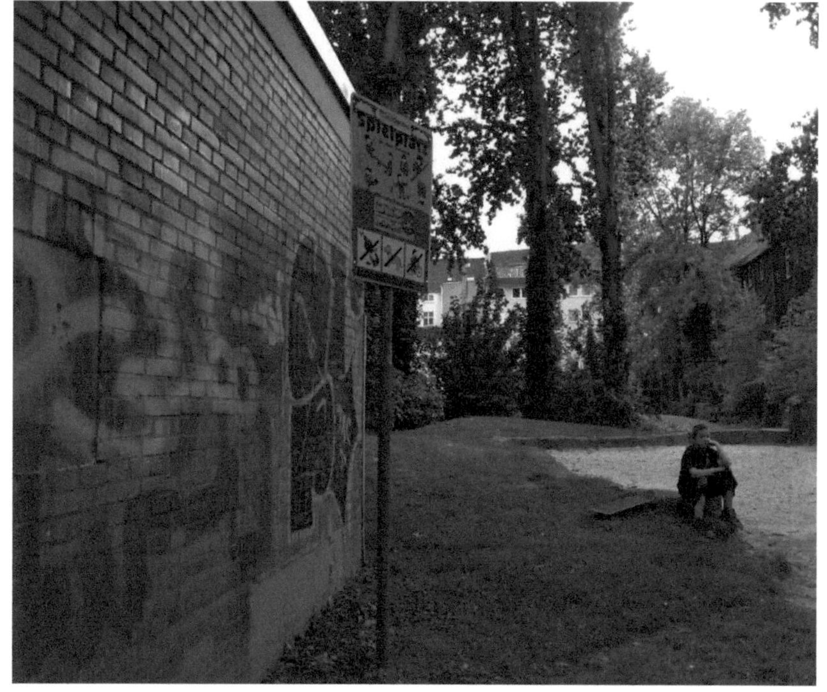

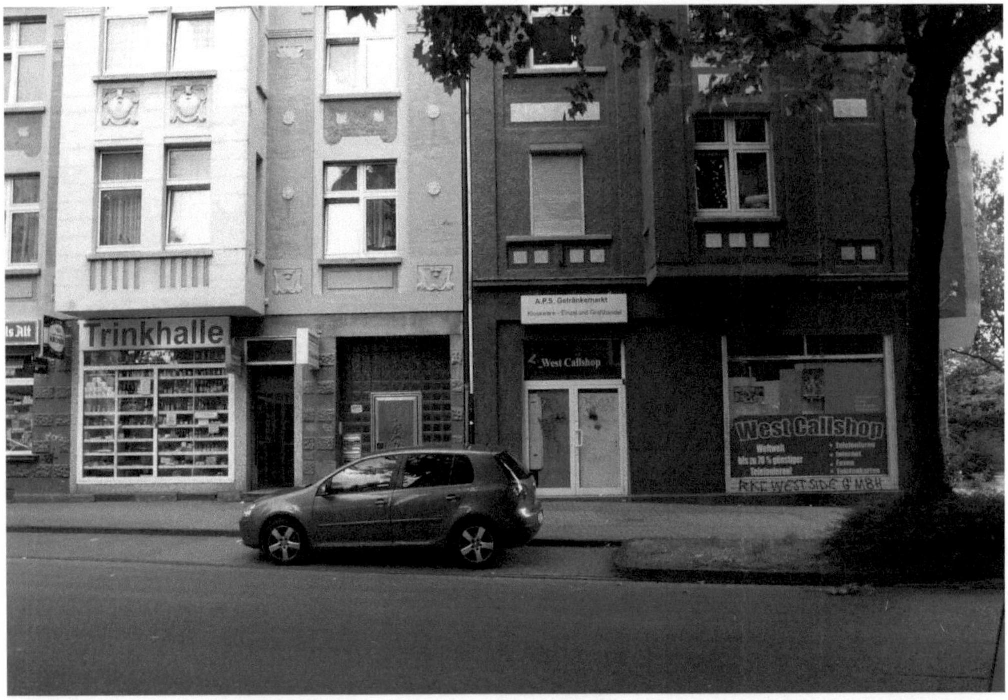

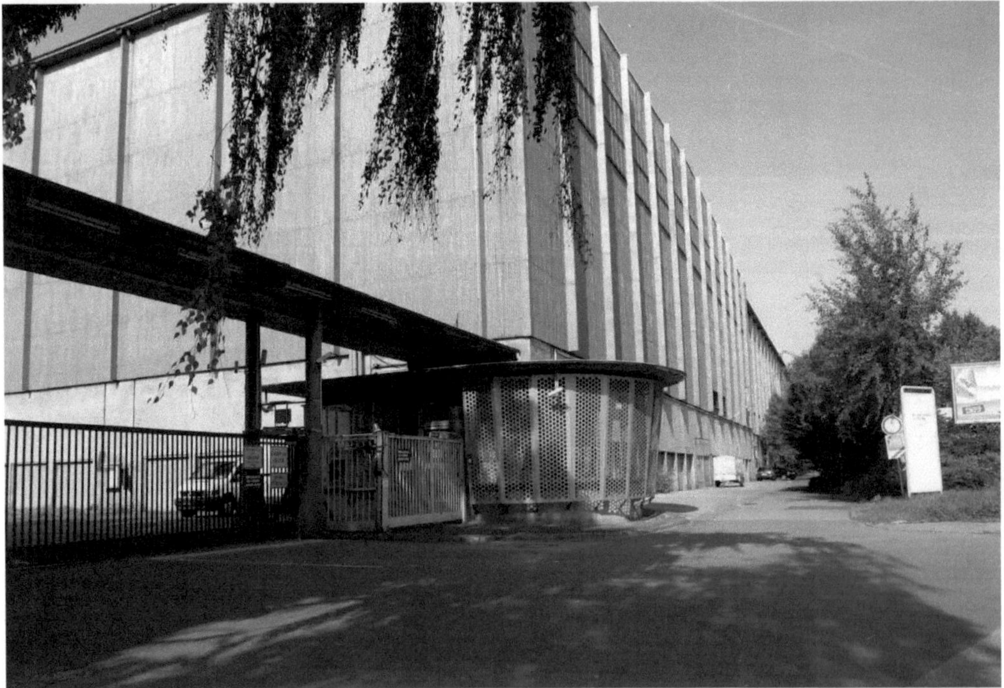

Trinkhalle
A.P.S. Getränkemarkt
West Callshop
West Callshop

einem nicht näher definierten, dunklen Raum – Assoziationen zu einem stillgelegten Stollen oder einer Industrieanlage werden hervorgerufen. Sie sind orientierungslos und versuchen, Kontakt zur Außenwelt aufzunehmen. Die Dialoge werden immer wieder von einer Stimme unterbrochen, die verschiedene politische Statements zur Entwicklungspolitik der Region ironisch kommentiert, wiedergibt oder theoretisch untermauert.

Für die Umsetzung der Audio-Tour in Dortmund wird das Hörspiel mittels Geodatenverknüpfung per Mobiltelefon abrufbar. Wenn man sich einem Ort im Westend nähert, der in dem Hörstück thematisiert wird, löst eine programmierte Anwendung (App) automatisch den entsprechenden Audiotrack aus. Alternativ kann das Hörspiel im MP3-Format heruntergeladen und somit der Tourverlauf von den Zuhörer/-innen aktiv angesteuert werden.

Die Rekontextualisierung realer Orte und ihre Überlagerung mit literarisch-auditiver Fiktion stehen im Mittelpunkt des Interesses von Lale Rodgarkia-Dara und Gregor Schwellenbach. Ihr Konzept kehrt das Prinzip des Radiohörens um, indem das Hörspiel ortsgebunden abgerufen wird. Die auditive Wahrnehmung wird durch die gezielte Vermengung von realen und komponierten Klängen erweitert und um subtil konnotierte Zwischenräume bereichert. Die Zuhörer/-innen nehmen eine von der realen Umgebung isolierte Stellung ein, die „Vereinzelung der Zuhörer/-innen" (Rodgarkia-Dara) findet statt. Diese befinden sich in flüchtigen Klangräumen an realen Orten und hören fiktiven Geschichten über diese Orte zu. Lale Rodgarkia-Dara verwendet in diesem Kontext die Bezeichnung „Literatur in transitorischen Räumen".

Thorsten Schauz, Päivi Kataikko; JAS - Jugend Architektur Stadt e. V.

REISE NACH T.
EINE REISE IN ZWEI KULTUREN

„Wir haben heuer mal eine Weltreise gemacht. Aber ich sag´s Ihnen gleich, wie es ist: Da fahren wir nimmer hin." Gerhard Polt

Die Reise als Mittel des Erforschens der Lebensumgebung ist so alt wie die Menschheit selbst. Welterfahrung ist wichtig, um sich seiner Umwelt und seiner selbst zu vergewissern, Eindrücke und Erfahrungen zu sammeln und sich ein Bild zu machen von dem „da draußen". Reisen stellt dabei auch immer eine kulturelle Erfahrung dar. Je nach kulturellem Hintergrund des Reisenden werden unterschiedliche Wahrnehmungen in unterschiedlichen Intensitäten gemacht. „Dieselben Dinge" der Lebensumwelt werden von verschiedenen Reisenden unterschiedlich interpretiert und gehen entsprechend als prägendes Erlebnis, als Bagatelle oder gar nicht erst in den Erinnerungs- und Erfahrungsschatz ein. Die Erlebnisdichte einer Reise, ihre Unplanbarkeit, Überraschungsmomente, Gefahren und Zufallsbegegnungen lassen sich nicht vom Schreibtisch aus oder im Internet

Abb. 1: „Reisen"

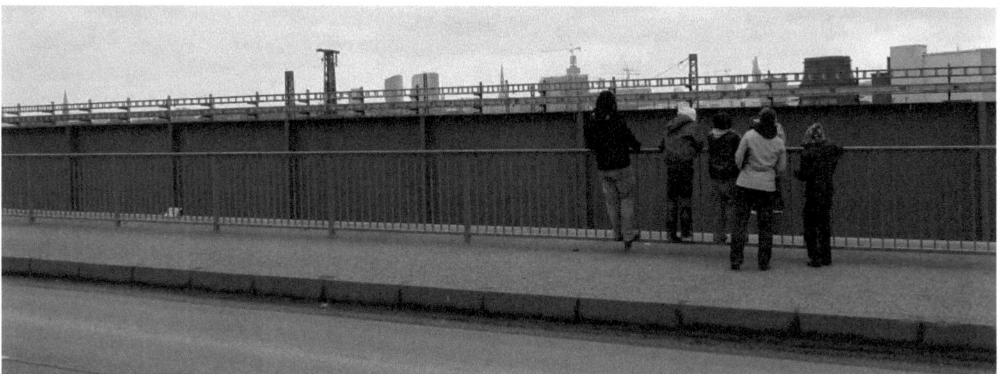

erfahren und nachvollziehen. Beim Reisen geht es um das Entdecken des Unbekannten und um den direkten Kontakt zum Ort und zu seinen Menschen. Dabei findet man das Unbekannte nicht zwangsläufig in exotischen Regionen am Ende der Welt. Man kann sich auch auf Weltreise in das eigene Wohnquartier begeben, wie die Teilnehmer des Projektes „Reise nach T." demonstrierten. (Abb.1)

Reisen und Kartografie

Karten dienen dem Reisenden zunächst zur Vorbereitung seines Unternehmens. In Fachgeschäften oder im Internet erhält er Karten von (fast) allen Orten und Regionen dieser Welt in unterschiedlichen Darstellungsformen und Maßstäben. Der Erwerb einer Karte vor Antritt der Reise vermag die Spannung auf das reale Raumerlebnis zu steigern. Es stellt sich unter anderem die Frage: „Wie wird der Ort, der einem in der Karte verkleinert, abstrahiert und zweidimensional vorliegt, tatsächlich aussehen, riechen und sich anhören?" Im Verlauf einer Reise entsteht bereits ein Bild im Kopf, in dem sich Wünsche, Vorstellungen und Klischees mit Erfahrungsberichten aus zweiter Hand mischen. Diese Bilder verblassen häufig, sobald das Ziel der Reise erreicht ist, sie werden überdeckt von realen Sinneseindrücken. Die mitgebrachte oder vor Ort erworbene zweidimensionale Karte dagegen dient der Orientierung und ist eine Versicherung gegen das Verlorengehen. Zurück in der Heimat bleiben dem Reisenden Erinnerungsbilder und die persönliche Erinnerungskarte des Reiseziels, auf der sich die prägnanten Orte und Eigenschaften eines Raumes abbilden – der Maßstab dieser Erinnerungskarte beruht häufig nicht auf realen Größendimensionen, sondern ist von der jeweiligen Bedeutung des Erinnerten bestimmt. Die Teilnehmer der „Reise nach T." bedienten sich unterschiedlichster Darstellungen. In ihren Wahrnehmungs- und Raumexperimenten im Dortmunder Westend kamen sowohl Vorstellungsbilder als auch reale Stadtpläne und Erinnerungskarten zum Einsatz.

Eine Reise in zwei Kulturen

Die an dem Projekt „Reise nach T." beteiligten 20 Jugendlichen sind im tamilischen Bildungszentrum „Thamilar Kalazalai Bildungs- und Beratungsdienst der Tamilen e. V.", das im Dortmunder Westend ansässig ist, organisiert. Viele von ihnen kennen ihre tamilische Heimat durch eigene Reisen, einige waren noch nie in Sri Lanka und kennen die Heimat ihrer tamilischen Kultur nur aus Erzählungen ihrer Geschwister, Eltern oder Großeltern. Die Jugendlichen suchten auf einer Reise zu Fuß durch das Westend, das vielen von ihnen fremd ist, da sie verteilt in

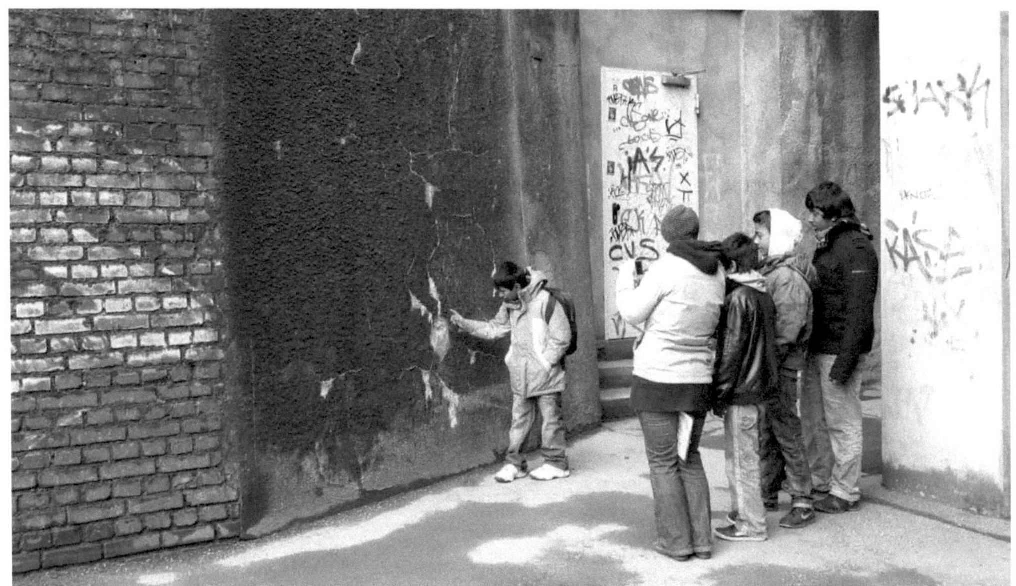

Dortmund und seiner Region wohnen, nach Korrespondenzorten zu liebgewonnenen Vorstellungs- oder Erinnerungsorten in ihrer tamilischen Heimat. (Abb. 2) Sie zeichneten Postkarten von ihren tamilischen Lieblingsorten und dem jeweiligen Korrespondenzort im Dortmunder Westend. Kurze Nachrichten an Freunde oder Familienangehörige – auf Deutsch oder Tamil verfasst – ergänzten die Postkarten von diesen besonderen Orten. (Abb. 3)

Zusätzlich wurden Stellungnahmen der Jugendlichen an den Korrespondenzorten im Westend fotografisch und filmisch dokumentiert. So berichtet ein Mädchen vor der Kulisse des Dortmunder Westparks, eines ehemaligen Stadtfriedhofs, von Beerdigungsritualen der tamilischen Kultur. Ein Stadtplan diente den Reisenden zur Orientierung im Gelände, auf ihm wurden anschließend alle Korrespondenzorte wie die Stationen einer Reiseroute zusammengetragen. (Abb. 4)

Im Atelierraum entstanden schließlich Zeichnungen, die den imaginären Weg der Reisenden zwischen ihrem Korrespondenzort und dem tamilischen Lieblingsort darstellen. Die entstandenen Arbeiten stellen Vorstellungsreisen der einzelnen Jugendlichen dar, dabei werden sowohl Klischees reproduziert - Deutschland wird zum Beispiel beschrieben anhand von Bratwurst und Paragrafen - als auch Phantasiereisen aus ungewöhnlichen Perspektiven - zum Beispiel auf dem Rücken eines Drachen - entworfen.

Die „Reise nach T." verknüpft die Auseinandersetzung mit dem realen Stadtraum des Dortmunder Westends mit Reflexionen unterschiedlicher kultureller Identitä-

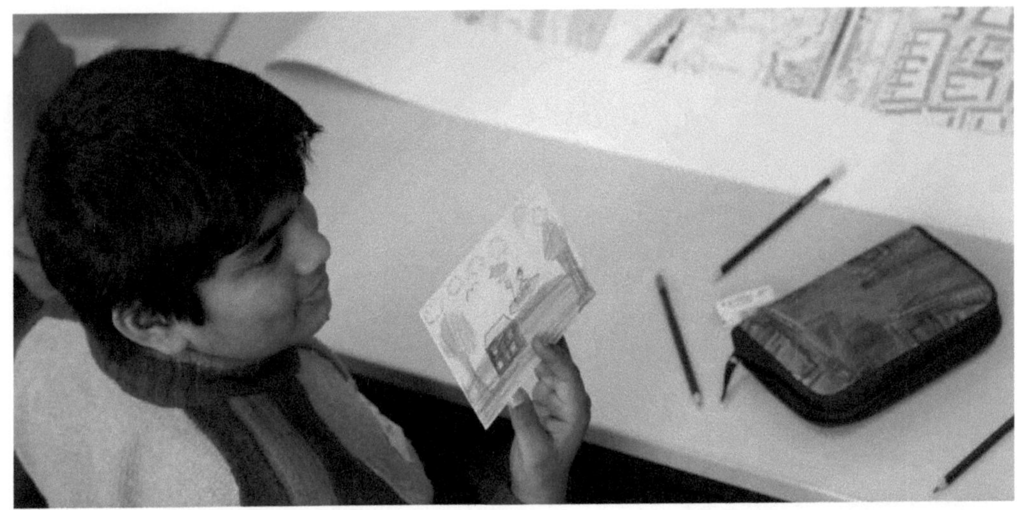

ten und ihrer räumlichen Ausprägungen. Die Reisenden bewegen sich zwischen Vorstellungsraum, real erlebtem Stadtraum und Erinnerungsraum. Sie entdecken und überbrücken dabei Räume zwischen Kirche und Tempel, blauer Brücke und Fluss, Kleingartenanlage und Minenfeld oder Moosgeflecht und Kontur ihres Heimatlandes.

Die „Reise nach T." zeigt, wie vielschichtig das Arbeiten mit Kindern und Jugendlichen zwischen unterschiedlichen Kulturen und Räumen sein kann. Der Ansatz des „Reisens in die Kulturen" kann einen wertvollen Beitrag für die integrierende Stadtteilarbeit leisten und ist auf- und ausbaufähig. Das Dortmunder Westend im Spannungsfeld zwischen Kulturikone Dortmunder U und multikultureller Nachbarschaft im Umbruch bietet sich dabei als Reiseziel besonders an.

Reisen als baukulturelle Bildung

Initiator und „Reiseveranstalter" der „Reise nach T." ist JAS – Jugend Architektur Stadt, ein gemeinnütziger Verein zur Förderung der baukulturellen Bildung von Kindern und Jugendlichen. Mit seinen Aktivitäten möchte der Verein junge Menschen anregen, Architektur, Design, Stadt und Landschaft – also die gestaltete Lebensumwelt - mit allen Sinnen wahrzunehmen, neu zu entdecken und mitzugestalten. Dabei sollen Kinder und Jugendliche einen verantwortungsvollen, selbstbewussten und kreativen Umgang mit unterschiedlichen Räumen erlernen. Die „Reise nach T." stellt eine offene Versuchsanordnung der baukulturellen Wahrnehmungsschulung, Raumreflexion und Raumaneignung dar, die in anderen

Kontexten abzuwandeln und weiterzuentwickeln ist.

„Eines Tages fiel mir ein, dass der Welt schon seit Jahren nicht mehr der Anblick eines Mannes geboten worden war, der Verwegenheit genug besaß, eine Reise zu Fuß durch Europa zu unternehmen. Gründliches Nachdenken überzeugte mich, dass ich geeignet war, der Welt zu diesem Anblick zu verhelfen."
Mark Twain, Bummel durch Deutschland

Unter www.u-westend.de werden die Reisen auch im Internet veranschaulicht. Dort stellen die Jugendlichen ihre „Portal-Orte" in kurzen Filmsequenzen vor.

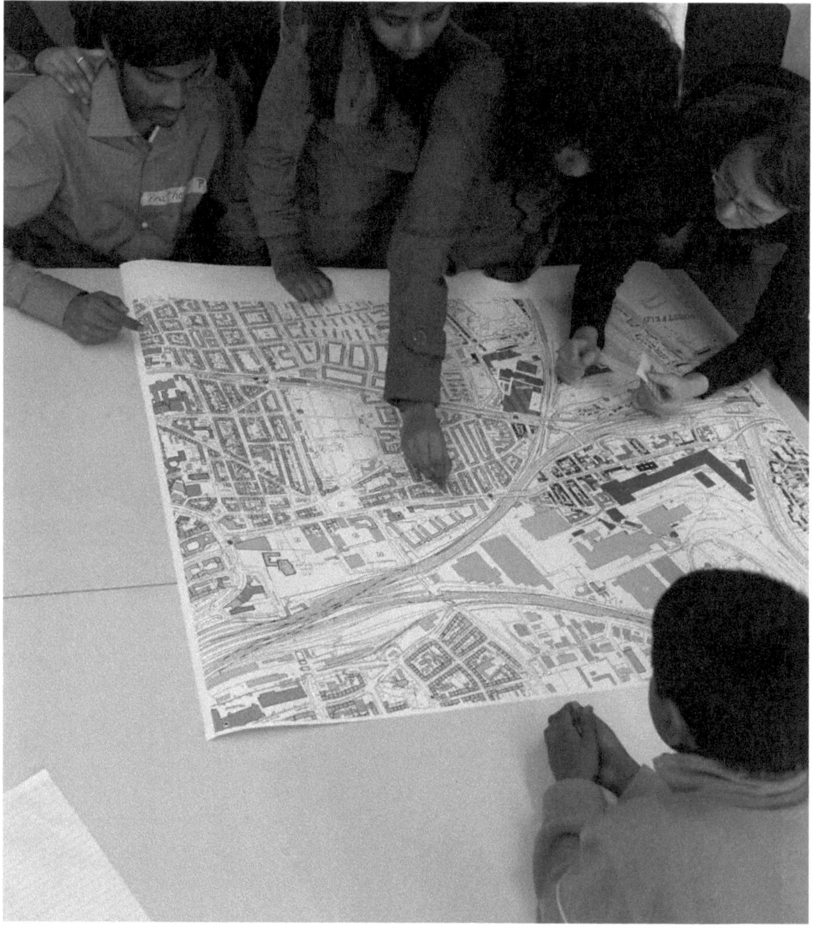

Abb. 4: „Kartografieren",
Foto: Elvira Neuendank

Barbara Hlali

VIDEO „U-WESTEND – WIR ERFORSCHEN WELT WOANDERS"
MAPPING-PROJEKT ZUR WAHRNEHMUNG EINES FREMDEN ORTES

Ein Kunstprojekt mit Kindern und Jugendlichen aus einem Kunstkurs des Museums Ostwall unter der Leitung von Barbara Hlali
Beteiligte: 14 Kinder und Jugendliche zwischen 9 und 15 Jahren

Ausgangsgedanke

Will man sich mit einem unbekannten Ort oder Gebiet beschäftigen, bietet der Blick auf eine Karte eine erste Orientierung. In diesem Projekt sollte es jedoch um eine andere Art der Annäherung an einen fremden Stadtteil gehen.
Die langsame Wahrnehmung eines Ortes zu Fuß setzt sich während des Gehens aus einer Reihe zeitlich aufeinander folgender Eindrücke zusammen. Die sinnliche Erfahrung beim Gehen erweitert die Raumwahrnehmung.
Im Projekt „U-Westend – Wir erforschen Welt woanders" wurde diese Erfassung eines unbekannten Raumes, des Stadtteils Westend, während des Gehens untersucht: bei mehreren Gängen durch den Stadtteil und in weiterführenden gestalterischen Workshops.

Ablauf

Das Projekt fand im Rahmen eines zehnwöchigen Kunstkurses des Museums Ostwall für Kinder und Jugendliche unter der Leitung der Künstlerin Barbara Hlali statt. Zusätzlich gab es zwei mehrstündige Projekttage, an denen die Gruppe in den Stadtteil Westend ging.
Die 14 teilnehmenden Kinder und Jugendlichen zwischen 9 und 15 Jahren kann-

ten den Stadtteil kaum oder gar nicht, sie brachten in das Gesamtprojekt „U-Westend" also den Blick von außen ein. Sie waren besonders an diesem Stadtteil interessiert, weil sie wussten, dass das ihnen durch die Kunstkurse vertraute Museum an seinen neuen Standort im Westend umziehen würde.

Projektinhalte

Die Gruppe dokumentierte zunächst den Weg vom alten Standort des Museums am Ostwall zum Dortmunder U, dem neuen Standort. Von dort aus suchte sich die Gruppe eigenständig und ohne vorher anhand der Karte zu planen ihren eigenen Weg durch den Stadtteil Westend. Die künstlerischen Strategien der Situationisten der 1950er Jahre sowie die neuere „Promenadologie" fanden hier ihre Anwendung. Ausgerüstet mit Digicams, Videokameras, Bleistiften, Wachsmalern, Papier und einer Karte erforschten die Teilnehmerinnen und Teilnehmer den Stadtteil und hielten auf dem Weg als Foto, Video, Zeichnung oder Frottage Dinge fest, die ihnen ins Auge fielen. Sie notierten und schrieben dazu. Während des Gehens markierten die Kinder und Jugendlichen die von ihnen benutzten Wege auf der Karte und fotografierten die jeweiligen eingetragenen Wegabschnitte. Die unterschiedlichen gestalterischen Produkte wurden in den zehn wöchentlichen Kursterminen weiterbearbeitet und ergänzt.

Umsetzung als Video

Für die Präsentation in der Abschlussausstellung wurden die Arbeitsergebnisse zu einem Video zusammengefasst. Diese mediale Präsentationsform ermöglichte es, die verschiedenen Ergebnisse zu einem Gesamten zu bündeln. Zudem konnte durch die zeitliche Komponente des Mediums Video, das eine Folge von Bildern, also einen Ablauf zeigt, das Aufeinanderfolgen der Eindrücke während des Weges durch den unbekannten Ort für die Betrachterin und den Betrachter sichtbar gemacht werden. Anhand des entstandenen Videos wurde damit auch der subjektive Fortbewegungs- und Wahrnehmungsprozess der Kinder und Jugendlichen nachvollziehbar.

Blickpunkte

Bei den Begehungen des Westends zeigte sich schnell, dass für die Kinder und Jugendlichen ganz andere Dinge bemerkenswert waren, als man vielleicht vorher erwartet hätte: der getrocknete gelbe Lackfleck auf der Straße, die an verschiedenen Orten immer wieder zu entdeckenden, auf kleinen „Podesten" am Straßenrand abgestellten leeren Jägermeisterfläschchen, farbige Graffiti-Tags, Sticker, ganze Trauben von im Wind wehenden und auf dem Boden klappernden durchsichtigen Plastikbechern, das Nachtlager eines Obdachlosen, der Hund neben dem Fuß der Besitzerin, ein unvermittelt auftauchender idyllisch blühender Garten, die Enten auf dem Teich, vorbeirauschende S-Bahnen, riesige rohe Industriegebäude oder flatternde bunte Bänder.

Dabei war zu beobachten, dass sich gängige Bewertungskategorien wie „schön" und „hässlich" in der Wahrnehmung der Orte auflösten. Die Kinder und Jugendlichen ersetzten sie durch Kategorien wie „interessant" und „untersuchenswert". Sie ließen sich unvoreingenommen auf eine Erkundung der verschiedenen Orte und Dinge ein und betrachteten sie mehr und mehr aus einem künstlerischen Blickwinkel, sahen sie neu und definierten sie in ihrer ästhetischen Wertigkeit um. Sie eigneten sich im Projektverlauf neue künstlerische Techniken an: Zu eher gängigen gestalterischen Techniken wie Zeichnen, Frottieren, Malen, Fotografieren und Filmen kamen Möglichkeiten wie Ordnen, Sammeln, Kategorisieren, Assoziieren und Nachverfolgen hinzu.

Strukturen

Natürlich beachtete und dokumentierte jede und jeder Einzelne zunächst unterschiedliche Dinge auf dem Weg. Es fiel jedoch im Verlauf des Projektes auf, dass bestimmte Orte, zum Beispiel markante Gebäude, manchmal aber auch unscheinbare Kleinigkeiten, von mehreren Kindern und Jugendlichen gleichzeitig beachtet und dokumentiert wurden. Im Video tauchen dadurch innerhalb eines Abschnitts des Weges durchs Westend immer wieder sich ähnelnde Bilder auf. Es kommt dazu, dass mehrmals das gleiche Ding, das vielleicht mehrere Kinder und Jugendliche interessant fanden, in unterschiedlichen gestalterischen Medien zu sehen ist: im Video zunächst beispielsweise in einer schnell aufeinander folgenden Reihe von Fotos aus verschiedenen Blickwinkeln, dann in länger verweilenden Zeichnungen, Frottagen oder malerischen Umsetzungen. Diese in verschiedenen Abschnitten des Videos wiederkehrenden Motive rhythmisieren den Ablauf, setzen bestimmte Schwerpunkte und übermitteln Auffälligkeiten und charakteristische Stimmungen von unterschiedlichen Orten im Westend.

Nachträglich wurde das Video von den Kindern und Jugendlichen mit Geräuschen und Instrumenten vertont. Die Vertonung unterstützt die unterschiedlichen Atmosphären der Abschnitte des Weges durch das Westend. Die zunächst individuell gewonnenen Eindrücke der Kinder und Jugendlichen verbinden sich so im Video wieder zu einem Gesamtbild des Stadtteils.

Ein fremder Stadtteil wird eigenes Terrain

Durch die Arbeit im Projekt hat sich die Gesamtwahrnehmung des Stadtteils bei allen Teilnehmenden verändert. Bei Ausblicken aus dem Dortmunder U über die Stadt, beispielsweise während der Abschlussausstellung, kamen den Projektteilnehmerinnen und -teilnehmern viele in der Ferne sichtbare Dinge ganz bekannt vor. Die Kinder und Jugendlichen waren teilweise auch außerhalb der Kursstunden mit ihren Familien zu bestimmten Orten im Westend unterwegs. Das Projekt hat Neugierde geweckt, sich mit Unbekanntem zu beschäftigen. Dabei war auch wichtig, dass die Gruppe Gleichaltriger einen Schutzraum bei der gemeinsamen Bewegung im unbekannten Gebiet bot. War der Stadtteil „Westend" zunächst allen teilnehmenden Kindern und Jugendlichen fremd, so hat das Projekt durch die Erkundungsgänge und die intensive gestalterische Auseinandersetzung bewirkt, dass er vertrauter wurde. Das Projekt hat auf einer ungewohnten Ebene eine besondere Bindung zu einem unbekannten Stadtteil geschaffen.

S. 136

Alischa Leutner

PROJEKT U-WESTEND

„Experiment Spurensicherung"

Das Projekt „Experiment Spurensicherung" ist ein Projekt der Jugendkunstschule balou e.V. in der Ganztagsbetreuung an der Elsa-Brandström-Grundschule in Dortmund. Die Konzeption des Projekts bietet offene prozessorientierte, intermediale Handlungsräume im Westend. Ziel ist die Förderung und Heranbildung von Gruppen-, Sozial-, Medien- und Selbstkompetenzen. Im Projekt „Experiment Spurensicherung" untersuchen, erforschen und reflektieren Schüler/-innen mit zeichnerischen, videokünstlerischen, wissenschaftlichen und performativen Methoden Orte und Vorstellungswelten des Alltags. Ziel des Projekts ist es, neugierig zu machen, eine forschende, reflexive, wache und flexible Haltung zu erzeugen. Dabei müssen unterschiedliche Rahmenbedingungen und Kontexte berücksichtigt werden. Ein Großteil der Schülerinnen und Schüler der Elsa-Brandström-Grundschule bewegt sich tagtäglich in unterschiedlichen Kontexten. Wie kann man also Lernsituationen schaffen, die Fluktuation und Heterogenität aushalten und Sinn stiften?
„Experiment Spurensicherung" bedeutet auch zu erforschen, welche Themen für die Kinder interessant sind und wie sich die intermediale Auseinandersetzung mit der eigenen Lebenswirklichkeit darstellt. Eine Auseinandersetzung mit dem Westend, welches historisch belegt ist und unbewusst in den Prozess der eigenen Identitätsfindung hineinfließt, fordert nicht nur eine kartografische Untersuchung des Raumes, sondern auch die Thematisierung der Wahrnehmung selbst. Wahrnehmung ist damit der erste Ausgangspunkt des Projekts. Mehrfach kodierte Begriffe wie Wahrnehmung und Perspektive müssen außerdem für Kinder erst veranschaulicht werden.

Wie schafft man es, Scheuklappen abzulegen und seine Umgebung bewusst wahrzunehmen, um vielleicht Neues zu entdecken? Kann man hier von Objektivität sprechen? Wahrnehmung impliziert die Konstruktion von Wirklichkeit und ist subjektiv, bedingt durch die Mittler Sinne und bereits bestehende innere Bilder. Wie dringen Eindrücke ins Bewusstsein? Laut neurophysiologischen Erkenntnissen passiert dies besonders gut, wenn Sinneseindrücke unerwartet auftreten, wir uns in einem Zustand freudiger Erwartungshaltung befinden oder wenn ein Sinneseindruck nicht zum inneren Bild passen will. Diese Momente produzieren einen Zustand fokussierter Aufmerksamkeit.[1] Hier wird die ästhetische Erfahrung relevant. Durch die Konfrontation mit ungewohnten Wahrnehmungsmethoden werden bekannte Wahrnehmungsmuster durchbrochen. Das „Experiment Spurensicherung" versucht mit diesen Methoden zu sensibilisieren gegenüber alltäglichen Phänomenen. Durch die subjektive Annäherung an Orte des Alltags werden intrinsisch motivierte Lernfelder eröffnet, die schließlich die Absicht verfolgen, über die konkrete Situation hinaus eine forschende und neugierige Einstellung zu erhalten. Ästhetische Erfahrungsmöglichkeiten rücken ins Zentrum des Handelns. Voraussetzung für diese offenen Prozesse sind Neugier, Toleranz und Angstfreiheit. Das Mapping bietet hier ein breites Methodenrepertoire zur Untersuchung von Räumen, zu ihrer Nutzung, ihrer Vernetzung in digitalen Räumen und zur Lokalisierung dieser Räume in Erinnerungstopografien.[2] Dabei gibt es keinen linearen Prozessablauf, der dem subjektiven Lernprozess und auch den Rahmenbedingungen des Projekts widersprechen würde, sondern kleine Experimente und Handlungsräume, die aufeinander aufbauen oder sich teilweise überschneiden. Durch die Auslagerung in den Ganztagsbereich der Elsa-Brandström-Grundschule können zudem Bedürfnisse und Interessen der Lernenden berücksichtigt werden, die im curricularen Kontext oft weniger Beachtung finden. Das „Experiment Spurensicherung" wäre kein Experiment ohne den Freiraum, auf Unvorhersehbares reagieren zu können. Während einer Videoexploration des Viertels, in welcher Schüler-/innen ihre Lieblingsorte unbeobachtet durch die Videokamera aufnahmen und Geschichten zu den Orten erzählten, tauchte plötzlich bei der gemeinsamen Sichtung des Materials eine Sequenz auf, in welcher ein Schüler die Geschichte nicht erzählte, sondern rappte und beiläufig mit einen Beatbox-Sound[3] kombinierte. Das Interesse an der Beatbox war enorm. Im weiteren Verlauf des Projekts wurden nun Tonsequenzen aufgenommen, bearbeitet und unter die Videosequenzen gelegt. Die Faszination der Kinder führte dazu, dass sie sich in Teams zusammenfanden, um auch außerhalb der Projektzeiten an ihren Texten und Beatbox-Sounds zu arbeiten. Neben der Erweiterung ihrer rhetorischen Fähigkeiten, Selbst-, Medien- und Sozialkompetenzen wurden auch andere Schüler animiert, das Beatboxen auszuprobieren. Dieses Moment verdeutlicht vielleicht die experimentell offene Lernsituation.

Ziel war es, selbst zum Forscher zu werden, eigene Grenzen auszutesten, durch kleine Experimente Wahrnehmungsfähigkeiten zu intensivieren und ein Bewusstsein für die eigene unmittelbare Lebenswelt zu entwickeln. Das „Kopfkino" z. B. wurde von den Schülerinnen und Schülern aus Kartons gebaut und bemalt. Die großen Kartons, die nur einen kleinen Ausschnitt für die Augen hatten, wurden nach dem Bau über den Kopf gestülpt und so wurde das Westend mittels einer quasi mechanischen Begrenzung des Sichtfelds erkundet. Das Potential dieser Übung liegt in der Erfahrung einer neuen Perspektive, eines Bildausschnitts und schafft durch das spielerische Erleben eine Vorstellung dessen, was Perspektive, Raum und Bildausschnitt bedeuten kann. Ganz ähnlich funktioniert auch das Experiment „Wackelplanet", es besteht aus einem Spiegel, den man sich im 90-Grad-Winkel unter die Nase hält. Atmet man nun durch den Mund und schaut in den Spiegel, kann man, während man sich durch den Raum bewegt, über Türen und Lampen springen oder auf Wolken herumspazieren.

Neben der Erforschung architektonischer Besonderheiten des Westviertels (Gründerzeithäuser, historischer Kontext, Umbaumaßnahmen und Restaurierungen, Graffiti-Spuren an Hauswänden und alten Kaugummiautomaten) spielten die Reflexion von Perspektiven mit verschiedenen Medien (Foto- und Videokamera), sowie das Definieren und Artikulieren von Lieblingsorten und subjektiven Geschichten zum Beispiel via Zeichnung, mit der Fotokamera, mit einer Videokamera, via Interview, durch Gespräche, Präsentationen, Spiel und Teamarbeit eine zentrale Rolle bei dem Projekt. Die Ausgangspunkte konnten von den Lernenden frei gewählt werden und ergaben sich aus subjektiven Motivationen. Der Fokus für mich als Projektbegleitung lag dabei wesentlich darauf, Erfahrungen zu initiieren, die die Kinder positiv in ihren individuellen Lernprozessen bestärken.

Können individuelle Erfahrungsprozesse überhaupt ausgestellt werden? Einen Prozess auszustellen führt zweifelsohne zu einem Konflikt. Denn ein individueller Erfahrungsprozess führt in der Regel nicht zu einem Produkt, welches gerahmt an die Wand gehängt oder auf einem Sockel präsentiert werden könnte. Es sei denn, ein Projekt arbeitet bereits darauf hin. Der Prozess selbst bleibt jedoch immateriell und so kann eine Ausstellung, in der Prozesse rekonstruiert werden, nur einen Kompromiss darstellen. In der Diskussion mit den am „Experiment Spurensicherung" teilnehmenden Kindern, kamen wir so zu dem Schluss, dass ein Bildkatalog mit den Fotos und einem Teil der Projektdokumentation entstehen sollte sowie ein Video mit den selbstgefilmten Sequenzen und einigen Beatbox-Audioaufnahmen zum Thema Lieblingsorte. Ein bemalter Tisch im Zentrum der

Installation sollte den Besucher dazu einladen, ein selbstgemachtes Memory-Spiel auszuprobieren. Die liebgewonnenen Kopfkino-Kartons wurden bestückt mit dem Experiment Wackelplanet, inklusive Spielanleitung, und mit Bildern und Texten aus den Skizzenbüchern der Kinder. Eine Ausstellung kann natürlich nicht die Komplexität und Vielfalt eines 6-monatigen Projekts spiegeln, aber sie eröffnet dem Besucher Einblicke und partizipatorische Experimentier- [S. 140] möglichkeiten.

---

1 Vgl. Gerald Hüther: Die Macht der inneren Bilder, Göttingen 2009, S. 23-74 und: Kunibert Bering: Malevics Nackte Ikone- Konstruktion und Lernen von Kontexten, in: Klaus-Peter Busse/ Karl-Josef Pazzini (Hg.): (Un)Vorhersehbares Lernen: Kunst- Kultur- Bild, Dortmund 2008, S. 108.

2 Vgl. Klaus-Peter Busse: Vom Ort zum Bild: Mapping lernen, Norderstedt 2007.

3 „Beatboxing is a tradition of vocal percussion which originates in 1980s hip-hop, and is closely connected with hip-hop culture. It involves the vocal imitation of drum machines as well as drums and other percussion, and typically also the simultaneous imitation of basslines, melodies, and vocals, to create an illusion of polyphonic music. It may be performed a capella or with amplification." Aus: Dan Stowell/Mark D. Plumbley: Characteristics of the beatboxing vocal style, London 2008, S. 1 ff.

Rosa Fehr-von Ilten

DIE ANDERE SEITE

„Im großen und ganzen war es hier ähnlich wie in Mitteleuropa und doch wiederum sehr verschieden! (...) Du wirst es unglaublich finden. Doch ich kann dir nur raten: packe umgehend nach Erhalt dieses Briefes deine Siebensachen und komme auch hierher. Perle ist ein wahres Dorado für Sammler, diese Stadt ist geradezu ein Museum, natürlich riesig viel Mist, aber auch großartige Stücke (...) Und solche Kleinodien findet, wer den Rüssel dazu hat, täglich auf Schritt und Tritt (...) Auch architektonische Extravaganzen kannst du hier sehen: im Palast sind mindestens zwanzig Stilarten mühelos zusammengekleistert. Und sonst noch die spaßhaften Entdeckungen! Wer's nicht sieht, der glaubt's nicht!"(Alfred Kubin, Die andere Seite, Frankfurt 2009, Originalausgabe 1909)

Die Anbindung an Kubins phantastisch-utopischen Roman ermöglichte jungen Erwachsenen – Schülerinnen und Schüler der Jahrgangsstufe 12 des Max-Planck-Gymnasiums in Dortmund – eine nicht alltägliche, geheimnisvolle Expedition ins Ungewisse: ins Westend, auf die andere Seite der Stadt. Mit ethnologischem Blick erforschten sie einen unbekannten Stadtteil, eine fremde Welt. Sie ließen sich ein auf Neues und Unbekanntes. Sie entdeckten Alltägliches und Exotisches, Abstoßendes und Idyllisches. Sie beobachteten oder griffen ein. Sie dokumentierten ihre Bewegungen, ihre Erfahrungen, Erinnerungen und Erkenntnisse mit künstlerischen und/oder wissenschaftlichen Methoden.

Nach und nach setzten die Schüler/-innen individuelle Ideen in Konzepte um. Dabei lag die Schwierigkeit vor allem darin, sich nicht primär an beliebigen künstlerischen Objekten und Techniken (Malen, Zeichnen, Drucken, Fotografieren, Filmen usw.) zu orientieren, sondern sich – im Sinne der Logik des Mapping – den städtischen Raum zu erschließen und von den vorgefundenen Orten, Situationen

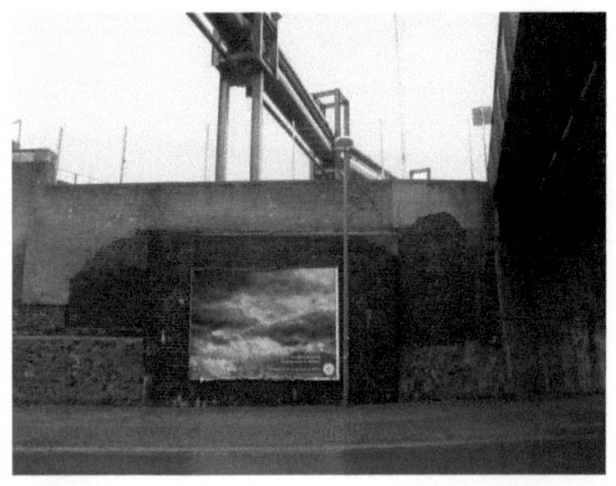
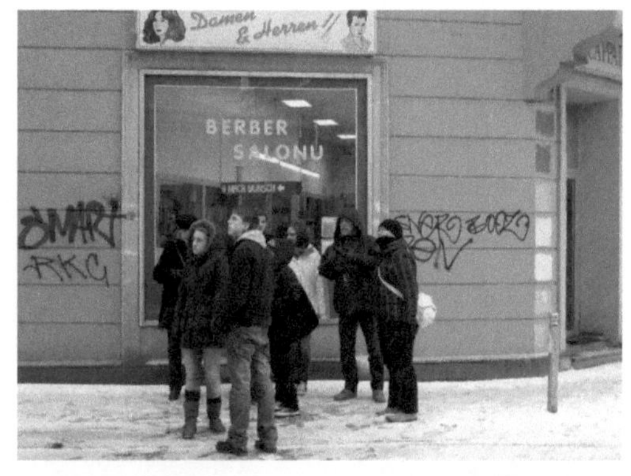
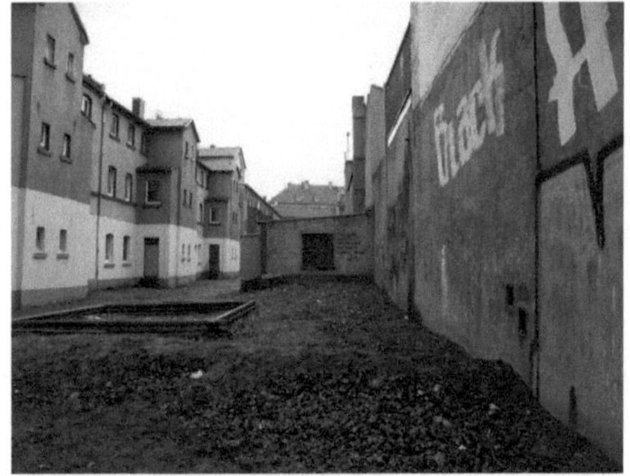
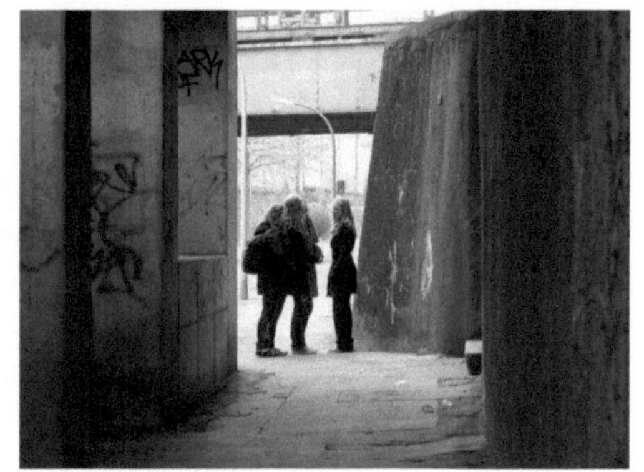
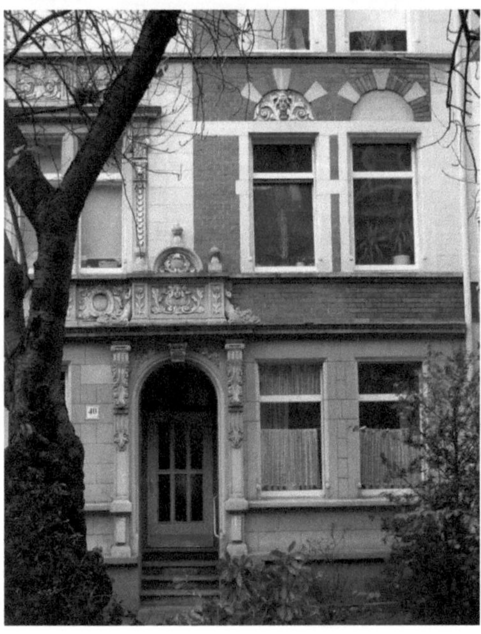
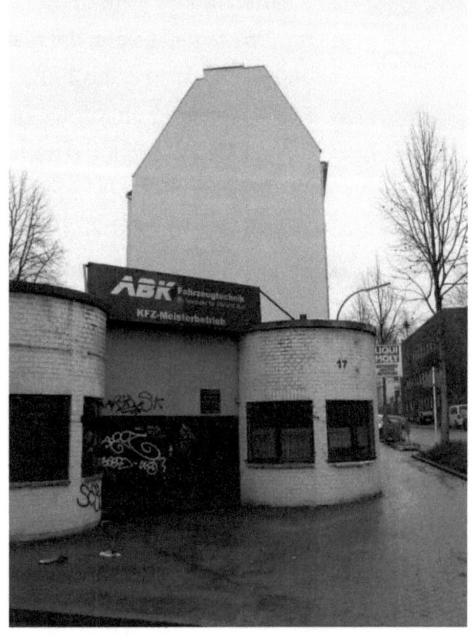

und Phänomenen im Viertel ausgehend zu überlegen, mit welchen künstlerischen Methoden diese zur Erscheinung gebracht werden können.

In den ersten Ergebnissen thematisierten die Schuler/-innen vor allem den Strukturwandel und die damit verbundenen sichtbaren Veränderungen im Westend: die Fotodokumentation unterschiedlicher Haustüren, die Nutzung des Westparks von 1970 bis heute im Video, die Rekonstruktion der Diskothek „Orpheum" aus den 1980er Jahren in einer Rauminstallation, die Aufarbeitung der eigenen Familiengeschichte im Westend in einem Fotoalbum, die Gegenüberstellung von historischen und aktuellen Fotos des Viertels von den gleichen Standorten aus, die kulturelle und religiöse Vielfalt in einer Fotoinszenierung „Vier Hochzeiten im Westend", die fotografische und malerische Erfassung von Grau und Grün und „Die Reise des kleinen Spielzeugautos durch das Westend". Darüber hinaus entstanden im Kunstunterricht lebensgroße Figuren aus Draht und Papier.

Auf einer ersten Exkursion ins Westend wurden von den Schülern und Schülerinnen dort individuelle Standorte, die das Viertel in besonderer Weise repräsentieren, gesucht, fotografiert und kartografiert.

Auf einer zweiten „Reise" wurden die 20 Figuren als „Reisegruppe" von ca. 40 Schülern mit öffentlichen Verkehrsmitteln vom Max-Planck-Gymnasium ins Westend transportiert. Dort sollten sie an den vorher bestimmten Orten inszeniert und fotografiert werden. Im Anschluss erstellten die Schüler/-innen Reisetagebücher, die ihre individuellen Eindrücke bezüglich der beiden Expeditionen wiedergeben.

Unter den von den Schülern und Schülerinnen gewählten Standorten finden sich zum einen die Bereiche und Aspekte des Viertels, die sich dem Besucher von der „anderen Seite" der Stadt mit dem Blick von außen als „quasi-objektive" Tatsachen präsentieren. Zum anderen werden in der Motivwahl für die Fotos und in den Reiseberichten der Schüler/-innen vielfältige subjektive, durch positive oder negative Konnotationen geprägte Sichtweisen deutlich, die die Wahrnehmung beeinflussten. Die Bewegung des Reisens bot nun vielfältige Mög-

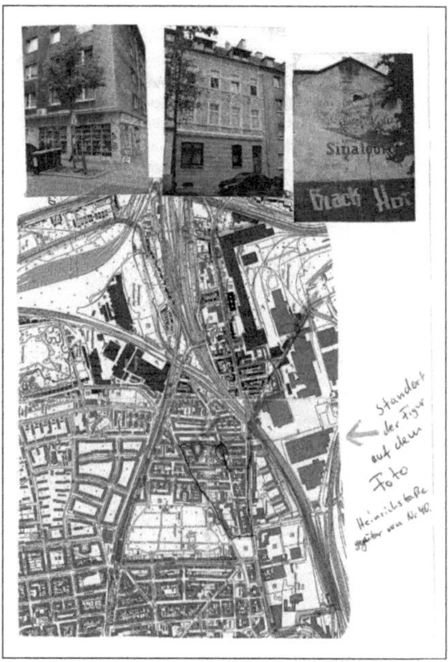

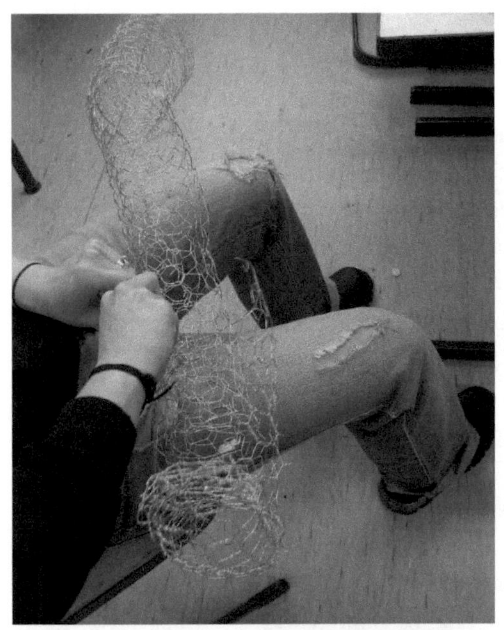
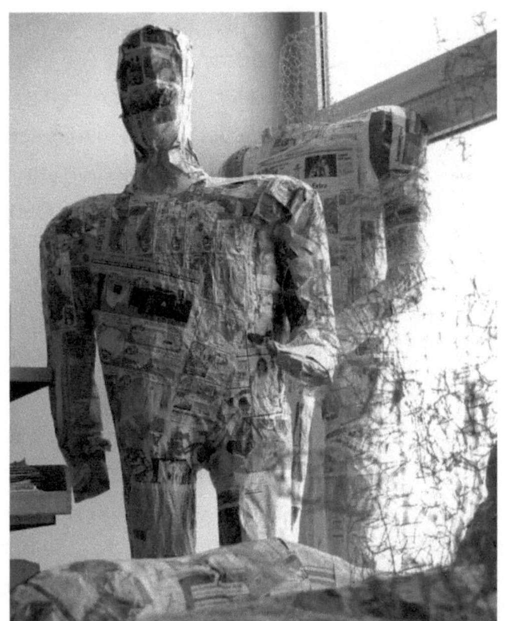
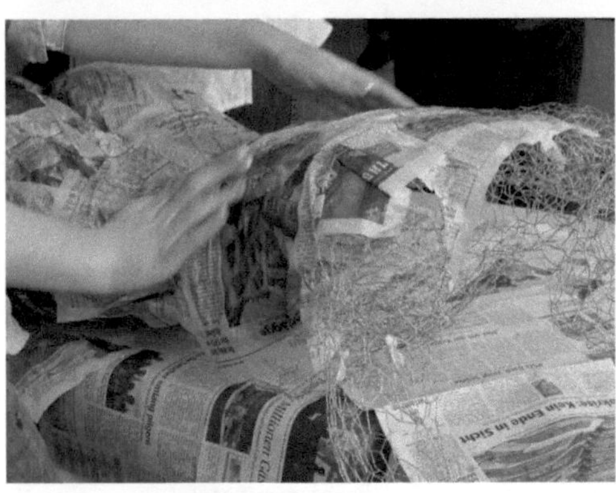
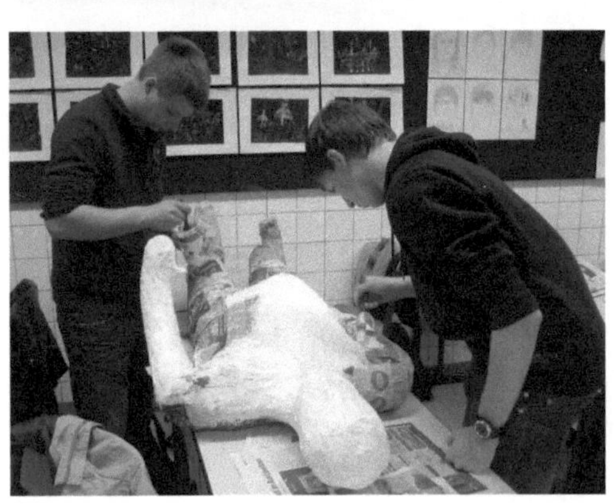
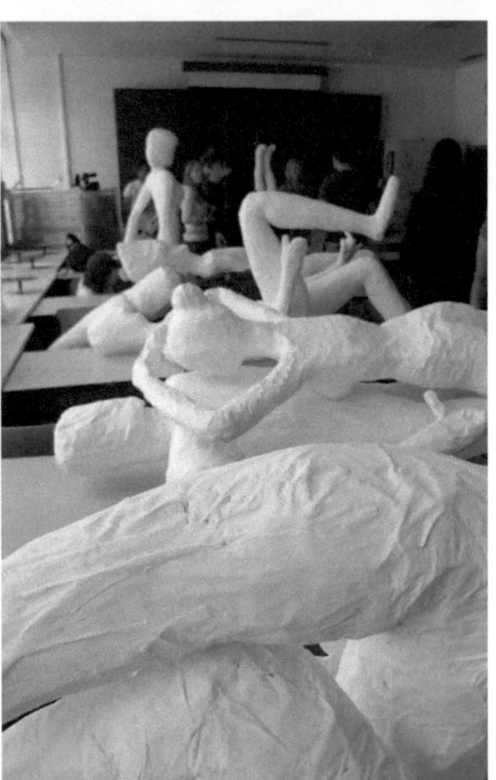

lichkeiten, neue Erfahrungen zu sammeln und die eigene Wahrnehmung zu verändern. Vermittelt über die großen weißen Figuren entwickelten sich Gespräche zwischen den Besuchern und den Bewohnern des Westends, vor allem mit den Kindern. Neben den geplanten inszenierten Fotos entstanden deshalb spontan auch einige „Street Photos", die das Westend in seiner Lebendigkeit und Aufgeschlossenheit in besonderer Weise repräsentieren.
Bedauerlicherweise ist die adäquate Präsentation einer solchen performativen Arbeit durch die Begrenztheit des „musealen" Ausstellungsraumes nur eingeschränkt möglich.

Auszüge aus den Reisetagebüchern:

„In unserem Kunstprojekt war die Aufgabe, eine Figur anzufertigen, die eine bestimmte Bewegung ausführt. Unsere Figur bindet sich einen Schuh zu. Die Figur sollte anschließend im Westend inszeniert werden. An einem trüb-kalten Vormittag ging es los. Start war das Max-Planck-Gymnasium und das Ziel war ein nicht so bekanntes Stadtviertel. Die ersten Eindrücke haben wir in der Nähe des Hauptbahnhofs gesammelt. Die bemalten Wände verwiesen auf eine ausgeprägte Jugendkultur und Szeneplätze. Mit schnellen Schritten gingen wir weiter und erste Wohnblocks waren zu sehen. Die Häuser waren dicht nebeneinander gebaut und wirkten wie eine lange Mauer mit Fenstern und Türen. Die Hinterhöfe waren der interessanteste Teil, da sie charakteristisch für das Westend sind. Es gab einfache, die wild bewachsen waren, und auch verwahrloste mit Sperrmüllresten, Autoteilen, verrosteten Anhängern und Sofas. Einige Wochen später war es so weit. Unsere Figur wurde im Westend in Szene gesetzt! Das Ziel, welches Fabian und ich uns gesteckt hatten, war, die Figur so realistisch wie möglich in die Umgebung einzufügen. Auf dem Weg erregten wir durch unsere Kunstwerke viel Aufsehen. Leute drehten sich um und staunten oder sahen uns lächelnd hinterher. Manche waren auch motiviert, ein Teil der Kunst zu werden. Die Figur stellt etwas ganz Unspektakuläres dar. Das kurze Zur-Ruhe-Kommen, um den Schuh zu binden. Schon durch diese schlichte Geste wird die trostlose Umgebung Teil der Kunst und bekommt für einen Moment neue Aufmerksamkeit. Etwas scheinbar Unbedeutendes gewinnt an Bedeutung. Hier rückt auch ein sozialkritischer Aspekt in den Vordergrund. Um die Attraktivität dieser Wohngegend zu steigern, müsste man innehalten und ihr Aufmerksamkeit schenken, um dann mit der erforderlichen Handlung die Änderung zu bewirken. Und genau wie beim Schuhe-Zumachen ist es unbequem, sich dem ‚Problem' zu beugen, jedoch nötig, um weiterzukommen."
Immanuel Orthbandt

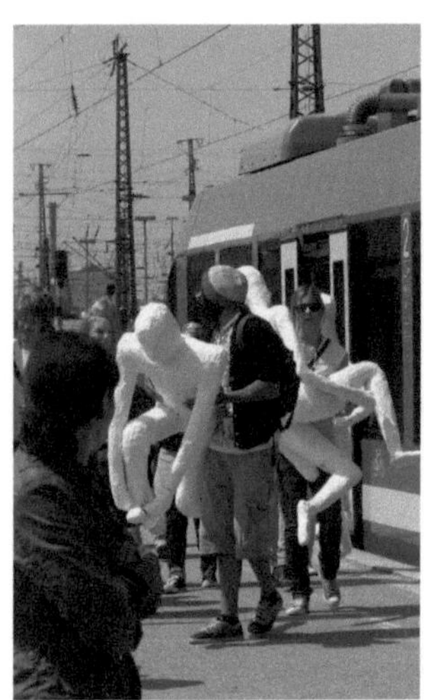
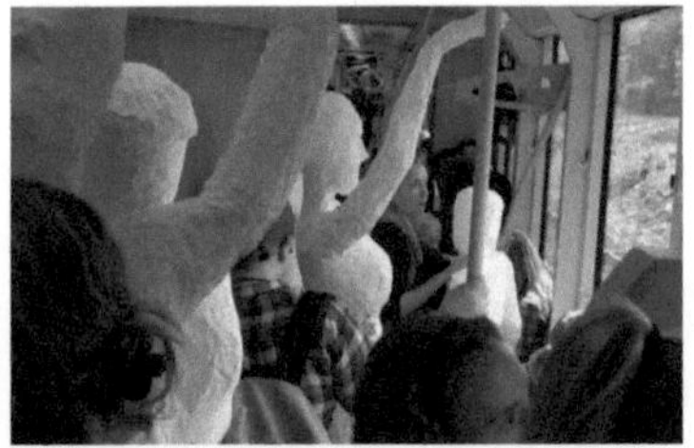
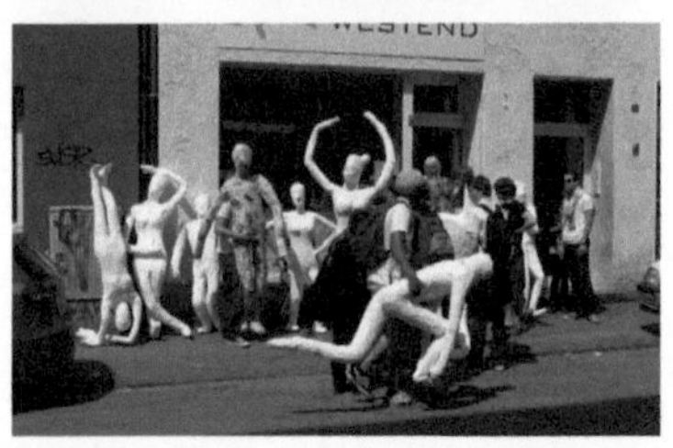
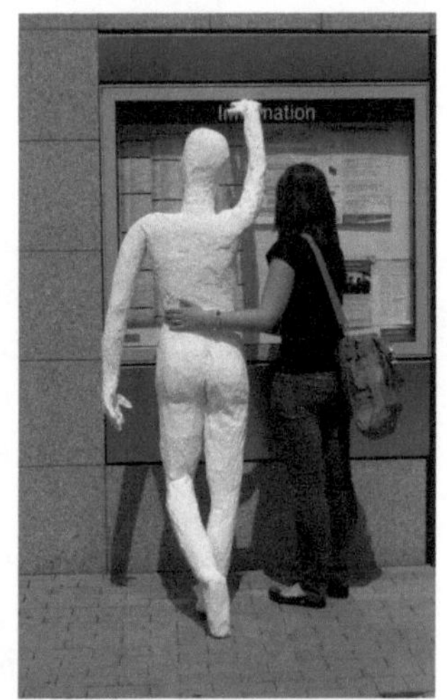
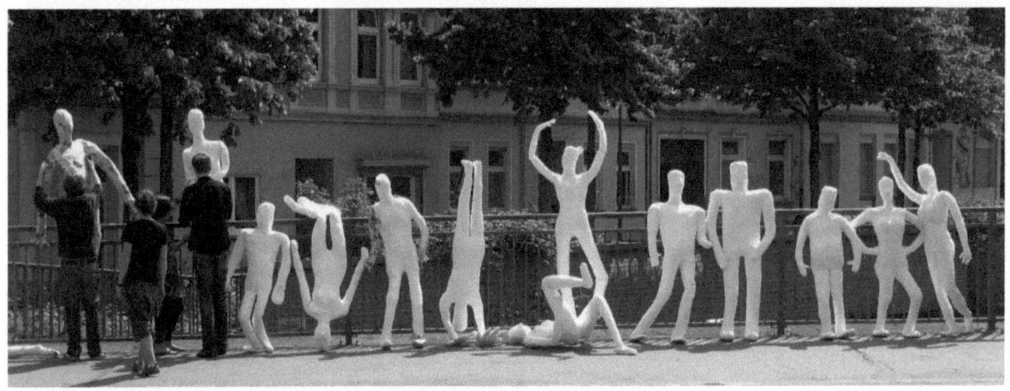
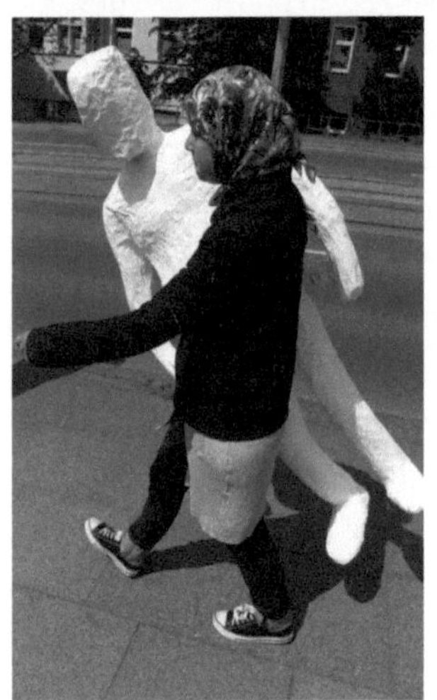
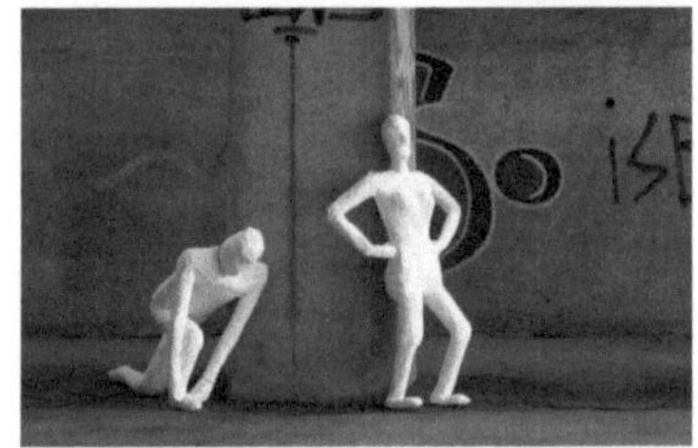
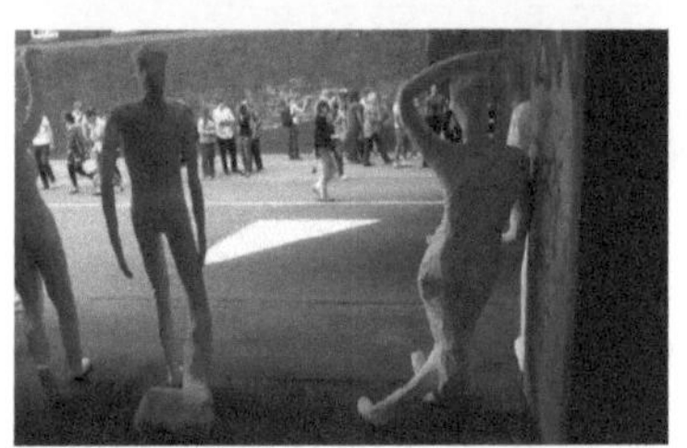
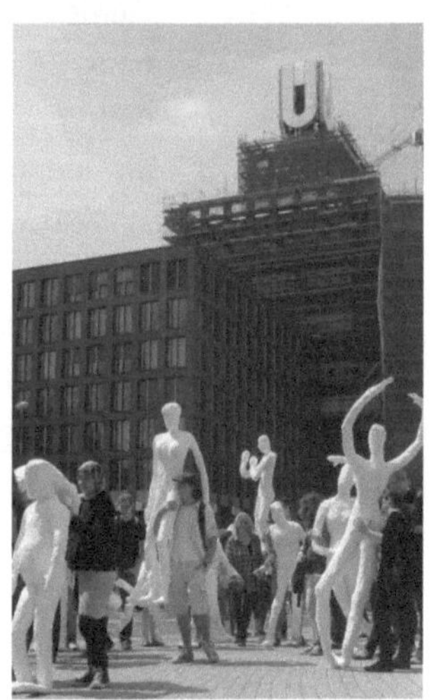

„Lulu, die Handstandmachende, war wunderschön, das Wetter so schön und strahlend, wie man es sich nur wünschen konnte, der Himmel so blau wie in einem Urlaubsprospekt und meine Laune auf dem Höchststand. Während der Fahrt wurden wir von anderen Fahrgästen in Gespräche über unsere Figuren verwickelt. Das war ein äußerst schönes Gefühl und ich war sehr stolz auf Lulu. Am Hauptbahnhof angekommen, lag die wohl härteste Hürde vor uns: der lange Fußweg. Wer hätte auch ahnen können, dass es so heiß werden würde? Am Projektladen U-Westend wurden die Figuren, die sich nun anfühlten wie schwere Bleimenschen, abgestellt und der Durst gestillt. Dann versuchten wir eine Bleibe für Lulu und die anderen ihrer Art zu finden. Wir entdeckten sowohl schöne Hausfassaden als auch schäbige Hinterhöfe. Die Zeit verging wie im Flug."
Melina Burkhardt

„Interessant wäre es gewesen, wenn unsere Figur hätte sagen können, wie ihr das Viertel gefallen hat, denn wir zeigten ihr die witzigsten Plätze, die wir beim ersten Mal entdeckt hatten. Die alten Leute, denen ich beim ersten Mal zugewinkt hatte, waren auch wieder sehr interessiert. Anscheinend war es für sie das Spannendste seit langem in der sonst öden und verkommenen Gegend. Sie fragten, was wir mit der Figur vorhätten, und wir hielten mit ihnen einen kleinen Smalltalk. An einem Sportshop namens X-Men Bodyshop machten wir mit unserer muskulösen und sportlerhaften Figur Halt. Der Vorplatz war sehr schmutzig, doch unserer Figur machte das nichts aus, da sie nur mit dem Laden beschäftigt war."
Lukas Thiekötter

„Nun, der junge Mann, ich nannte ihn Hugo, der mich auf meinem zweiten Gang durch das Westend begleitete, machte wohl eher den Eindruck von ‚Sex, Drugs and Rock n' Roll'. Ein großer schlanker Mann mit einer Punkerfrisur. Allein das Erscheinungsbild lässt uns ein Urteil fällen, ohne dass wir die Person kennen. Ich ging mit ihm fast die gleiche Tour durch das Westend, die ich eine Woche zuvor gegangen war. Ich zeigte ihm die Schauplätze, die ich entdeckt hatte. Kommentare von Passanten: ‚Ist das Kunst oder kann das in den Müll?' erwiderten wir mit einem Lächeln. Die entstandenen Fotos zeigen nicht nur die hübsch hässlichen Kulissen, sondern auch Hugo, der stellvertretend mit seinem Erscheinungsbild für Vorurteile und paradoxerweise doch mit einer ‚weißen Weste' dort posierte ... Die Expedition, auf die wir gehen, wenn wir einen Menschen kennenlernen, macht das Leben doch erst spannend. Erkenntnis des Tages: Urteile nicht nach Äußerlichkeiten, sondern wage dich auf eine Expedition ins Innere, studiere es und teile deine Erfahrungen und Erlebnisse."
Nicola Sondern

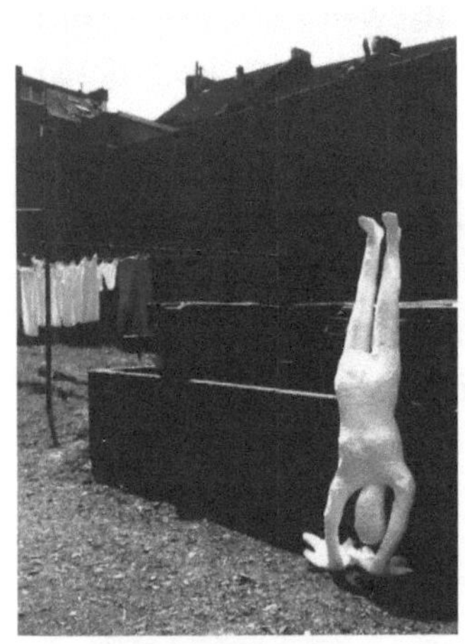
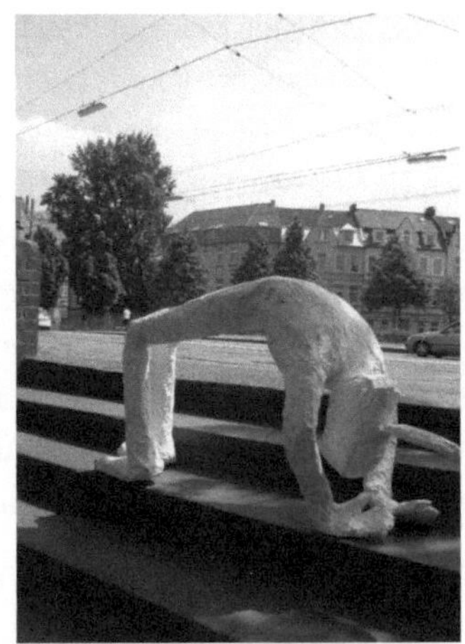
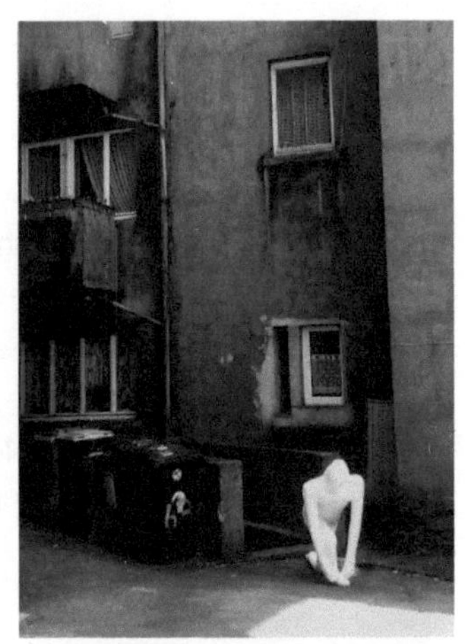
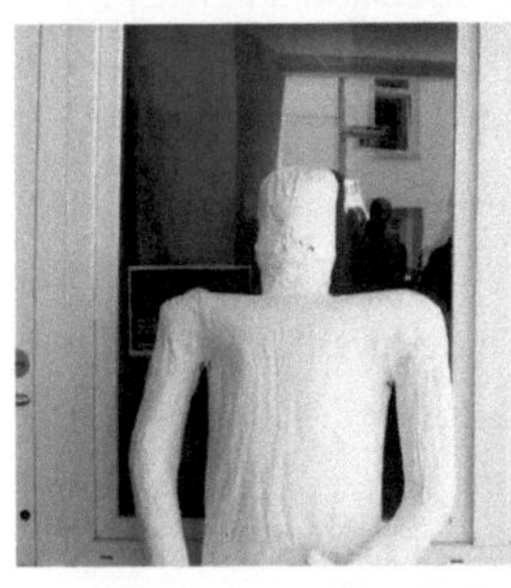
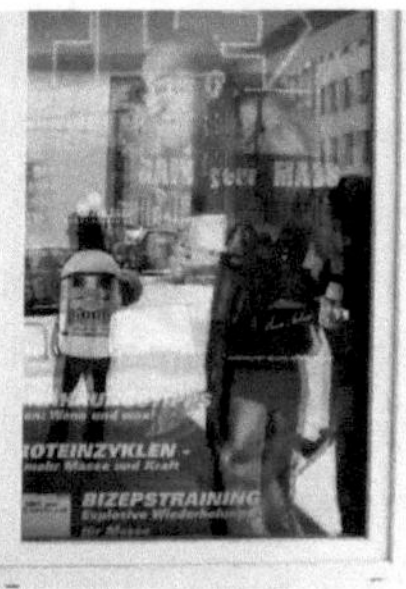
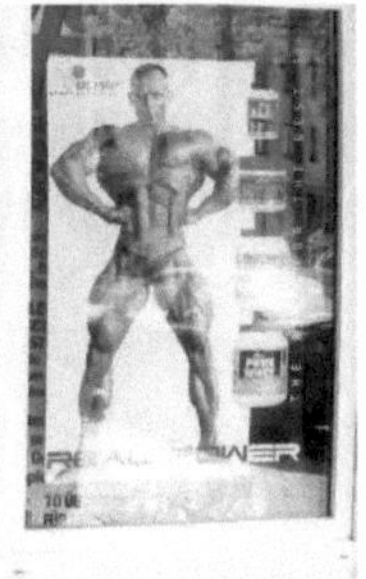
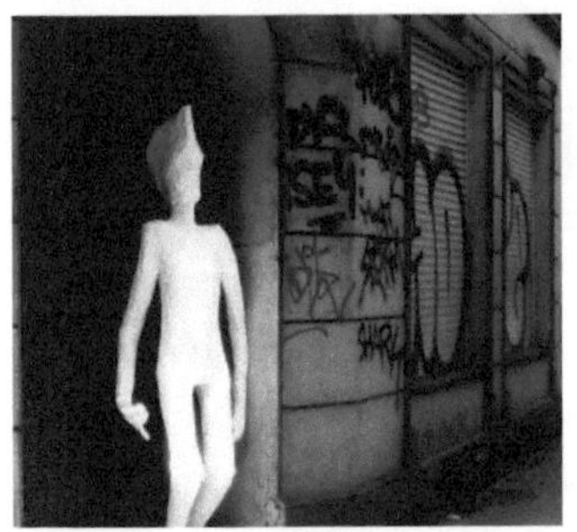
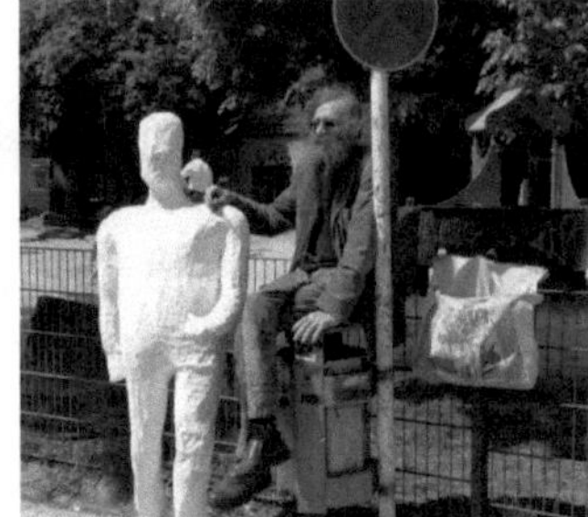
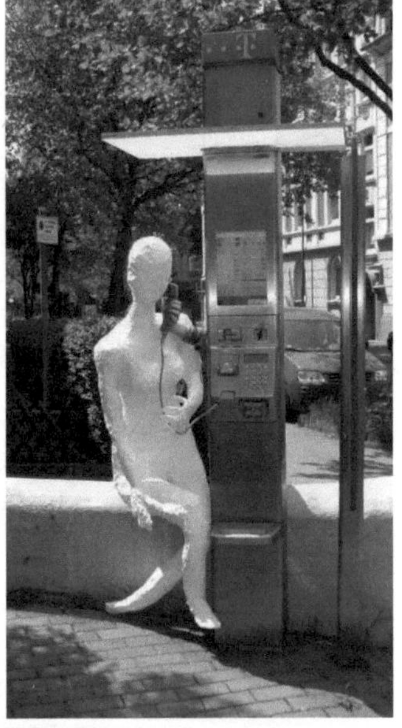
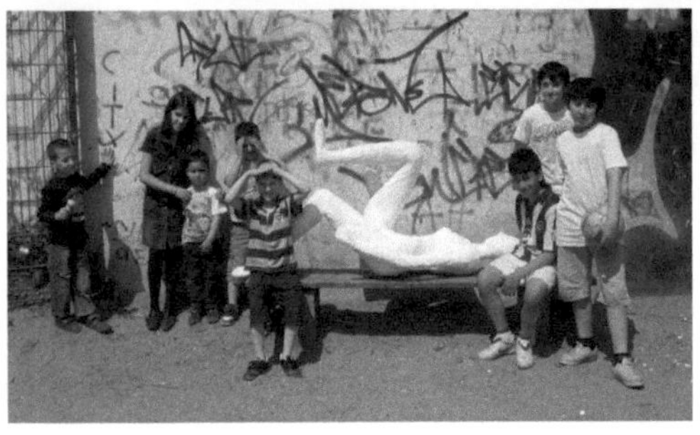
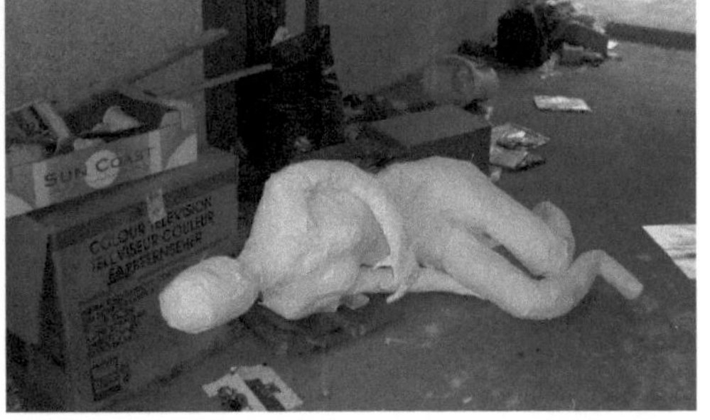

„Warum dieser Spielplatz? Diese Frage habe ich mir schon öfter gestellt. Bei allen meinen Streifzügen durch dieses Stadtviertel musste ich am Ende feststellen, dass ich mich an dieser einen Stelle wiederfinde - dem Spielplatz. Dem Charme dieses Ortes kann ich mich auf unerklärliche Weise nicht entziehen. Schon wenn man an sommerlichen Tagen einen Fuß auf die Alte Radstraße, die zum Spielplatz führt, setzt, ist Lachen, fröhliches Geschrei und Gekreische zu vernehmen. Geht man die Straße hinunter, so kommen einem Kinder entgegen, die mit ihren Rädern hin und her flitzen. Und auch für sie gilt: Treffpunkt Spielplatz! Rückblickend muss ich sagen, dass dieser Spielplatz das Charakteristikum des Westends für mich geworden ist. Die Kinder, die ich hier getroffen habe, sind einfach nur klasse! Im Gespräch mit ihnen habe ich erfahren, dass sie sich fast jeden Tag hier treffen und zusammen spielen – mich haben sie auch mitspielen lassen. Das ist U-Westend!"
Carolin Gluchowski

Teilehmer/-innen der Ausstellung:

Melissa Block, Brit Böhmer, Melina Burkhardt, Nadine Froese, Nathalie Gehrke, Keyan Ghodrati, Ana Glöckle, Carolin Gluchowski, Patrick Heinemann, Jasmine Hentzelt, Michael Hümpel, Nancy Joch, Nazende Karapinar, Christiane Koch, Aylin Kreckel, Lara Landskröner, Charlotte Lisiak, Jung-Wah Lok, Immanuel Orthbandt, Julia Peter, Niels Polinski, Jonathan Richard, Burkhard Riepe, Marc Robben, Alina Röhrl, Calvin Rummenigge, Hannah Schulmann, Felix Sommer, Nicola Sondern, Lukas Thiekötter, Sebastian Thiemann, Tim Virow, Johanna Wagener, Jonah Wagner, Verena Weimer, Max Zupancic

Die Dokumentation des Projekts übernahmen:
Michael Ostermann, Bochum (Fotografie)
Björn Eisenhardt, Marcus Barlage, Studierende der Medienakademie Dortmund (Video)

Bodo Schmidt

„WESTEND IMPRESSIONEN" EIN PROJEKT DES LEIBNIZ-GYMNASIUMS DORTMUND INTERNATIONAL SCHOOL

Die Projektarbeit, an der sich insgesamt 65 Schülerinnen und Schüler beteiligten, wurde von der Jahrgangsstufe 11 des Leibniz-Gymnasiums durchgeführt. Angeregt durch die Plein-Air-Maler des ausgehenden 20. Jahrhunderts erfuhren die Schüler das Arbeiten außerhalb der Grenzen des Klassenraums: Beobachten, Zeichnen, Malen und Fotografieren unter freiem Himmel die Schülerinnen und Schüler sammelten Impressionen während einer Busfahrt, auf dem Südwestfriedhof, im Westpark, auf der Rheinischen Straße und ihren Nebenstraßen sowie in der Kleingartenanlage „Tremonia". Wesentlich war dabei, dass der gewohnte Rahmen des Klassenraums als Arbeitsstätte verlassen werden konnte und sich die Ideen zur individuellen Projektarbeit aus den Beobachtungen vor Ort generieren sollten. Dies ist eine Möglichkeit, oder auch eine Problematik, der Wahrnehmungsschulung zur Erkenntniserweiterung und der Befreiung aus alltäglichen Gewohnheiten zur Entkonventionalisierung der eigenen Beobachtungen und der anderer. Künstlerbeispiele, wie Franz Ackermann und Sophie Calle, dienten dem weiterführenden fachmethodischen Vorgehen. Durch die Arbeitsprozesse wird den Anforderungen an wissenschaftspropädeutische Arbeits- und Verfahrensweisen erhöht Rechnung getragen. Nach einleitenden Erkundungen im Westend, auf der Basis von geschlossenen oder offenen Aufgabenstellungen, konkretisierten die Teilnehmer ein Thema, unter dem sie das Territorium vertieft untersuchen wollten. Die Aufgaben waren beispielsweise örtlich und zeitlich definiert, auf die Wahrnehmung über einzelne Sinnesorgane begrenzt und reichten bis zum zielgerichteten, selbstgesteuerten, explorativen Arbeiten. Die Schüler sollten beispielsweise einen Ort auditiv oder olfaktorisch erkunden und ihre Wahrnehmung skizzieren.[1] Teilweise wurden innerhalb der ersten Exkursionen Impressionen und

Erkenntnisse gesammelt und medial archiviert, die bereits Anlässe schufen, um diese gestaltungspraktisch zu verarbeiten. Wesentlich erscheint, dass die Teilnehmer des Projekts individuelle Themen behandelten, die durch die heterogenen medialen Fähigkeiten und Fertigkeiten, Erfahrungen und Interessen generierten. Die eingesetzten Medien waren Video, Foto, Zeichnung, Malerei, Tonplastik, Installation und Computer. Dies setzte jedoch einen langfristig angelegten Arbeitszeitrahmen voraus, in dem eigene Ideen erzeugt und entwickelt werden konnten. Obligatorisch wurde das Workbook geführt, das jeweils die individuelle Projektarbeit dokumentierte, Ort der Ergebnissicherung wurde und sehr gute Einblicke in die Entscheidungsfindungen und die Reflexion bot. Außerdem hatte das Workbook auch pragmatische Gründe. Die Schüler konnten hier nachweisen, was sie erarbeitet hatten, welche Probleme oder Fortschritte sich im Arbeitsprozess ergaben und was sie weiterführend beabsichtigten. Diese Arbeitsweise ist sicherlich auch für die Beratung und den Austausch zwischen Lehrkraft und Schüler sowie für die Bewertung der Arbeiten zur Notengebung unabdingbare Voraussetzung. Bildungsziele konnten vielfältig gesetzt werden. Der Schwerpunkt konnte historisch, soziologisch oder naturwissenschaftlich sein, indem sich das Thema beispielsweise auf die Veränderung eines bestimmten Ortes oder verschiedener Orte in der Region bezog. Hierbei sollte man das signifikant hohe Potenzial für fächerübergreifendes Arbeiten berücksichtigen. Eine derart heterogene Arbeitsweise setzt jedoch voraus, dass die Schülerinnen und Schüler bereits größtenteils gelernt haben beziehungsweise während der Arbeitsphasen lernen, selbstgesteuert und zielgerichtet zu arbeiten. Demnach eignet sich die Methode nicht für jede Gruppe und Jahrgangsstufe, sondern sollte vorzugsweise in der Oberstufe zum Einsatz kommen.

Betrachtet man die Ergebnisse der Schülerarbeit, ist hier sicherlich die Arbeit von Larissa Machatzke besonders eindrucksvoll. Im fortlaufenden Text findet sich ein von ihr selbst verfasster Beitrag, in dem sie darstellt, wie sie ein Graffiti im Westendviertel entdeckte und dieses als Anlass für ihren Forschungsprozess nahm: „Sieh' diese Rose, die hier nicht wachsen darf, überall Beton". Nicht weniger spannend erscheint Liat Wentlers Projekt, in dem sie die Region in Begleitung eines Gartenzwerges aus der Gartenanlage „Tremonia" für sich neu entdeckte und der Heimatstätte mittels Postkarten von ihren Erkundungen berichtete. Die so entdeckten Orte konnten Anlass zu einem historischen Rückblick sowie zu einer Auseinandersetzung mit naturwissenschaftlichen oder soziologischen Themen geben. Joel Stückrad und Niklas Büscher forschten gemeinsam zum Thema Drogen in der Region und nahmen durchaus kritisch Stellung zum Umgang mit diesem sozialen Problem. Ebenso sehenswert sind die Arbeiten von Jana Heinrichs („Eckhäuser und Helligkeitskartierung"), Nina Filz („Graffiti-Kartierung") oder Aileen Weretecki, die das Viertel aus der Perspektive eines Kindes neu entdeckte. Die Projektarbeit barg auf diese Weise unterschiedliche Themen und Bildungsziele, die als Gesamtprozess und über den gemeinsamen Austausch der Gruppe in Zwischenreflexionen und Präsentationen für alle Beteiligten ein hohes Erkenntnispotenzial aufwiesen. Jeder der Teilnehmenden konnte mit seinem Projekt einen Beitrag zu einer Kartierung leisten, die auf diese Art viel mehr Blickfelder auf die Region eröffnete, Anlass zum Perspektivwechsel gab und Ergebnisse filterte.

Das Rosenprojekt

(Larissa Machatzke, Jahrgangsstufe 11)
Ich habe lange gebraucht, bis ich eine gute Idee für mein Projekt gefunden habe. In der Umgebung der Rheinischen Straße findet sich oft ein Graffiti wieder, welches aussagt, dass eine Rose hier nicht wachsen kann, wegen des vielen Betons („Sieh' diese Rose, die hier nicht wachsen darf, überall Beton"). Als ich dieses Graffiti sah, war ich davon wie gefesselt. Ich konnte dieses Graffiti nicht mehr vergessen, weil es mich berührt hat, so von den Gedanken der Bewohner von Dortmund-West zu erfahren. Also beschloss ich, mein Projekt auf dieses Graffiti zu beziehen. Ich hatte erst viele verschiedene Ideen, mein Projekt kreativ umzusetzen (diese sind genauer in meiner Beschreibung ausgeführt, in einem Workbook, das meine Arbeitsschritte dokumentiert). Schließlich habe ich mich dazu entschlossen, viele verschiedene Fotos aus Dortmund-West zu machen, welche zeigen, wo eine Rose überall nicht wachsen kann. So entsteht ein guter Eindruck von Dortmund-West, und es wird dargestellt, dass die Rose aus verschiedensten Gründen an vielen Orten nicht wachsen kann. Dann dachte ich mir, man sollte noch zeigen, wie es sein könnte, wenn nicht überall Beton wäre. Ich habe beide Ideen indirekt in die Tat umgesetzt. Als Erstes machte ich Fotos, mit denen ich experimentierte, indem ich dort Rosen aufklebte. Ich suchte also ein paar verschiedene Rosen aus dem Internet heraus, druckte diese und schnitt diese aus und klebte diese auf die Fotos aus dem Westend auf. Auch wenn es unmöglich ist, dass eine Rose dort wachsen kann, ist sie trotzdem in dem Bild, welches mich zum Nachdenken darüber anregte, wie es sein könnte. Als Zweites wollte ich wirklich etwas machen, etwas bewirken. Dafür wollte ich ein paar Rosen in Dortmund-West einpflanzen. Ich wandte mich an den Rosenverein Dortmund und stellte meine Projektidee vor. Der Verein war bereit, mich bei diesem Vorhaben zu unterstützen. Ich pflanzte also vier Rosen und ging dem Zitat so prüfend auf den Grund. Dadurch passierte wirklich etwas, und ich ermöglichte es mehreren Rosen, in Dortmund-West zu

wachsen, trotz des Betons. Durch diese Aktion trat ich indirekt mit den Einwohnern von Dortmund-West in Kontakt, die immerhin prägend für diesen Raum sind, und wartete auf eine Reaktion. Ob die Rosen dort wachsen dürfen, vielleicht sogar bewässert oder aber herausgerissen werden oder eingehen, war vollkommen offen, aber ich war sehr gespannt auf das Ergebnis. Ich kartierte die Stellen, an denen ich die Rosen pflanzte.

Ich machte von jeder Rose drei Fotos: das erste von dem Platz vorher, ohne die Rose. Das zweite dann direkt nach dem Einpflanzen. Und das dritte vier Wochen später. Ich besuchte meine Rosen, und nach einigen Tagen ging es allen noch gut und ich bat anwohnende Passanten darum, hin und wieder nach den Rosen zu sehen. Nach vier Wochen blühten drei Rosen weiterhin. An einem Ort trat jedoch tatsächlich ein, was durch das Graffiti vorherbestimmt schien. Eine Straßeninsel, auf der ich meine Rose gepflanzt hatte, wurde innerhalb weniger Tage erneuert und gepflastert. Diese Erfahrung schockierte und begeisterte mich gleichzeitig. Meine Untersuchung schien jetzt Inhalt bekommen zu haben, einen erweiterten Sinn zu ergeben.

Mein Projekt konnte erst durch die vielen Impressionen entstehen, die ich von Dortmund-West und den Menschen, die dort leben, gesammelt habe. Erst nachdem ich einen Eindruck von diesem Raum gewonnen habe und von den Menschen, die diesen Raum prägen, konnte ich mich auf so ein Projekt einlassen, das sogar indirekt mit den Menschen dort kommuniziert. Durch das Graffiti wird auf die Gedanken und die Gefühle der Menschen eingegangen und durch die Fotos und die Tatsache, dass die Rose dort nicht wachsen kann, die Gegend gut kartografiert und ihre Eigenschaften gut dargestellt. Auch bin ich noch nie mit der Perspektive, auf Plätze zu achten, wo eine Rose wachsen oder nicht wachsen kann, durch diesen Raum gegangen. Ich musste ihn komplett neu für mich erkunden, wodurch mir viele Kleinigkeiten aufgefallen sind, die ich sonst niemals beachtet hätte. Auch musste ich mich gedanklich sehr mit diesen Impressionen auseinandersetzen, um mich so auf dieses Projekt einlassen zu können. Besonders wichtig finde ich aber, dass ich mich durch mein Projekt mit dem Westend mehr „verwurzelt" sehe als zuvor.

Die oben vorgestellte Projektbeschreibung zeigt den Prozess, wie aus einer allgemeinen Erkundung als Suchbewegung in einer Region eine Projektidee entstehen und schließlich ein individueller Arbeitsprozess initiiert werden kann.

Zeigen Eckhäuser Gegensätze

(Jana Heinrichs, Jahrgangsstufe 11)

Ich beschäftigte mich im Rahmen des Projekts Westend Impressionen mit Eckhäusern in Dortmund-West. Zunächst habe ich viele Eckhäuser intuitiv als Materialsammlung fotografiert. Bei der Untersuchung der Fotos auf Strukturen entwickelte sich mein Thema: Gegensätze in Dortmund-West. Trotz der Abenddämmerung war eines der Bilder sonniger als die übrigen, und so konnte ich meine obige Frage beantworten und mit der weiteren Ausführung beginnen. Aus diesem Grund fotografierte ich die zuvor am Abend aufgenommenen Eckhäuser nochmals am Morgen. Anfangs beschränkte ich mich auf den Unterschied zwischen „Jung und Alt", da ich bemerkte, dass die Fassaden der Eckhäuser zu den unterschiedlichen Tageszeiten jeweils älter und heller und frischer wirkten, das Innere und die Struktur des Hauses sich aber eben nicht verändert. Hier kann man eine Parallele zum Älterwerden des Menschen ziehen, wie sich sein Äußeres verändert, er aber dergleiche Mensch bleibt. Um diese Überlegung umzusetzen, habe ich zwei Pressspanplatten besorgt und den vergrößerten Stadtplan von Dortmund-West auf diese geklebt. Der Lage der dargestellten Häuser entsprechend habe ich die Fotos auf den Plan montiert, wozu ich Nägel und Drähte verwendete. Weiterhin habe ich um die Häuser den Plan in der entsprechenden Farbe bemalt. Da ich jeweils die Farbe des älter und jünger wirkenden Eckhauses übernommen habe, soll die unterschiedliche Gestaltung bei Beibehaltung der gleichen Struktur, wie oben bereits erwähnt, die Übertragungsmöglichkeit auf „Jung und Alt" in Dortmund-West verdeutlichen. Außerdem habe ich zusätzlich alte und neue in Dortmund-West gesammelte Gegenstände aufgeklebt, die ebenfalls diesen symbolischen Charakter haben. Somit habe ich durch die Eckhäuser die Gegensätze „Jung und Alt", „Neu und Alt", „Hell und Dunkel", „Morgen und Abend" und zusätzlich noch „Kalt und Warm" dargestellt. Der letzte Gegensatz ist nur indirekt vorhanden. Während der Erkundungsphase in Dortmund-West und der Entstehung der Fotos war es beim ersten Mal kalt und beim zweiten Mal warm. In meinem Projekt habe ich mich mit dem Raum Dortmund-West beschäftigt. Ich habe den Raum erkundet und bin dabei auf die Eckhäuser gestoßen, die ich durch das Fotografieren näher betrachtet habe. Da es ältere und neuere Eckhäuser gibt, kam mir die Idee, sie als Symbol für die ältere und jüngere Generation zu sehen. Wie sich an Eckhäusern Straßen treffen, so treffen in Dortmund-West die beiden Generationen aufeinander. Leider fand ich für die Leitfrage „Wie ist das Zusammenleben von Jung und Alt in Dortmund-West" keine passende Antwort und somit keine Darstellungsmöglichkeit. Stattdessen kam ich bei weiterer Erkundung des Raumes auf die Leitfrage „Zeigen Eckhäuser Gegensätze?". Dabei konnte ich Neuentdeckungen machen, das heißt, Dinge erfahren, die mir vorher noch nicht bewusst waren. Ich erkannte, dass Eckhäuser zu den verschiedenen Tageszeiten anders wirken. Mein Erkenntnisgewinn daraus war, dass es Gegensätze in Dortmund-West gibt und diese sich an Eckhäusern widerspiegeln lassen. Dies gilt sowohl für die architektonischen und die naturbedingten – wie Lichtverhältnisse – als auch für die gesellschaftlichen Unterschiede. Für die Umsetzung und Darstellung meiner Ergebnisse hatte ich die Freiheit, eine individuelle, für mich geeignete Methode zu wählen.

---

1   Vgl. Rudolf Preuss, Mapping Brackel, Norderstedt 2008, S. 33

Benjamin Vogel

MAPPING ALS UNTERRICHTSFORM – BERICHT ÜBER EINEN ERFOLGREICH GESCHEITERTEN VERSUCH

Die Vorbereitung

Als ich vom Projektteam eingeladen wurde, als Lehrer mit einer Schülergruppe der Hauptschule Innenstadt-West am Projekt „U-Westend" teilzunehmen, habe ich mich einerseits sehr gefreut und war gespannt,

1. wie sich die geforderte Auseinandersetzung mit Mapping-Methoden im Kunstunterricht umsetzen ließe,
2. wie sich die Schüler/-innen auf den ihnen bekannten Alltagsort gestalterisch einlassen würden und
3. wie die Zusammenarbeit mit den vielen beteiligten unterschiedlichen Institutionen funktionieren würde.

Andererseits fühlte ich mich etwas unsicher, weil ich bisher Mapping im Kunstunterricht bewusst vermieden habe. Da ich selbst als Künstler intensiv mit Mapping-Methoden arbeite und glaube, mich recht gut mit ihnen auszukennen, habe ich sie in der Unterrichtspraxis bislang nicht eingesetzt. Mapping als künstlerische Kartografie, als Sammelstelle und Treffpunkt unterschiedlichster künstlerischer Methoden, als Prozess, der idealerweise je nach Form und Inhalt dokumentiert werden sollte, bietet ein sehr vielschichtiges, reizvolles und forderndes Spielfeld für gedankliches und gestalterisches Handeln, das Mut, Kreativität, Kontinuität, gestalterische Basiskompetenzen und Hartnäckigkeit bei Rückschlägen erfordert. Leider verfügen viele Schüler/-innen unserer Schule kaum über die genannten Fähigkeiten. Außerdem ist für die unterschiedlichen künstlerischen Techniken sowie die Aufbewahrung von Zwischenergebnissen zumindest ein Kunstraum notwendig, der aus Platzmangel in unserem zu kleinen Schulgebäude bislang immer als Klassenraum genutzt werden musste. So war ich immer davon ausgegangen, dass ein solches Projekt wie „U-Westend" die Schüler/-innen oder auch mich überfordern würde, und habe in kleineren, reduzierten Aufgaben und Reihen immer nur einen Teil der Lernfelder und Kompetenzen angesprochen und gefördert. Eigentlich ist dies sehr schade, da Mapping so viel bieten kann, was mir im Kunstunterricht sehr wichtig ist, wie zum Beispiel Interdisziplinarität, die an unserer Schule besonders wichtige Interkulturalität, Teamarbeit, Offenheit, Projektcharakter, Prozesshaftigkeit oder Lernen durch Forschen und Entdecken. Da „U-Westend" als Teil des Projekts „Mapping the Region" auf Mapping-Methoden festgelegt war, wurde ich nun ein wenig dazu gedrängt, es trotzdem zu wagen. Da ich wegen der Motivation der Schüler/-innen unbedingt wollte, dass sie im Rahmen des Möglichen ihre eigenen Ideen umsetzen sollten, bin ich von einem schwer planbaren, offenen und flexiblen Unterricht, der sich ständig zwischen intensiven Arbeitsphasen, Beratung, Anleitung, Hilfe, Abbruch und Neuanfang bewegen würde, ausgegangen. Die Wahl für die teilnehmende Lerngruppe fiel auf einen Kunstkurs der Klasse 9, 18 Schüler/-innen, die zwischen Kunst, Musik und textilem Gestalten wählen konnten. Eine grundlegende didaktische Reduktion war unumgänglich. Wegen der besonderen Rahmenbedingungen an unserer Schule habe ich die künstlerischen Methoden auf Zeichnung, Digitalfotografie, kleinformatige Malerei, Collage und Bauen kleiner Objekte beschränkt. Außerdem sollte die Dokumentation durch vorstrukturierte Prozessprotokolle unterstützt werden. Im ersten Halbjahr haben die Schüler/-innen noch grundlegende Kompetenzen im Bereich der Zeichnung, Fotografie und Malerei erarbeitet, auch den Kunstraum konnte ich nach Absprachen mit Kollegen nutzen. So gingen wir gut vorbereitet in die Projektphase.

Ein vielversprechender Beginn

Im Dezember 2009 wurde das Projekt gestartet, ich stellte „U-Westend" vor, die Ziele wurden erarbeitet, die Schüler erkundeten über das Internet die Möglichkeiten von Mapping (web.mac.com/klaus.peter.busse/Bildumgangsspiele), wir begingen das Westend und sammelten über das Internet Hintergrundinformationen über das Viertel. Daraufhin fiel es den Schülern und Schülerinnen überraschenderweise ziemlich leicht, eigene Projektideen zu entwickeln und auf ihre Umsetzbarkeit hin zu überprüfen. Sie waren sehr motiviert, nur in wenigen Fällen musste ich Themenvorschläge machen.

Eine Auswahl von Projektideen aus dieser Phase:
- Porträt eines Baums im Westpark über Winter und Frühjahr hinweg
- Denkmäler im Westend
- Was ist der Spar- und Bauverein?
- BVB-Fankultur im Westend
- Fotodokumentation der Hinterhöfe
- Aufenthalts- und Treffpunkte im öffentlichen und privaten Raum
- Das Westend wird umgebaut – Baustellendokumentation
- Nachbau des U-Turms, Vergleich zwischen realer Baustelle und
  eigenem Bauprozess
- Zigaretten und Alkohol – die Kioskkultur im Westend
- Verkehr in der Möllerstraße – eine fotografische Untersuchung
- Ein graues Viertel wird bunt (Andy Warhol im Westend)
- Ein Stadtidyll – Fotodokumentation eines Hinterhofteichs in der Heinrichstraße
- Das Viertel wird zugeparkt – wie Autos das Stadtbild prägen
- Inszenierung des Westends als Hintergrund für Manga-Comics
- Warten ist langweilig – Fotodokumentation von U-Bahnhaltestellen im Westend

Bis Ende Januar lief das Projekt wie geplant, alle waren motiviert, und begannen
alleine, zu zweit oder zu dritt gestalterisch zu produzieren und ihren Arbeitsprozess zu dokumentieren.

Der Bruch

Mit dem zweiten Halbjahr und dem neuen Stundenplan geriet das Projekt dann
leider fast zum Erliegen. Die völlig unproblematisch erscheinende neue Lage der
Kunststunde am Montag in der letzten Stunde (15 bis 16 Uhr) und der Wahlpflichtunterricht in der Stunde davor haben dem Projekt im Nachhinein den Mapping-
beziehungsweise Prozesscharakter genommen. Dabei entspricht es eigentlich
der Philosophie des Ganztagsunterrichts an unserer Schule, dass weniger kog-
nitiv geprägte, sondern eher handlungs- oder sogar freizeitorientierte Fächer im
Nachmittagsbereich liegen. Kunst von 15 bis 16 Uhr ist daher sehr gut. Allerdings
ergab es sich durch die unglückliche Kombination von krankheitsbedingtem Un-
terrichtsausfall im Wahlpflichtunterricht und einigen eher schulmüden Schülern
und Schülerinnen im Kunstkurs, die um 13 Uhr in die Mittagspause verschwanden
und nicht wieder zurück kamen, dass einige Wochen lang nur etwa ein Drittel
der Schüler/innen anwesend waren. Das konnte ich zwar nicht akzeptieren, aber
durchaus verstehen. Hätten Sie, denken Sie bitte an Ihre Schulzeit zurück, zwei

Stunden gewartet, um am Tagesende eine Stunde Kunstunterricht zu haben? Leider passiert es immer wieder, dass die Unterrichtsqualität gerade im Kunstunterricht, einem Fach, das sehr von den Rahmenbedingungen abhängig ist, unter schulorganisatorischen Zwängen leidet. Mittlerweile wurde ich von Carolin Marchelek, Studentin an der Technischen Universität Dortmund und mit einem eigenen Projekt zusätzlich an „U-Westend" beteiligt, unterstützt. Wir versuchten die Schüler/-innen davon zu überzeugen, selbstständig außerhalb der Unterrichtszeit regelmäßig weiterzuarbeiten, was nicht funktionierte. Eine Veränderung im Stundenplan war wegen der Koppelung mit Musik und textilem Gestalten ebenfalls nicht möglich. Also legten wir im April und Mai zwei Projekttage fest, um den Ausfall zu kompensieren.

Das Auffangen

An den ganztägigen Projekttagen konnten die meisten Projekte verwirklicht werden, die Schüler/-innen arbeiteten überwiegend mit der Digitalfotografie, weil sie, wie sie sagten, einfach ist und schnelle Ergebnisse erlaubt. Der ursprüngliche Mapping-Gedanke, den Entstehungsprozess zu dokumentieren und die entstehenden Ergebnisse mit dem Westend kartografisch zu verknüpfen, musste allerdings aufgegeben werden, da die auf einen langen Zeitraum ausgelegten Projekte nun sehr komprimiert wurden. Statt zum Beispiel einen Vorgang über mehrere Wochen zu fotografieren, wurde nun oft nur der aktuelle Status am ersten Projekttag festgehalten und am zweiten gestalterisch überarbeitet. Manche Projekte wurden komplett fallen gelassen und durch andere Ideen ersetzt. Es stellte sich ein sehr konzentriertes, aber leider auch ein erzwungenerweise produktorientiertes Arbeiten ein, da die Schüler/-innen in der Ausstellung etwas Interessantes zeigen wollten. Auch dank Carolin Marcheleks Hilfe (sie kümmerte sich zum Beispiel um den großformatigen Druck der Fotos) entstanden teilweise Ergebnisse, die ich im Kunstunterricht in dieser Qualität bisher selten gesehen habe.

Mein Fazit

„U-Westend" stellte einen ersten Versuch dar, mit Mapping-Methoden im Kunstunterricht zu arbeiten. Er hat mich bestärkt, noch einmal zu versuchen, ein solches Projekt durchzuführen oder zumindest noch häufiger mit offenen Aufgabenstellungen und Unterrichtsformen die Schüler/-innen zu fordern. Die Auseinandersetzung mit dem Alltagsraum Westend war sehr fruchtbar und für die Schüler/-innen sehr spannend und lehrreich. Wir haben alle viel Neues über den Stadtteil gelernt, den wir eigentlich schon gut zu kennen glaubten. Die Zusammenarbeit mit allen Beteiligten hat sehr gut funktioniert und mich ermuntert, mich auch in Zukunft auf solche Zusammenarbeiten einzulassen. Vielen Dank an alle Beteiligten und insbesondere an Darija Šimunović, die das Projekt aus meiner Sicht sehr gut koordiniert hat. Abschließend interessiert es mich nun sehr, ob der Mapping-Charakter der Ergebnisse bei besseren Rahmenbedingungen zu erreichen ist. In diesem Schuljahr steht uns durch sinkende Schülerzahlen erstmals der Kunstraum zur Verfügung. Die Gelegenheit sollte ich nutzen …

S. 128

Sarah Hübscher, Elvira Neuendank

DAS SICH DYNAMISCH ORDNENDE ARCHIV
700 BLICKE UND DIE ESSENZ DES CHAOS

Seit geraumer Zeit verfolgt man den öffentlichen Diskurs zur Erinnerungskultur in unserer Gesellschaft. Hierbei spielen neben den Erinnerungen in Wort und Schrift auch Orte und Bilder eine wesentliche Rolle. Begriffe wie Archiv oder Atlas begegnen uns in der Auseinandersetzung mit dem kollektiven Gedächtnis und unserer Gegenwart, wobei auch die individuelle Erinnerung einen wichtigen Stellenwert einnimmt.[1]

Mehr und mehr rückt in dieser Diskussion auch das Museum in den Fokus, als Ort der Vermittlung und Kommunikation zwischen „Innenwelt" und „Außenwelt": Kunstmuseen verstehen sich heute nicht mehr ausschließlich als Bewahrer und Konservatoren der High Culture der Vergangenheit und Gegenwart, sie bereichern diese bestehenden, wichtigen Aufgaben mit der Öffnung ihrer Räumlichkeiten zur Low Culture – der Alltagskultur.[2]

Der Grundgedanke Alexander Dorners, das Museum als „Kraftwerk" zu nutzen, spielt hierbei eine entscheidende Rolle und bietet eine Chance,[3] die vor allem in den Konzeptionen des Museums Ostwall, aber auch in der des Osthaus-Museums in Hagen zu finden ist: Neben den Kunst- und Kulturgütern, die durch die Präsentation im Museum mit in die Gegenwart getragen werden, finden wir hier Orte, die von Besucherinnen und Besuchern mitgestaltet und aktiv genutzt werden.[4]

Einer dieser zu gestaltenden Orte, der so in den Diskurs einbezogen wird, ist „das sich dynamisch ordnende Archiv": ein analoges Fotoarchiv mit ständig wachsendem Bestand.

Für die Ausstellungen begann die Projektgruppe – Sarah Hübscher, Elvira Neuendank, Uwe Schrader – individuelle Blicke auf den Stadtteil Westend in Dortmund zu sammeln: Das Medium der Fotografie ermöglichte es auf unkomplizierte

Weise, zum einen individuelle Blicke festzuhalten und zum anderen diese weiteren Besuchern und Besucherinnen in Form von Abzügen zur Verfügung zu stellen. Die im Archiv gesammelten Fotografien reichen vom inszenierten Bild über Dokumente des Alltags bis hin zu Zufallsprodukten des „absichtslos Suchenden".[5] Rund 700 Blicke sind seit März 2010 in den Bestand des Archivs eingegangen. Sie sind im Archiv erfasst, nicht aber kategorisiert, nummeriert oder in einer anderen Ordnungsstruktur verankert. Die Fotografien werden in dieser freien Form zur Verfügung gestellt – die Besucherinnen und Besucher werden mit dem entstandenen Chaos konfrontiert. Ungeordnet und in einer losen Ansammlung befinden sich die Fotografien auf einem von allen Seiten zugänglichen Tisch. Interessanterweise ist nun eine bei allen Nutzerinnen und Nutzern unabhängig von Alter, Herkunft oder Vorbildung gleiche Beobachtung zu machen: Die Augen schweifen suchend über den Tisch, hin zu einzelnen Fotografien. Ein Prozess des blickgeleiteten Handelns, des Suchens, Findens, Verknüpfens, Entdeckens, Sehens, Einreihens, Separierens setzt ein – individuelle Ordnungen entstehen. Gespräche über die vorgefundenen Bildinhalte und Motive beginnen. Durch diesen freien, individuellen Umgang mit der Ordnung von Bildmaterial entstehen die unterschiedlichsten Bilderreihen zu den verschiedensten Themen: Sie reichen von dem Herausheben der allgemeingültigen Landmarks des Quartiers, wie dem Dortmunder U oder dem Versorgungsamt, über Ordnungen nach ästhetischen Gesichtspunkten, wie Farbe, Struktur oder Typografie, bis hin zu einer Auswahl von Orten, zu denen ein persönlicher, biografischer Bezug besteht. Dieser reflektierte Umgang mit Bildern ist eine entscheidende Kompetenz, visuelle Diskurse zu verstehen, zu erzeugen und sich so an der Verhandlung von Kultur zu beteiligen.[6]

Die Besucherinnen und Besucher ziehen ihre Essenz aus dem Chaos. Bilder werden hier nicht länger einfach nur wahrgenommen, kurz angeschaut oder aus dem Augenwinkel reflektiert. Vielmehr geht es um ein Bewusstmachen des Mediums Fotografie selbst und der Informationen, die es uns über Ort, Zeit, Raum und Kultur aufzeigt. Dabei lassen die gleichen Bilder durch die Zusammenstellung verschiedener Serien immer wieder neue Lesarten und Kombinationen zu. An einer Wand können die Serien ausgestellt oder in Briefumschlägen als Bilderstapel mit Überschriften versehen präsentiert werden. Alle diese Zustände sind jedoch nur temporär: Nachfolgende Nutzerinnen und Nutzer können diese bestehenden Bilderserien auflösen und die Bilder nun für ihre individuelle neue Anordnung nutzen. Eine Auseinandersetzung mit den Bildern ermöglicht es, Neues zu entdecken und bereits Bekanntes (neu) einzuordnen. Die Veränderbarkeit der bestehenden Serien und das eigene Hinzutun schaffen die Dynamik des Archivs.

Neben der Schulung des bewussten Sehens war es der Projektgruppe wichtig, verschiedene Perspektiven eines Stadtteils mittels Bildern zur Diskussion zu stellen und der Kommunikation über Bilder einen Ort zu geben. Unabhängig von kommerziellen und politischen Zielen erlaubt der Fundus mittlerweile einen multiperspektivischen Blick auf den Stadtteil.

Seit Oktober 2010 ist der Bestand des „sich dynamisch ordnenden Archivs" in das „Interaktive Bildarchiv" im Museum Ostwall im Dortmunder U übergegangen (www.interaktives-bildarchiv.dortmund.de).

S. 146

---

1   In diesem Zusammenhang: Aleida Assmann: Erinnerungsräume. Formen und Wandlungen des kulturellen Gedächtnisses, München
    1999. Aleida Assmann: Das Bildgedächtnis der Kunst. In: Hans Dieter Huber, Bettina Lockermann, Michael Scheibel (Hg.): Bild - Me-
    dien - Wissen. Visuelle Kompetenz im Medienzeitaler, München 2002. Harald Welzer: Das Kommunikative Gedächtnis. Eine Theorie
    der Erinnerung, München 2008. Kurt Wettengl (Hg.): Das Gedächtnis der Kunst – Geschichte und Erinnerung in der Kunst der Gegen-
    wart, Ostfildern-Ruit 2000.

2   In diesem Zusammenhang: Adam Gopnik/Kirk Varnedoe: High and Low, Moderne Kunst und Trivialkultur, München 1990.

3   Vgl. Kurt Wettengl: Das Museum als Kraftwerk, in: Klaus-Peter Busse/Karl-Josef Pazzini (Hg.): (Un)Vorhersehbares lernen: Kunst-
    Kultur-Bild, Norderstedt 2008, S. 503–521.

4   Vgl. Sigrid Sigurdsson: „Die Architektur der Erinnerung – das Museum im Museum", Osthaus-Museum, Hagen.

5   Max Küng über die Arbeit von Peter Piller; http://dasmagazin.ch/index.php/in-ordnung/ [10.08.2010].

6   Vgl. Klaus-Peter Busse: Bildumgangsspiele einrichten, Norderstedt 2009.

Lisa-Marie Karnagel, Dorothee Tesmer

DAS WESTEND AUS DER HUNDEPERSPEKTIVE EINE KÜNSTLERISCHE UMSETZUNG DER BEGEGNUNG MIT DEM WESTEND

Schülerinnen des Leibniz-Gymnasiums haben im Rahmen der Kunst-AG der Technischen Universität Dortmund das Westend aus der Hundeperspektive untersucht, um die Umgebung neu zu entdecken. Die Gruppe bestand aus neun Mädchen der Unterstufen-AG, die sich wöchentlich im Malerei-Atelier der TU Dortmund unter der Leitung von Lisa-Marie Karnagel, Lisa Feyerabend und Dorothee Tesmer trafen. Die ungewohnten und anregenden Räumlichkeiten, in denen sonst nur die Kunststudenten arbeiten, ließen der Gruppe hier einen großen Spielraum hinsichtlich künstlerischer Arbeitstechniken.

Bei den ausgestellten Arbeiten ging es um das Sichtbarmachen der Dinge, die uns im Alltag nicht direkt auffallen, vielleicht unscheinbar wirken und trotzdem das Gesamtbild der Umgebung mitprägen. Mit Kameras ausgestattet erforschten die Schülerinnen das Westend während eines Stadtrundgangs. Dabei entstanden jeweils mehrere Fotoserien. Von Bild zu Bild konnten sich die Schülerinnen immer mehr auf die angestrebte Hundeperspektive einlassen.

Die Künstlerinnen entschieden sich für sehr unterschiedliche Motive, die auch den Verlauf des Westend-Rundgangs und damit den Facettenreichtum des Viertels dokumentieren: Thematisiert wurden hierbei generell die Begrünung im Westpark, darunter die Baumrindenstrukturen, auf dem Boden liegendes Laub und die dazwischen auftauchenden Spielanlagen mit ihren Geräten. Nach dem Verlassen des Westparks veränderte sich der Fokus, und die Kameras stöberten Reifenprofile auf, warfen Blicke in Hausflure und gelangten schließlich zur Baustelle des Dortmunder „U"s. Durch den Stadtteilrundgang haben die Kinder wichtige und interessante Eindrücke festgehalten.

Bei einem erneuten Treffen wurde dann von jeder Schülerin ein einzelnes Foto ausgewählt und mit einem Bildbearbeitungsprogramm so bearbeitet, dass das Motiv als Vorlage für eine Kaltnadelradierung verwendet werden konnte. Diese Technik, die die Schülerinnen neu erlernt haben, stellte für sie eine technische Herausforderung dar. Zunächst haben sie das Motiv mit Hilfe einer Nadel in den Bildträger geritzt und später die Druckplatte eingefärbt. Nach dem mit Millimeterarbeit verbundenen Durchwalzen der Druckstöcke war es für alle eine positive Überraschung, das Motiv auf noch feuchtem Büttenpapier fertig gedruckt in den Händen zu halten.

Die künstlerischen Prozesse waren über acht Wochen sehr intensiv, und die Schülerinnen arbeiteten sehr motiviert und zeigten große Bereitschaft zum Experimentieren. Der zweifache Perspektivwechsel (einerseits durch die eingenommene Hundeperspektive, andererseits durch die künstlerische Umsetzung mit der Kaltnadel) zeigte schließlich nicht nur das Westend aus einer neuen Perspektive, sondern ermöglichte den Schülerinnen auch grundsätzlich eine neue Sichtweise in Bezug auf ihre Umgebung(en).

Teilnehmende Schülerinnen:

Merle Schäckermann, Dorina Schäckermann, Fine Kullmann, Darya Mohajeri, Sofiya Kushnir, Susanne Rodewald, Laura Ziegler, Lisa Froloff, Leah Ritterfeld

Carolin Marchelek

LADENBESITZER 2010

Aufsichten

Eine Karte ermöglicht Orientierung, sie kann benutzt werden, um Wege zu planen und Ziele festzulegen. Mit Hilfe einer Karte kann man Orte suchen und Gebiete erforschen. Dabei gibt es Karten verschiedener Art. Von Seekarten bis zu Landkarten, von Stadtkarten bis zu Weltraumkarten.
Markierungen auf der Karte zeigen uns besondere Orte, Orte von historischer und gesellschaftlicher Relevanz, aber auch Orte des öffentlichen Lebens. Eine Karte zieht Grenzen zwischen Straßen, Stadtteilen, Städten, Ländern und Kontinenten. Alle gekauften, veröffentlichten und vermessenen Karten haben eine Eigenschaft gemeinsam: sie zeigen in der Regel eine Aufsicht auf die Welt.

Einblicke

Persönliche Karten haben eine ganz andere Form. Sie zeigen einen Ort auf eine offene, direkte Weise und ermöglichen so einen Einblick. Sie decken auf, was sonst nicht wahrgenommen oder auf dem Weg zum Ziel übersehen wird. Persönliche Karten öffnen den Blick für Ungewohntes.
So ermöglicht eine persönliche Karte andere Sichtweisen als eine herkömmliche Karte. Sie zeigt Wege und Routen eines besonderen Blicks auf die Welt. Sie macht das Ungewöhnliche und das Alltägliche aus einer persönlichen Perspektive sichtbar. So sind persönliche Karten für andere Betrachter möglicherweise verschlüsselt und müssen entziffert werden. Andere persönliche Karten können genau das Gegenteil bewirken. Sie verwundern und lassen staunen; sie irritieren und werfen

Fragen auf. Persönliche Karten folgen nicht zwingend Regeln und Gesetzen und müssen nicht maßstabsgetreu und logisch sein. Sie setzen nicht nur wissenschaftliche Schwerpunkte, sondern thematisieren persönliche Eindrücke. Die Suche nach meiner persönlichen Karte des Westends begann mit einem Spaziergang.

Im Unterwäschefachgeschäft

Die Dortmunder Innenstadt unterscheidet sich nicht von anderen Einkaufszonen vergleichbarer Städte. Es gibt ähnliche Geschäfte mit großem Sortiment, zahlreichen Kunden und außergewöhnlichen Sonderangeboten. Im Westend, naheliegend der Dortmunder Innenstadt, zeigt sich ein konträres Bild. Eine bunte Vielfalt an kleinen Läden und Geschäften, die sich von den heutigen großen Ladenketten abheben, zeigt sich bei einem aufmerksamen Spaziergang durch das Viertel. Diese individuellen Läden sind ein besonderer Teil der Stadt- und Lebenskultur. Sie sind authentisch, sie haben Charakter. Aufgefallen sind mir diese Geschäfte schon öfter, aber betreten habe ich sie nie. Ich habe mich gefragt, warum mir diese Läden so ungewöhnlich und besonders erscheinen. Diese Frage konnte ich nur durch einen Besuch klären. Nachdem ich den ersten Laden betreten habe, ist es mir klar. Ich werde freundlich empfangen und begrüßt. Wie man mir helfen könne und ob ich im Viertel wohne, werde ich gefragt. Die Ladenbesitzerin erzählt mir, dass sie fast ausschließlich von Stammkunden und Nachbarn aufgesucht wird und ihr ein unbekanntes Gesicht in ihrem Laden gleich auffällt. Ich sehe mich im Laden um. Eine übersichtliche Struktur der Ware, geordnet nach Größen, Farben oder Marken, gibt es nicht. Nichts erinnert an einen gewöhnlichen Einkauf in der Dortmunder Innenstadt. Hier steht nicht die Ware im Vordergrund, sondern der Kontakt mit Menschen, der Austausch und die Begegnung. Die Läden überleben nicht durch Einheitskleidung und Marketingstrategien, auch nicht durch Schnäppchenverkauf und Null-Prozent-Finanzierung. Sie überleben, weil die Bewohner des Westends sie zu ihrer Alltagskultur gemacht haben. Die Läden werden zum Ort der Kommunikation über das Leben im Westend.

So spazierte ich weiter durch die Straßen und wurde auf zahlreiche Läden dieser Art aufmerksam. Mein Blick hat sich verändert und somit auch meine persönliche Karte des Westends.
Sie ist nun mit neuen Einblicken versehen.
Die neuen Einblicke behalte ich aber keineswegs nur für mich.
Das fotografische Projekt „Ladenbesitzer" porträtiert unkonventionelle, traditionelle, fast vergessene Läden und ermöglicht einen Blick hinter das Schaufenster. 

Klaus-Peter Busse

MARTIN BRAND: SCANNING SCENES

Über Jugend erfährt man heute viel durch die Kunst, die ihre Bühnen und Bespielungen recherchiert und darstellt. Diese Kunst erzählt über die Jugend, und sie zeigt sie. Zu reden ist nicht davon, wie sich Jugendliche selbst darstellen, sondern wie sie von Künstlern beobachtet werden. „Scanning Scenes": Künstlerische Positionen bilden Jugend ab, geben ihre Lebensräume wieder (scenes), stellen sie dar, dokumentieren sie und übersetzen diese Lebenswirklichkeiten und subjektiven Positionen wie ästhetischen Biografien in Bilder (Scanning).

An die Posen und Identitätskonstruktionen von Jugendlichen geht der deutsche Videokünstler Martin Brand nah heran. In seiner Videoinstallation „Eyes Wide Shut" zeigt Brand lebensgroße Bilder von Jugendlichen, die über einen kurzen Zeitraum gefilmt wurden und die dabei direkt in die Kamera blicken.[1] Der Künstler fügt diese Aufnahmen zu einer Endlosschleife zusammen. Dem Betrachter begegnen sie als Körperportraits, die die optische Präsenz der Jugendlichen vollkommen kondensieren. In dem Video-Projekt „Pit Bull Germany" blicken Jugendliche Minuten in die Kamera, die im Gegensatz zu „Eyes Wide Shut" die Pose demaskiert: Die gefilmten Jugendlichen schaffen es nicht, ihre Posen durchzuhalten. In dem Dokumentarfilm „Station" (2004/2005) begleitet die Kamera Jugendliche von einem Treffpunkt an einem Großstadtbahnhof zu einem Wohnort und hält kommentarlos Gespräche und Handlungen fest. Martin Brand zeigt die Kleidung von Jugendlichen, ihr Outfit und ihr kommunikatives Verhalten von der Selbstdarstellung bis zu sozialen Kontakten, aber vor allem die Labilität ihrer Posen und die Orientierungslosigkeit, die sich dadurch ergibt. Das gilt vor allem für die „Westend Portraits" (2010). Diese künstlerischen Projekte sind wichtige Dokumente für die Kunstpädagogik, die auf Kenntnisse des ästhetischen Verhaltens von Jugendlichen angewiesen ist, um Vermittlungsprozesse initiieren zu können. In der Regel gelangen diese Wissensbestände über die kulturwissenschaftliche und soziologische Jugendkulturforschung in den kunstdidaktischen Diskurs. Mit den Projekten von Martin Brand zeigt sich beispielhaft, dass künstlerische Forschung bei der Erzeugung von Wissen über das jugendliche ästhetische Verhalten hilfreich ist, weil ihre Methoden andere, den wissenschaftlichen Diskurs komplettierende Blickfelder (außerhalb von Schulen) öffnet. „Scanning Scenes" ist ein künstlerischer Kontext, in dem die kulturellen Skripte des Erforschens von Lebenswelten, der Beobachtung von Menschen und ihrer Darstellung zusammentreffen. Beobachtungen zeigen, dass diese Projekte Jugendliche schon allein deshalb interessieren, weil sie verwundert sind, dass Bilder ihrer Lebenswelten in künstlerischen Auseinandersetzungen, Museen und Galerien erscheinen.

S. 152

---

1 Vgl. Martin Brand: Eyes Wide Shut, Dortmunder Kunstverein/Hartware Medienkunstverein, Bielefeld/Leipzig 2008.

Anna Schulte

50 JAHRE NACHBARSCHAFT – (K)EIN AUSSTELLUNGS-PROJEKT

„Ab in die Wüste!"

Das sagten die jungen Eltern in den ersten Jahren. „Die Wüste" waren die wegen des geplanten Baus der Kuithanstraße aufgegebenen Gärten. Die Kinder spielten dort oder auf der Halde, die später begrünt und zum kleinen Park wurde. Oft kamen sie so schwarz vor Dreck wieder, dass sie „erst gewaschen werden mussten, um herauszufinden, ob es die eigenen waren". Dort war auch ein Hang, an dem die Kinder rodelten und Ski fuhren, Höhlen bauten, rauchten - von Müttern mit Kuchen versorgt.

Aufstand an der Tischtennisplatte

(Nicht nur) in den ersten Jahren spielte sich das Leben meist draußen ab. Herr G. hatte einen Tisch zusammengezimmert, an dem mal in diesem, mal in jenem Garten mit Leidenschaft Tischtennis gespielt (und dabei der Rasen ruiniert) wurde. Gelegentlich diente dieser Tisch auch als Kaffeetafel. Bei solch einer Kaffeerunde beschlossen die Frauen, in der neu eröffneten Fahrschule zum Sonderpreis den Führerschein zu machen. Die Männer protestierten, wurden aber überstimmt. Und so kamen die Prüferwegs-Frauen endlich auch zu ihrer Fahr-Prüfung (und zum Führerschein!).

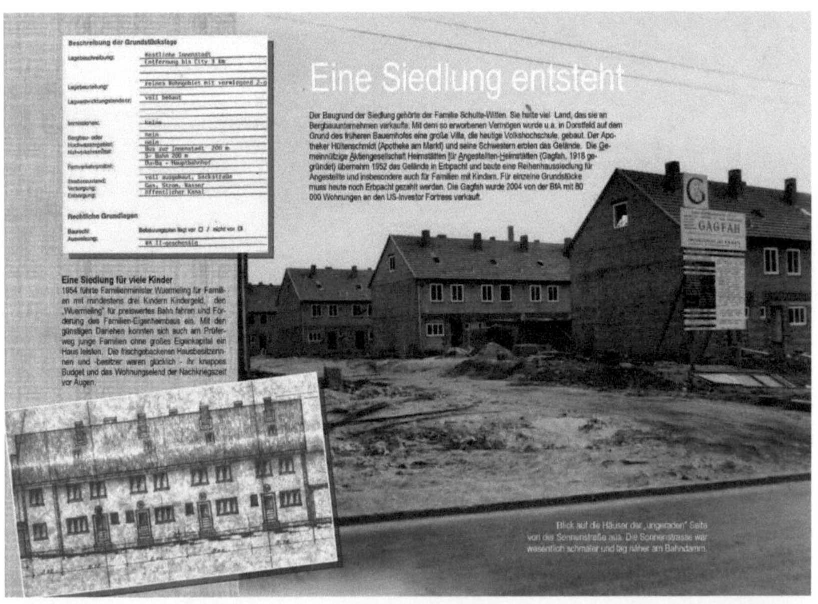

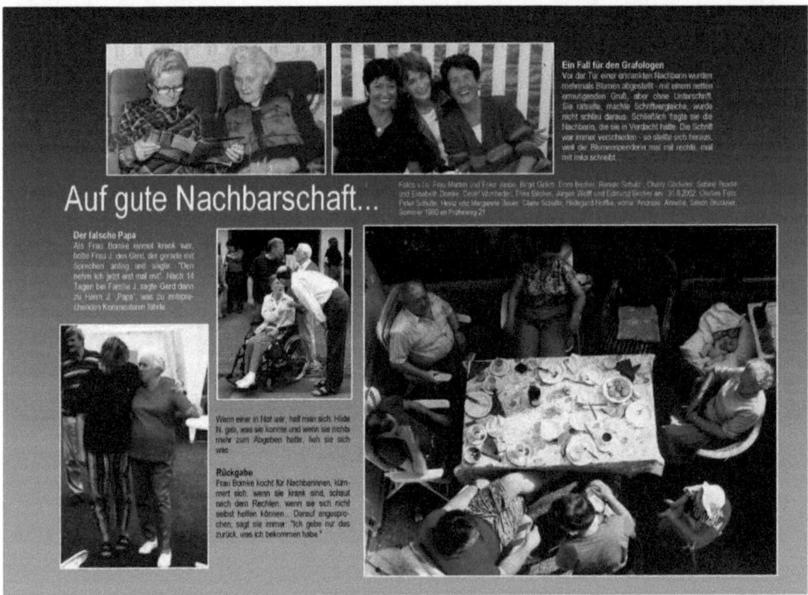

Zwei der 36 Seiten über „Geschichte und Geschichten" einer kleinen Straße (Bildunterschrift!)

Warnstreifen

Hilde N. konnte Schilder malen und Demonstrationen organisieren, kannte
sich mit Behörden aus, hatte fünf Kinder, war eine gute Mutter und eine le-
benslustige, unkonventionelle Frau. Alles sollte einheitlich sein, sie strich die
Fenster rot. In den Gehweg baute sie einen Schlenker ein, um das Blumen-
beet zu vergrößern. Als es Beschwerden wegen Stolpergefahr gab, nahm
sie den Pinsel und malte einen weißen Rand drum herum.

Zusammengetrommelt

Besonders in den ersten Jahren wurde viel gemeinsam unternommen, ge-
kegelt und „rundherum gefeiert". „Wenn einer eine neue Lampe kaufte, war
das schon ein Grund ..." Hilde N. ging mit einem Gong herum und trommelte
alle heraus. Gefeiert wurde reihum, am liebsten bei M. – er war Vertreter für
Lebensmittel und hatte viele gute Pullen im Keller.

8 x 0,5 = 2,5!

Alle waren knapp bei Kasse. Wenn der Fischonkel kam, rechnete Frau N.:
„Wir sind acht. Pro Person rechnet man ein halbes Pfund Fisch. Also geben
Sie mir zweieinhalb Pfund Fisch!" Man half sich gegenseitig, nutzte nicht nur
den Rasenmäher gemeinsam. Bei Nachbarn kann man auch heute immer
eine Bohrmaschine holen … oder ein Ei. „Das Ei bringe ich meist zurück, und
wenn dann die Nachbarin protestiert, sage ich: ‚Lass mal, ich hol mir das in
ein paar Wochen wieder.' Allerdings ist das dann doch glücklicherweise
nicht mehr ganz dasselbe."

Rückgabe!

Frau B. kocht für Nachbarinnen, kümmert sich, wenn sie krank sind, schaut
nach dem Rechten, wenn sie sich nicht selbst helfen können ... Darauf angesprochen, sagt sie immer: „Ich gebe nur das zurück, was ich bekommen
habe."

(aus der Ausstellung „50 Jahre Nachbarschaft")

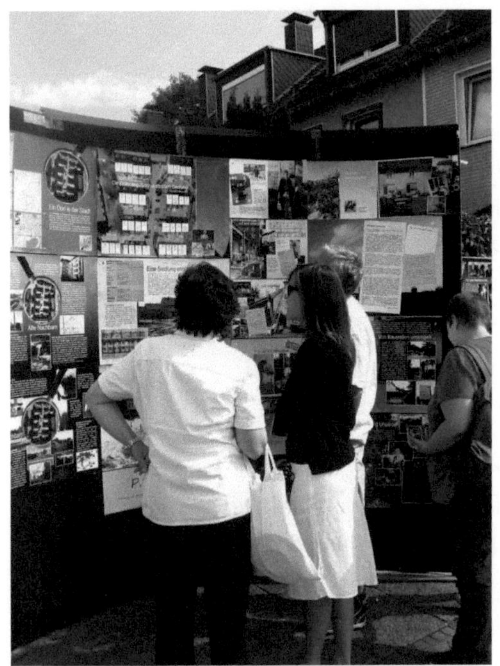
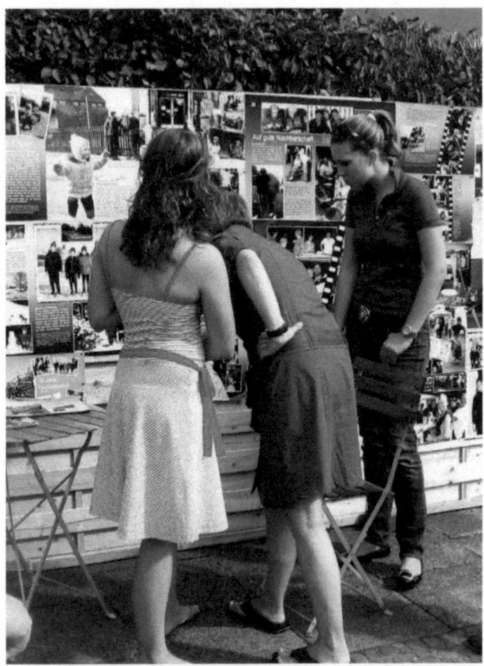
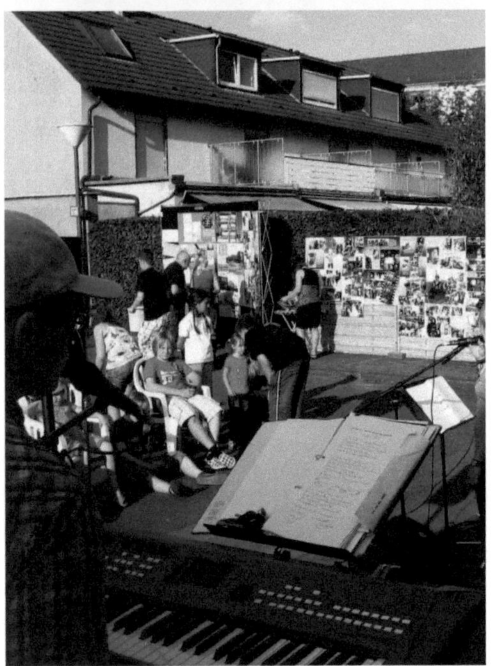
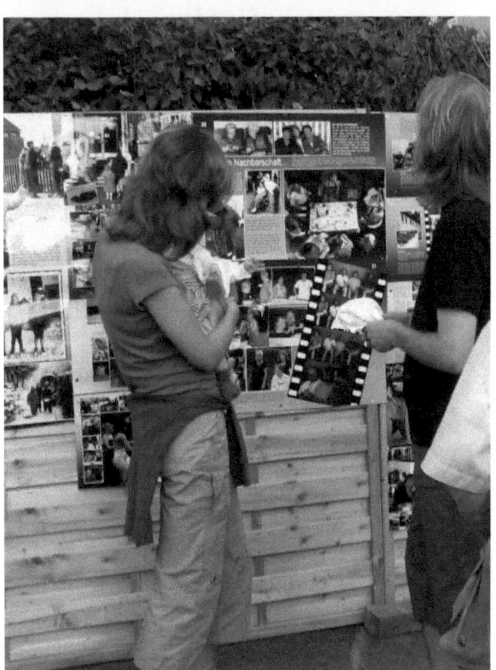

Zum 50. Geburtstag des Prüferwegs gab es Live-Musik, Angebote für Kinder „was auf die Gabel" und zwei Tage Geselligkeit. Die Ausstellung „50 Jahre Nachbarschaft" stieß auf großes Interesse und regte dazu an, weitere Fotos und Texte beizusteuern.,

Vielleicht kennen Sie den Prüferweg aus leidvoller Erfahrung: Bei Führerschein-
prüfungen sollen ihn die Prüfer gerne angesteuert haben. Oder Sie sind im letzten
Jahr – gefangen im Labyrinth der zahllosen Baustellen – aus reiner Verzweiflung
in die kleine Stichstraße gefahren. Es gab und gibt jedoch kein Durchkommen,
nur einen Wendehammer, genutzt zum Feiern und Spielen, zum Kaffeeklatsch,
gelegentlich von Halbwüchsigen (und halbwüchsigen Vätern) zum Rollerbladen
und für ferngesteuerte Autos.

Eine Sackgasse als raumplanerischer Glücksfall

Nicht nur für Raumplaner/-innen dürfte interessant sein, dass – beim Bau vermutlich unbeabsichtigt – (und wie!) dieser kleine Platz Nachbarschaft befördert. 1959
wurden die 37 Häuser errichtet. Gebaut wurde vor allem für Familien mit Kindern,
von denen es dann auch reichlich gab. An der Schnittstelle zwischen Kreuzviertel,
Bahnlinie und Industriegebiet, neben modernen Wohnprojekten und neuem Grün
auf Industriebrachen liegt die Siedlung heute mittendrin – wie ein kleines Dorf in
Stadtnähe, aber auch ein wenig zwischen Baum und Borke.
Zum 50. Geburtstag der kleinen Reihenhaussiedlung am S-Bahnhof Dortmund-
West sollte wieder ein Straßenfest organisiert werden. Vom Vorbereitungskomitee
kam die Bitte, eine Fotoausstellung zusammenzustellen. Fotos von Alltag und
Festen, vom Spielen, Bauen und Wohnen wurden aus Kisten und Fotoalben her-
vorgekramt. Ein Plan mit den Namen aller bisherigen Bewohner/-innen entstand.
Die Umgebung, die alte und neue Industrie und die Nachbarviertel, die neuen
Mehr-Generationen-Wohnprojekte wurden in Fotos und Geschichten in Bezug
zur Siedlung gesetzt. Als die Ausstellung – 36 Plakate mit Fotos und Texten –
fertig war, baten Nachbarinnen und Nachbarn um Kopien. Ein Fotobuch für alle
Interessierten entstand.
Beim Straßenfest gab es dann Livemusik, Angebote für Kinder, „was auf die Gabel"
und zwei Tage Geselligkeit. Die Ausstellung „50 Jahre Nachbarschaft" stieß auf
großes Interesse und regte dazu an, weitere Fotos und Texte beizusteuern.
Als wir von „Mapping the Region" und „dem Stadtteil ein Gesicht geben" lasen,
schien uns, dass wir so etwas Ähnliches bereits getan hatten ... So kam die Ausstellung ins U-Westend-Projekt.

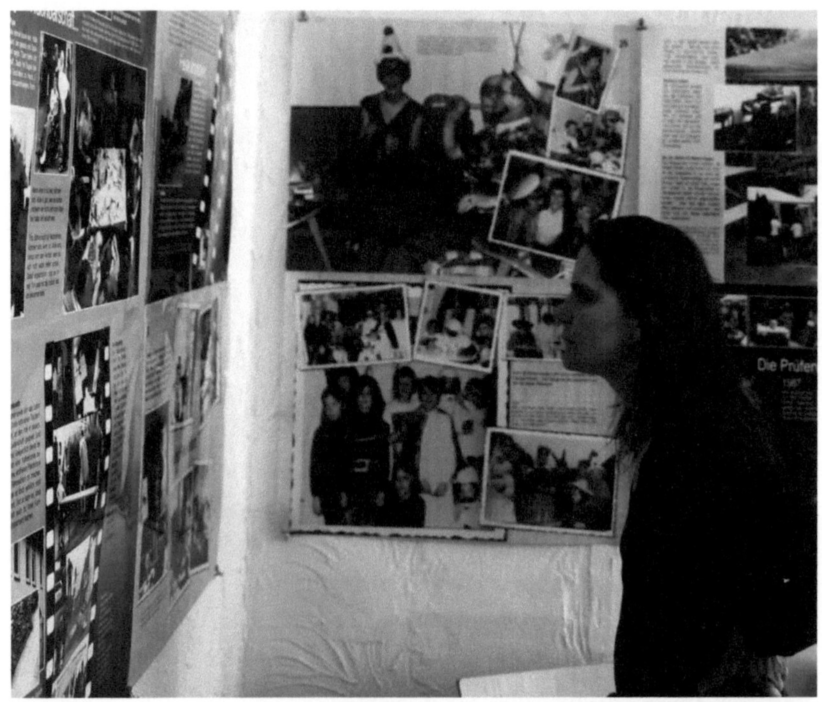

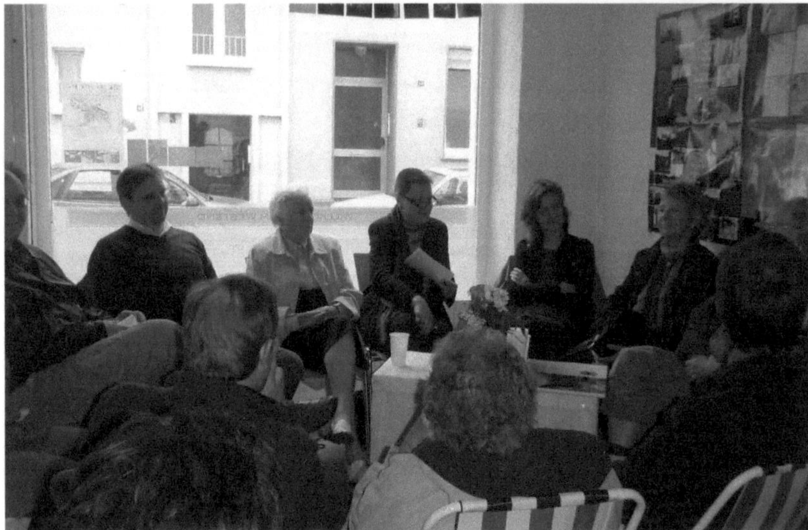

Bei der gut besuchten Ausstellungseröffnung im U-Westend-Büro am 8. Mai 2010 berichteten alte und neue Prüferwegsbewohner und -innen über den Bau der Siedlung, über Feiern und Alltag, über die Versorgung durch die Geschäfte an der Ecke, über den Widerstand gegen Lärmbelästigung durch Industrie und Autoverkehr in den 70ern und heute. Die Ausstellung im U-Westend-Büro stieß auch in den folgenden Wochen auf viel Resonanz aus dem Viertel.

Es gibt kein Projekt

Als wir zum ersten Mal über die Ausstellung sprachen, bat uns die Projektleiterin von U-Westend, etwas über das „Projekt" zu erzählen. Die Antwort war einfach: Es gibt kein Projekt – es hat sich alles einfach so ergeben. Bei der Suche nach Bildern kamen Geschichten zu den Bildern, und zu den Geschichten kamen wieder Bilder und zu den Bildern Geschichten.

Wie alles begann

Bei der gut besuchten Ausstellungseröffnung im U-Westend-Büro am 8. Mai 2010 erzählten Anwohner/-innen in einer kleinen Gesprächsrunde, wie 1959 vom Überschuss des Baubudgets finanzierte Waschmaschinen Jubel auslösten, wie Fischonkel und Kohlenkerl kamen, wie (fast) alles im Laden nebenan eingekauft werden konnte. Es wurde geschildert, wie gebaut und angebaut, demontiert und demonstriert wurde, gemeinsam Bäume gefällt und Feste vorbereitet und wie „Neue" aufgenommen werden … kurz gesagt: wie gute Nachbarschaft entsteht. Diskutiert wurde auch das spannende – nicht spannungsfreie – Nebeneinander von Wohnbebauung und alter und neuer Industrie.

Das neue Gesicht

Unser Nicht-Projekt hatte kein pädagogisches Ziel. Aber es hatte dennoch Nebenwirkungen. Die Broschüre ging an „Ehemalige", alte Verbindungen wurden neu geknüpft. Sie ist Begrüßungsgabe für Neue („Damit ihr auch wisst, welcher Name und welches Haus zu welchem Gesicht gehören!") und trägt zum Miteinander bei. Als ich mit der Arbeit an der Ausstellung begann, ahnte ich nicht, wie viel ich dadurch lernen und kennenlernen würde. In den Gesprächen und bei den Nachforschungen über die Geschichte bekam das Viertel nicht nur ein Gesicht, sondern ein neues, anderes Gesicht. Auch für die, die ihre Fotos und ihre Erinnerungen weitergaben, und für die, die die Ausstellung sahen und die Broschüre lesen, hat sich der Blick auf ihr Zuhause ein wenig geändert – so mein Eindruck.
Ein wenig „Oral History" in einem winzigen Bereich einer großen Stadt war es wohl auch. Kurz und gut: Solch eine etwas andere Heimatkunde kann – ob mit oder ohne Pädagogik – weiterempfohlen werden.
Ich möchte meinen Nachbarn und Nachbarinnen ganz herzlich danken für Fotos und Dokumente, für Erinnerungen, Offenheit, Zeit und Geduld. 

U - WESTEND
EIN STADTTEIL IM DORTMUNDER U

Die Ergebnisse des Projektes wurden in einer Ausstellung im Dortmunder U auf der Hochschuletage zusammengefasst und präsentiert. Der Anspruch der Ausstellung war, über die Ergebnispräsentation hinaus, die Vermittlung von Einblicken in den Produktionsprozess während des Projekts. Dies ist besonders schwierig, da Produktionsprozesse sich nonlinear entwickeln und die Dokumentation derselben aufgrund des offenen Charakters und der Vielschichtigkeit zwangsläufig auch unvollständig und manchmal für Außenstehende schwer verständlich ist. Hilfreich zur Vermittlung der Prozesse waren die von sehr vielen Jugendlichen des Max-Planck-Gymnasiums und des Leibnitz-Gymnasiums angefertigten Prozesstagebücher, in denen die ästhetischen Entscheidungen genau dokumentiert wurden. Das Projekt Spurensicherung der Jugendkunstschule beispielsweise präsentierte auf besonders mutige Art ausschließlich den Prozess des „Mappens", auch wenn die Exponate nicht „schön" waren und sich den Besuchern erst über ein Video erschlossen. Die beteiligten Grundschulkinder waren stolz, sich selbst in Aktion auf der Ausstellung sehen zu können.

Der hier zusammengestellte Atlas versucht dem Konzept entsprechend Prozess- und Ergebnisbilder zusammenzubringen. Ziel ist eine – zumindest teilweise – Abbildung der extrem vielfältigen Arbeitsweisen, Methoden und Konzepte, die in diesem Projekt entstanden sind.

Alle Abbildungen in Farbe unter: www.u-westend.de

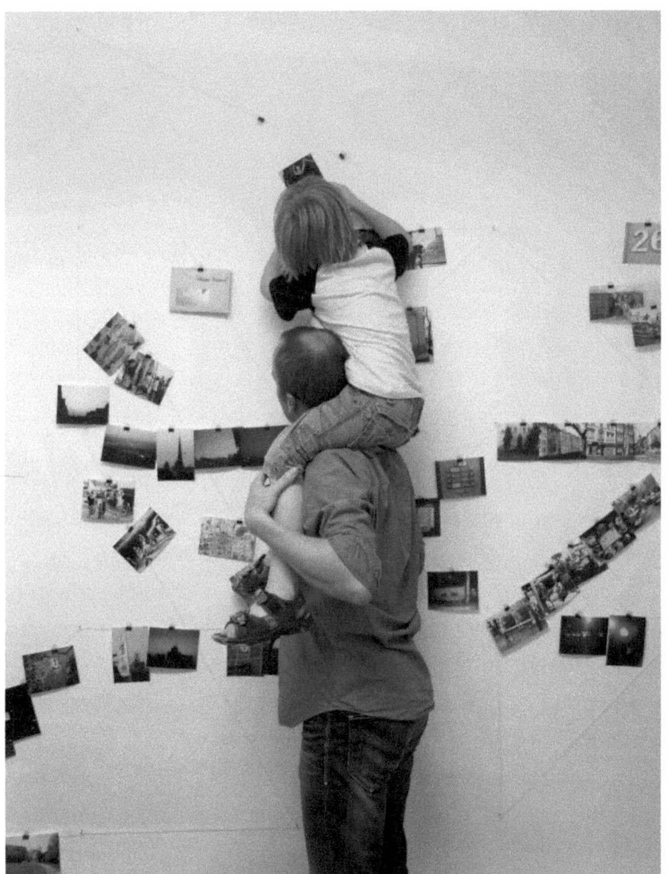

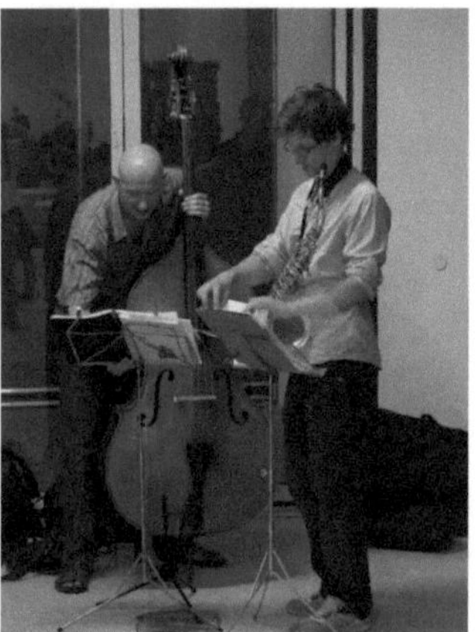

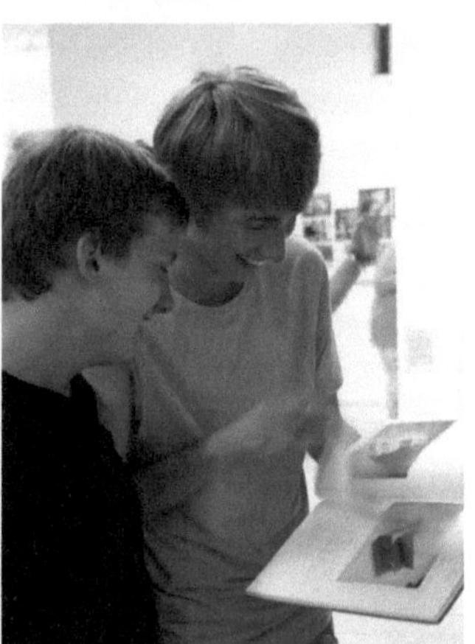

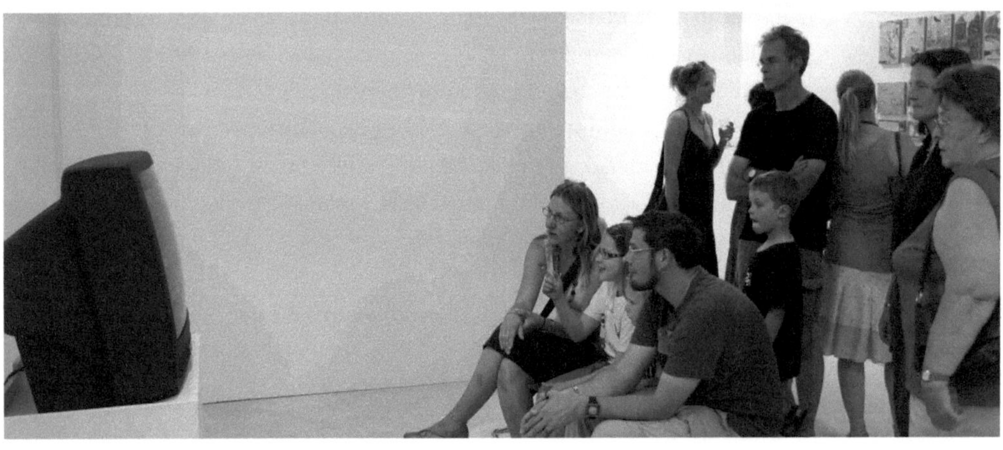

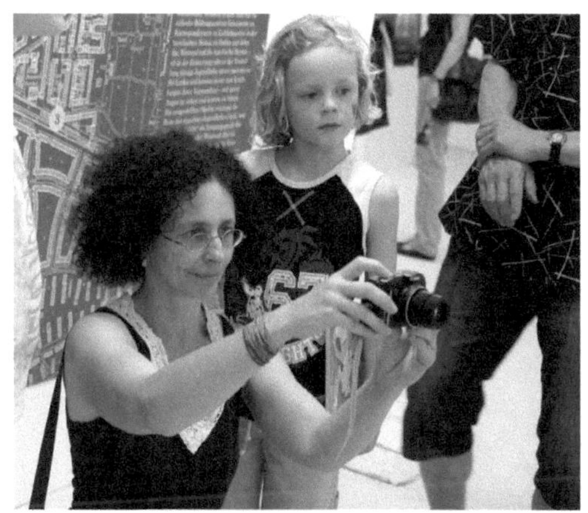
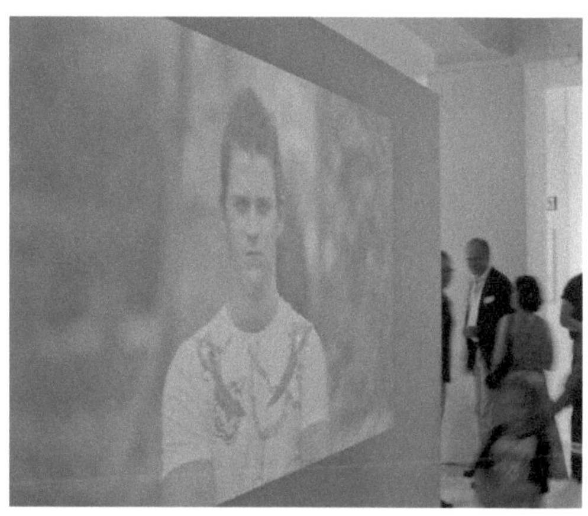
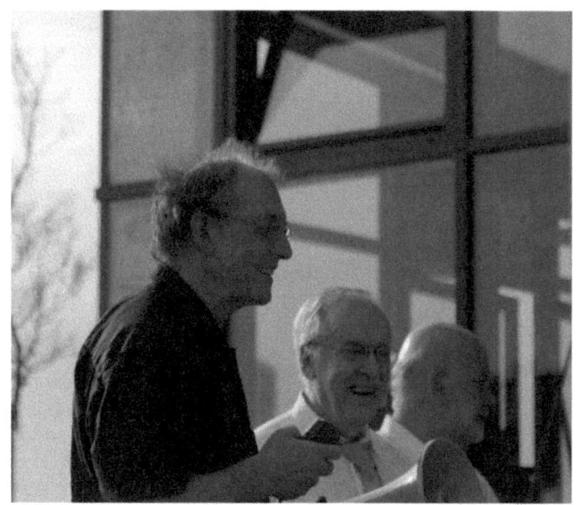
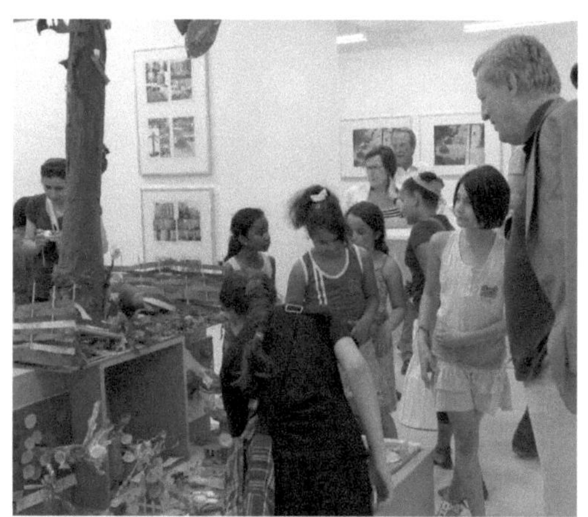
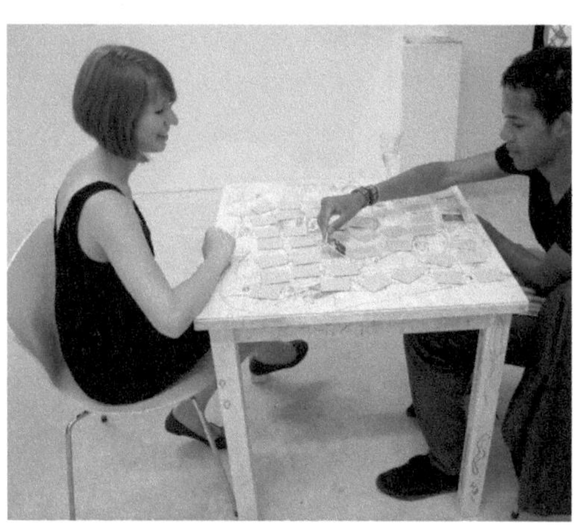
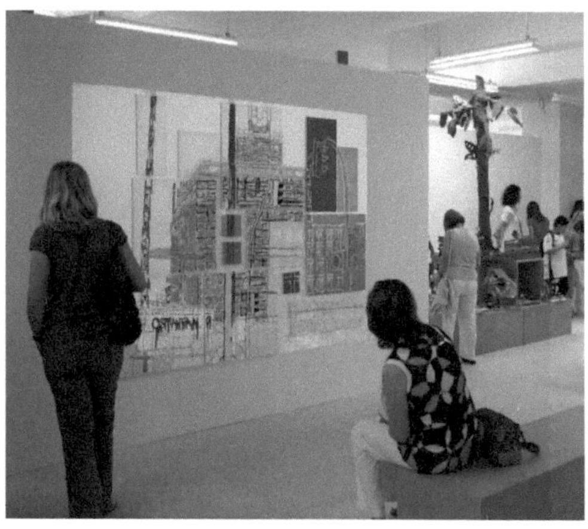

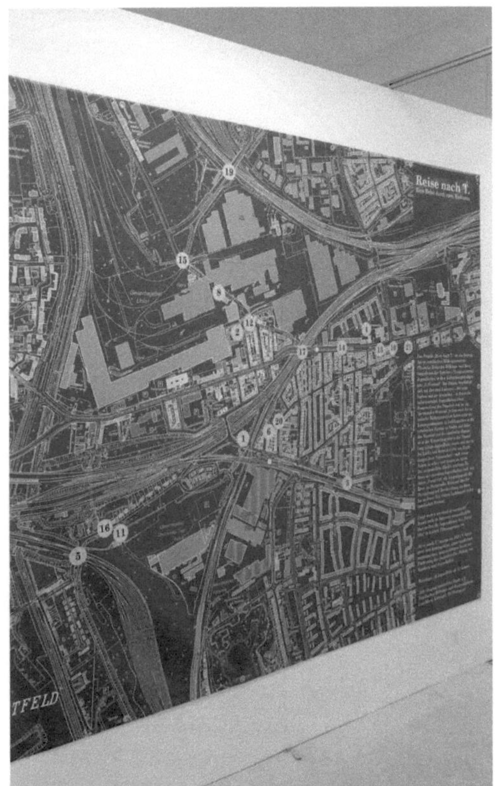

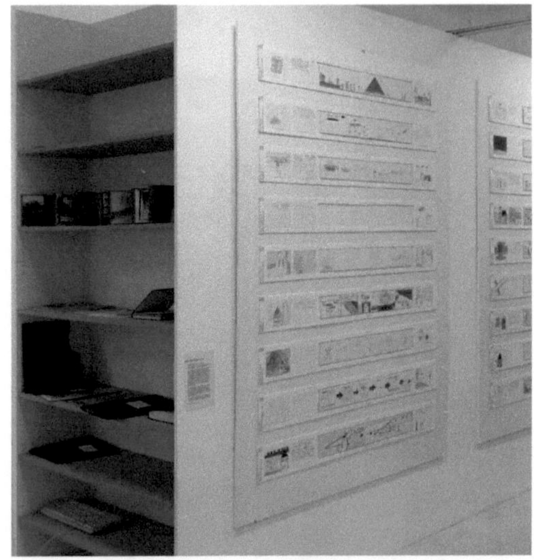

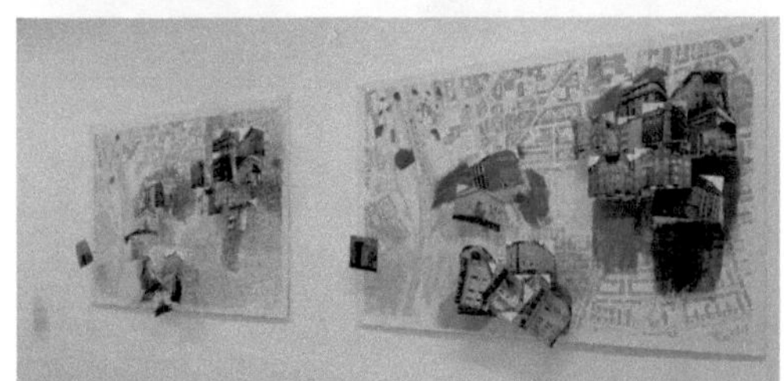

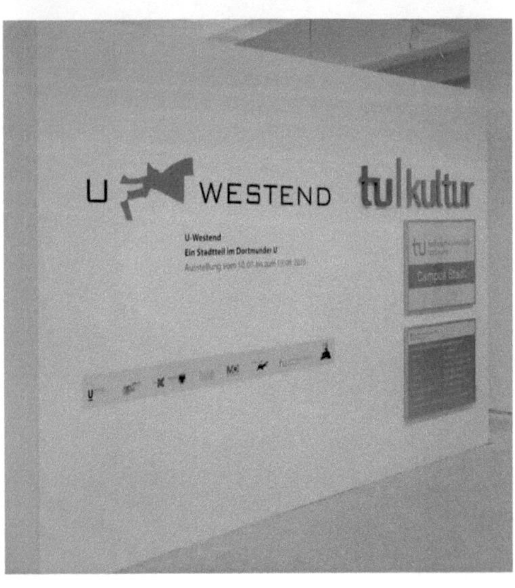

U WESTEND
tu|kultur

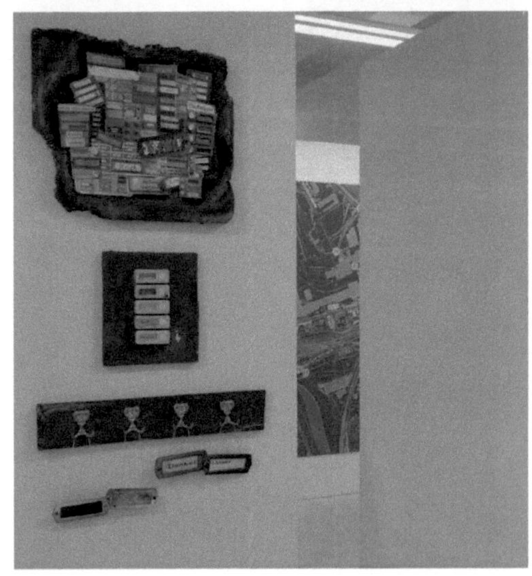

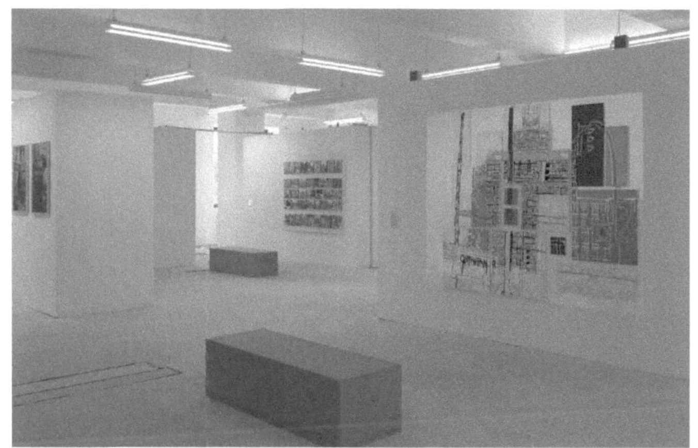
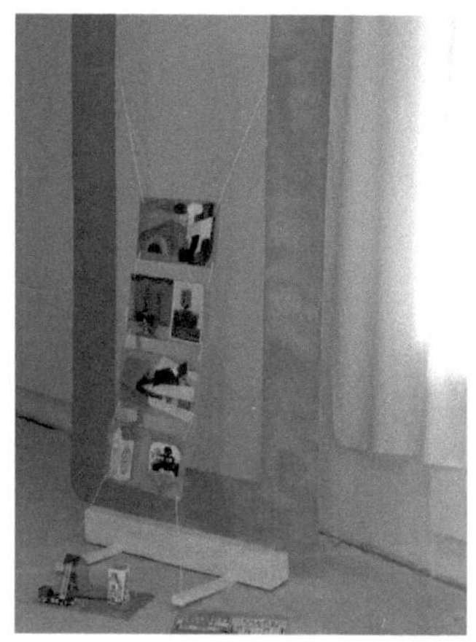
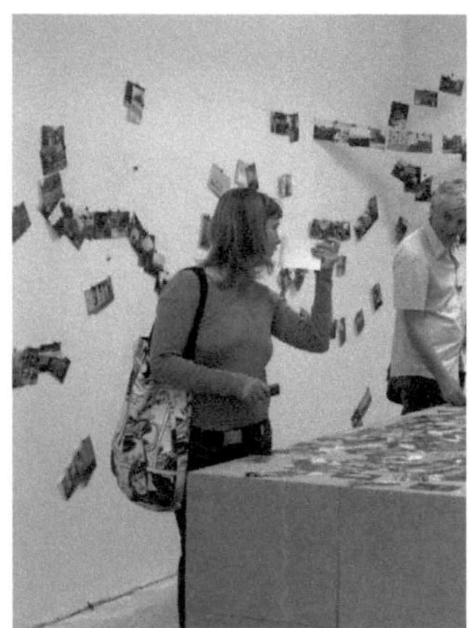
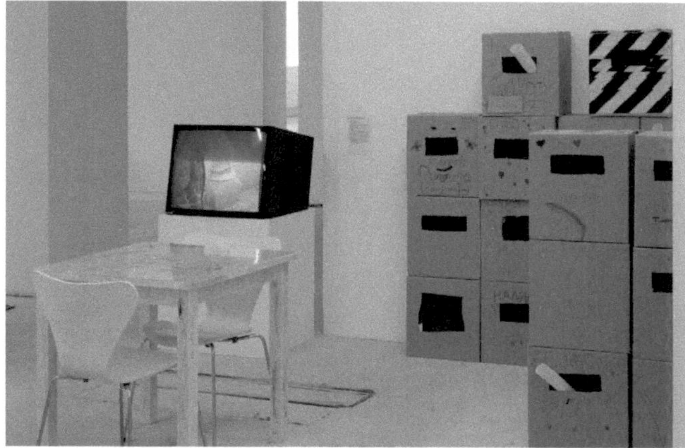
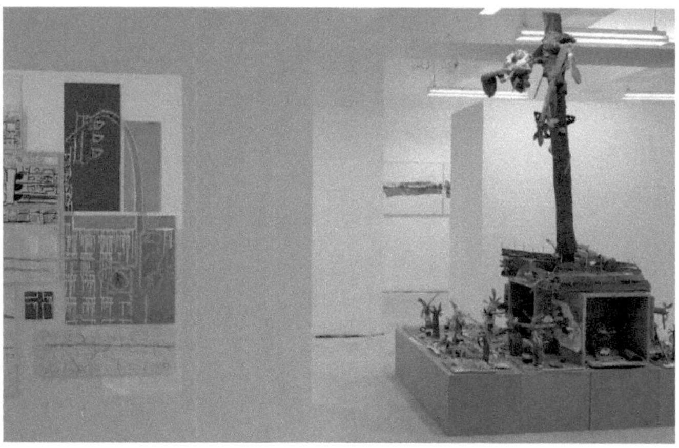
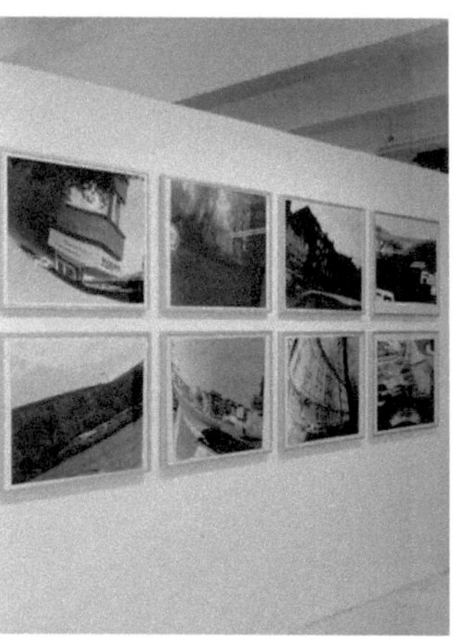

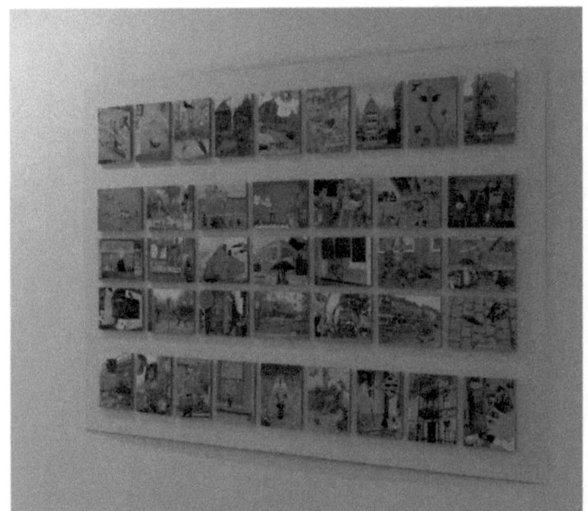
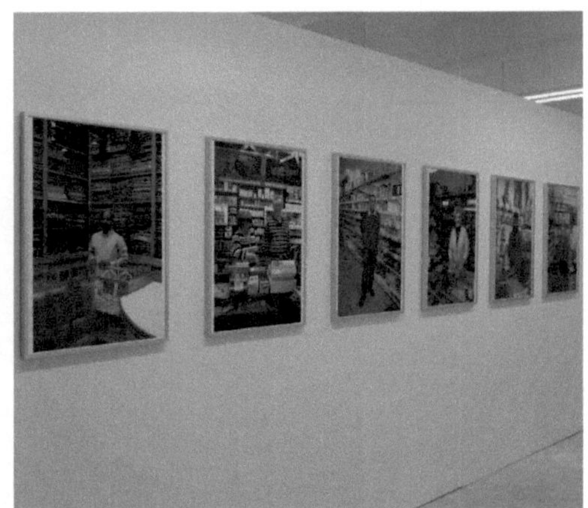
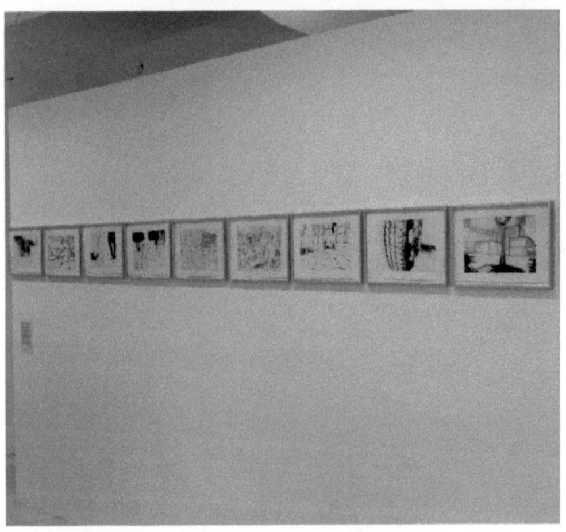
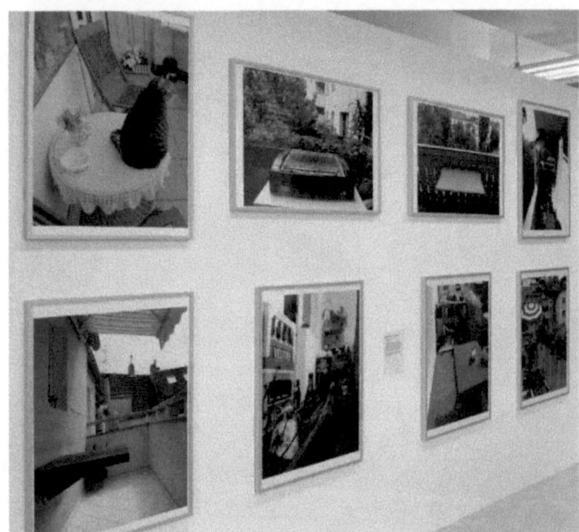
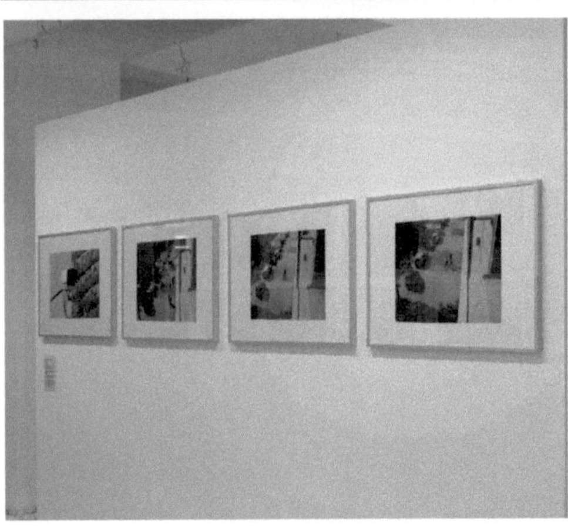
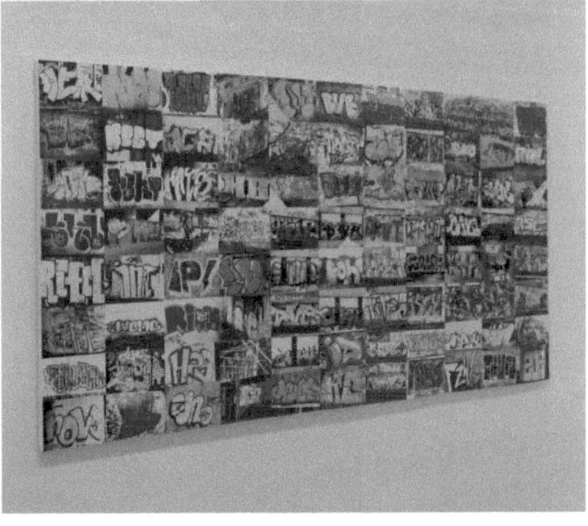

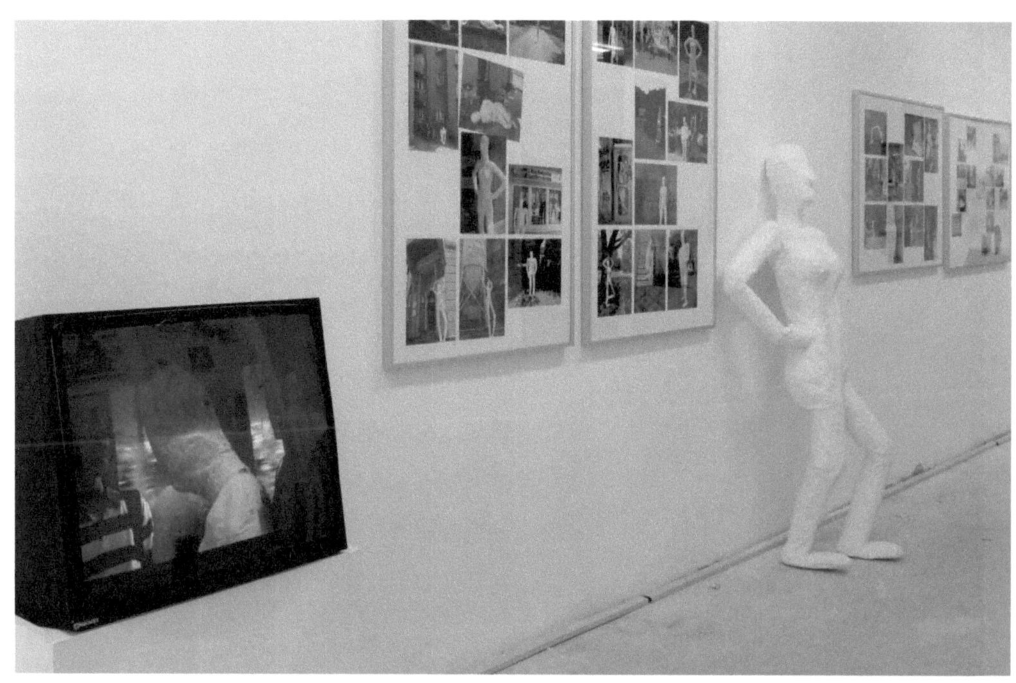

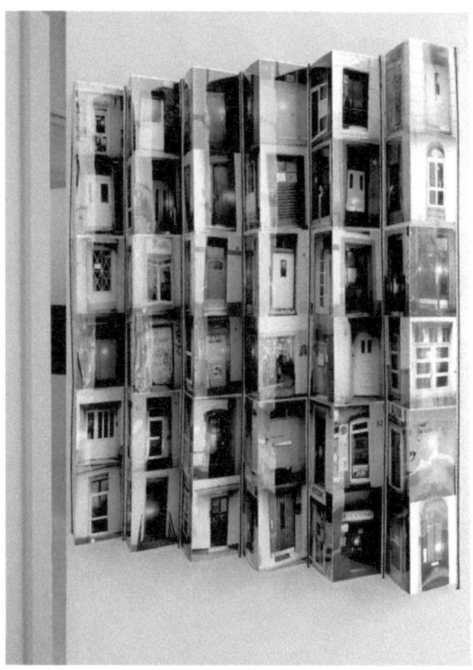

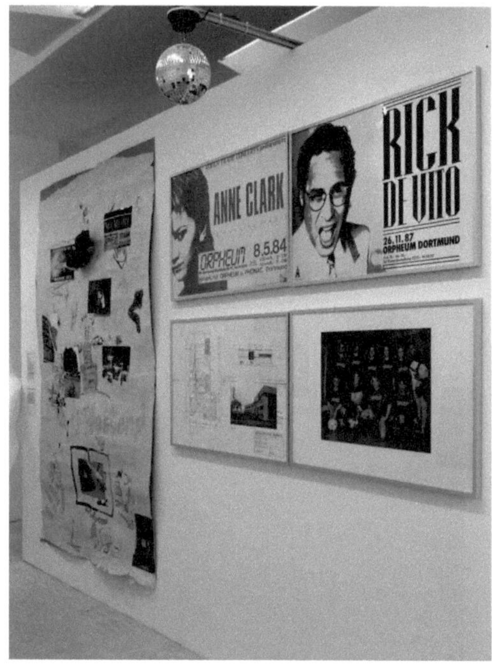

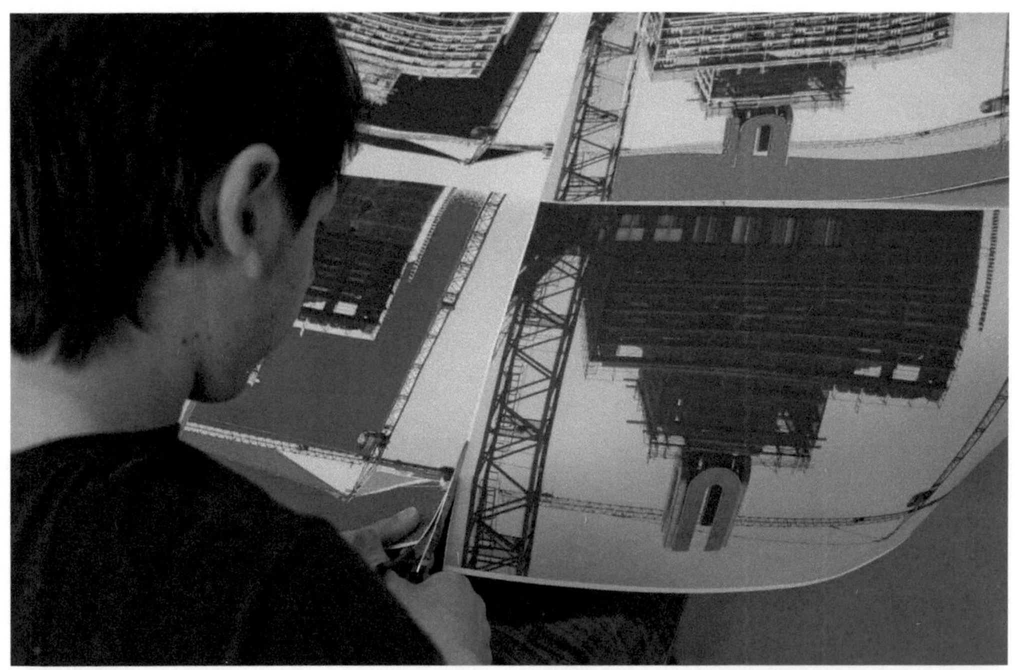

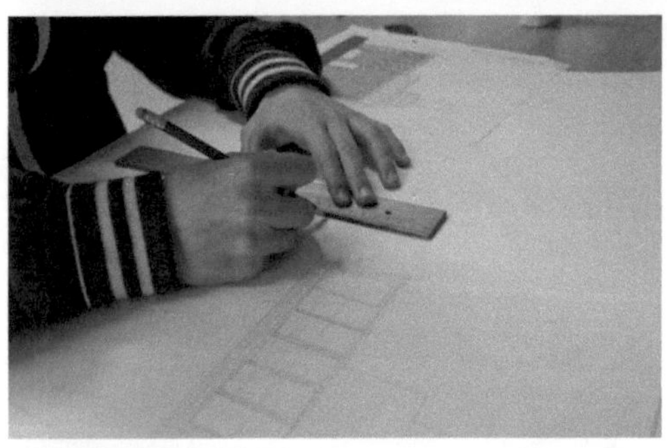

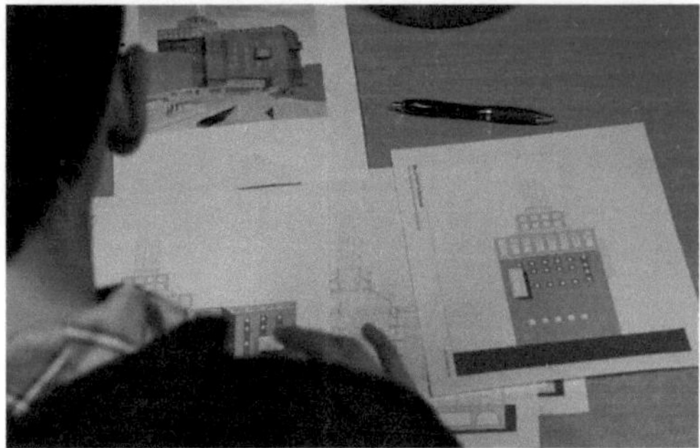

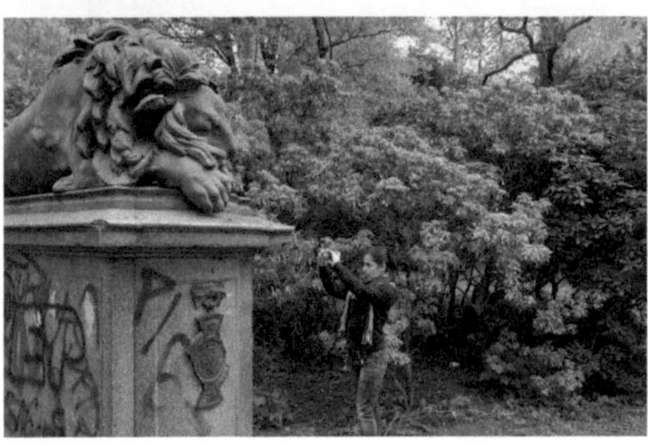

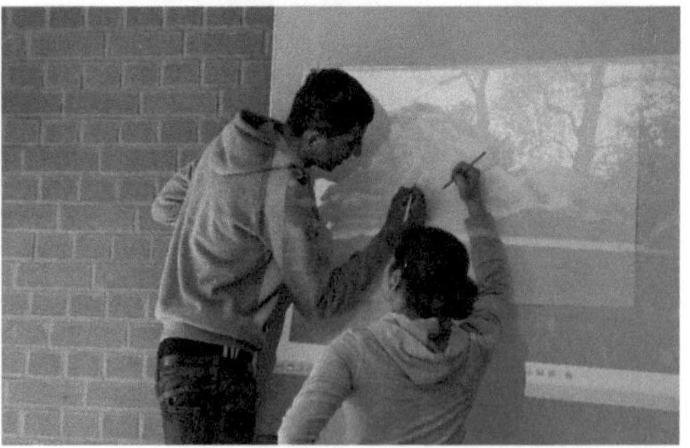

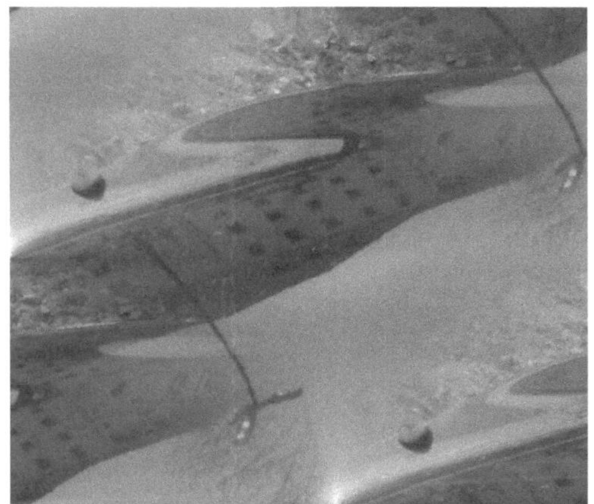
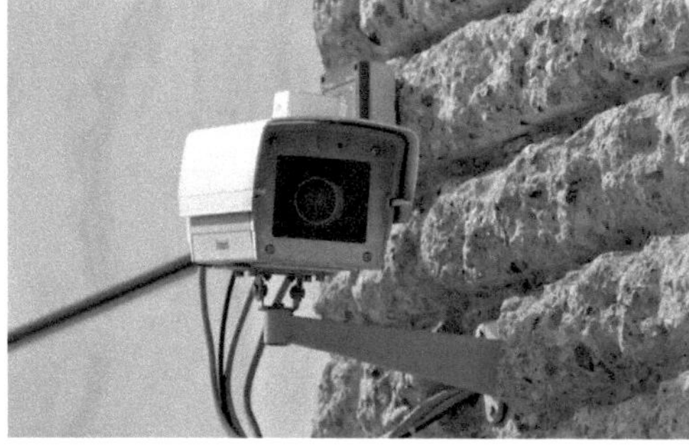
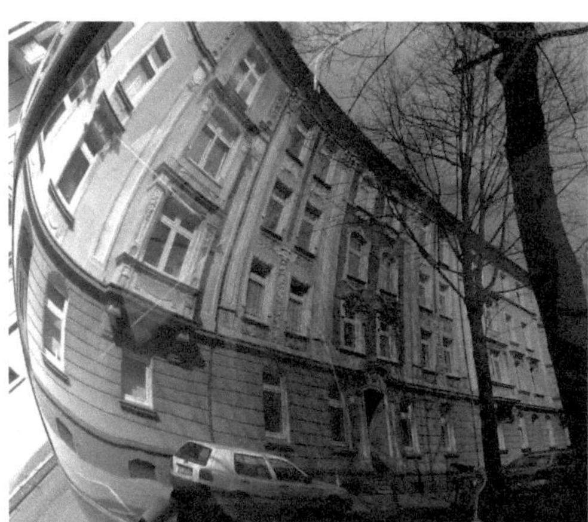
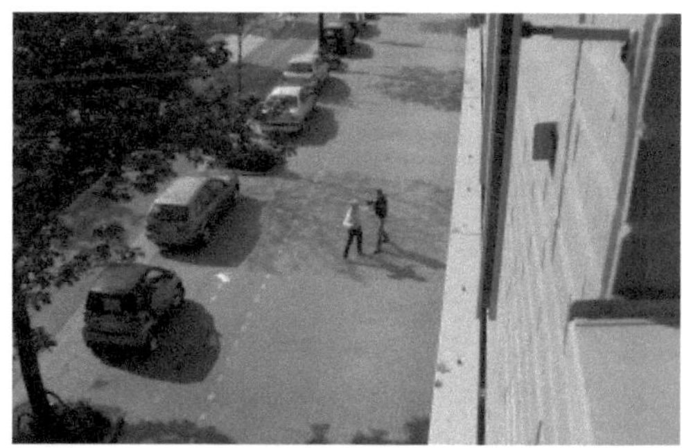
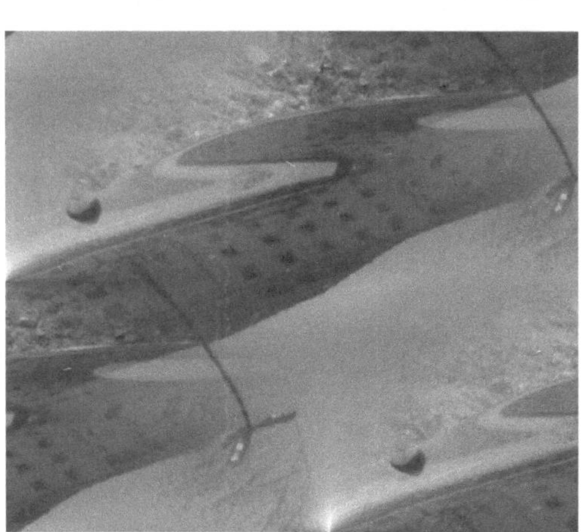
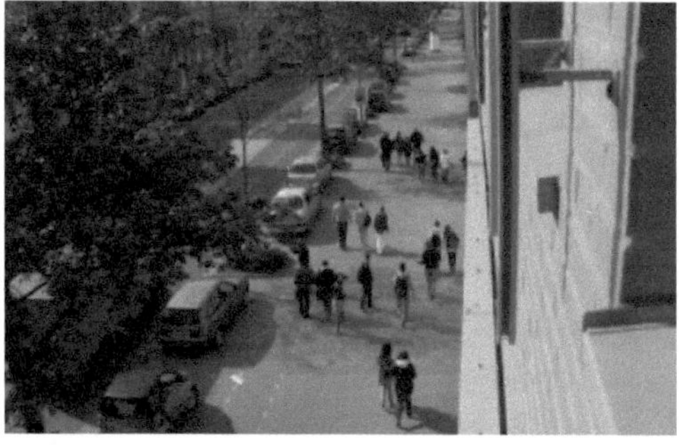
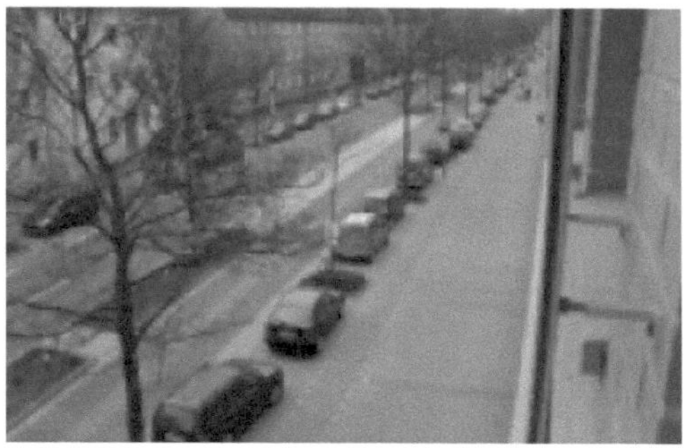

Sieben Schüler der Klasse sieben der Tremonia Schule erkundeten die nahe Umgebung im Bereich der Beuytstraße, Adlerstraße und Rheinische Straße. Die Höhe des U-Turms und die Größe des Gebäudes beeindruckten die Schüler und motivierten sie, ein großes freistehendes U aus Holz zu bauen. Es bildet den Rahmen für die einzelnen Objektträger, auf denen die individuellen Eindrücke dargestellt sind. Bei der Gruppenarbeit stand der Umgang mit dem Baumaterial Holz im Vordergrund: die Konstruktion, das Ausmessen, Berechnen, Schmirgeln, Bohren, Sägen und Lackieren. Die rechte, grau lackierte Seite der Holzskulptur ist am oberen Ende gezackt, aufgebrochen. Sie symbolisiert den Ist-Zustand des Stadtteils, so wie er von den Schülern wahrgenommen wurde – alte Häuser, Baugerüste, bröckelnde Fassaden, Schienenstränge, Verbotsschilder. Die linke, goldene Seite steht visionär für eine zukünftige Wohnlandschaft. Die eingehängten Tafeln machen persönliche Einzeleindrücke und Vorstellungen deutlich.

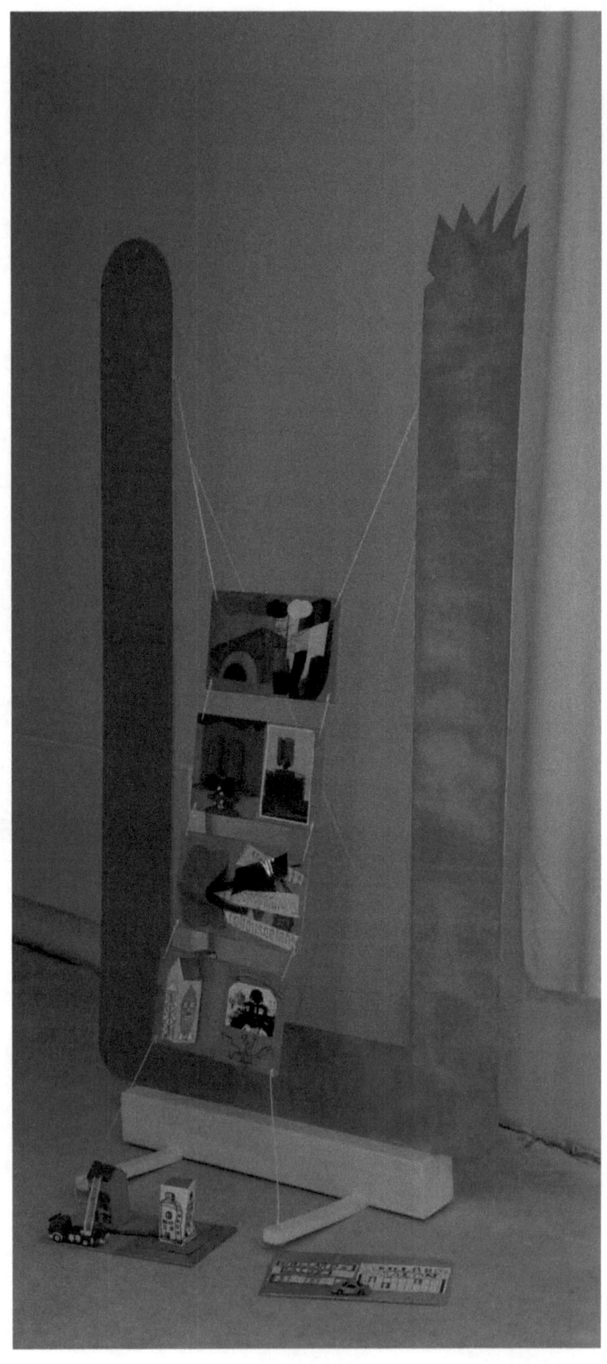

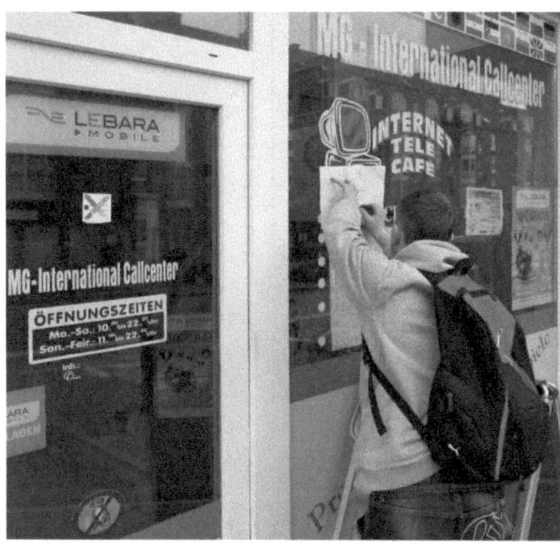

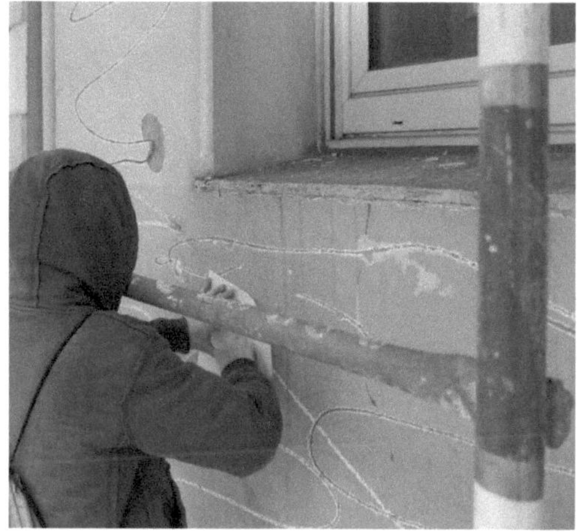

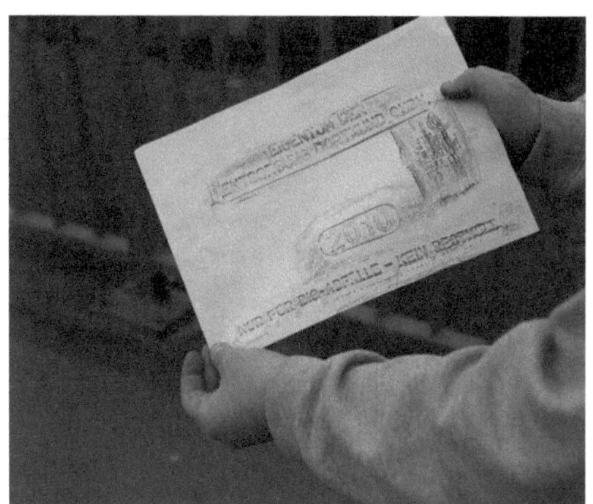

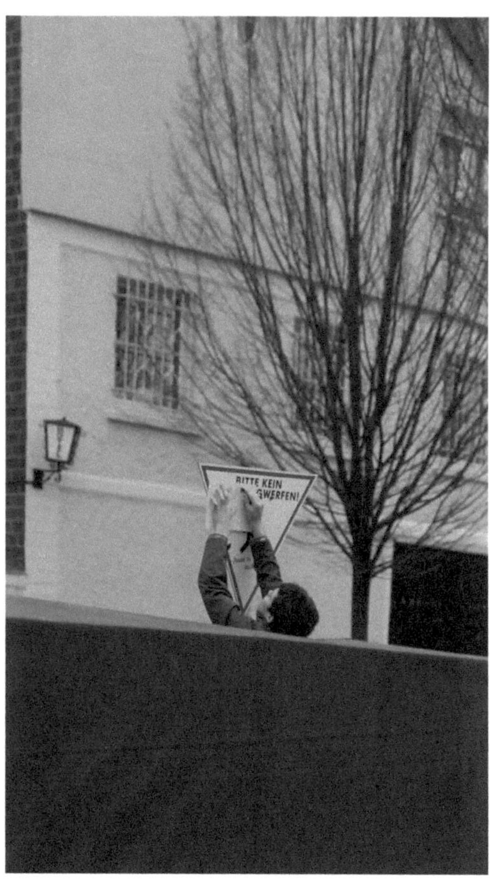
BITTE KEIN
WERFEN!

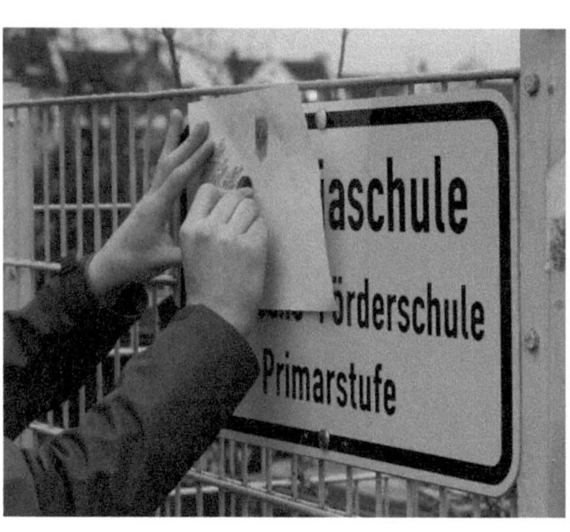
iaschule
örderschule
Primarstufe

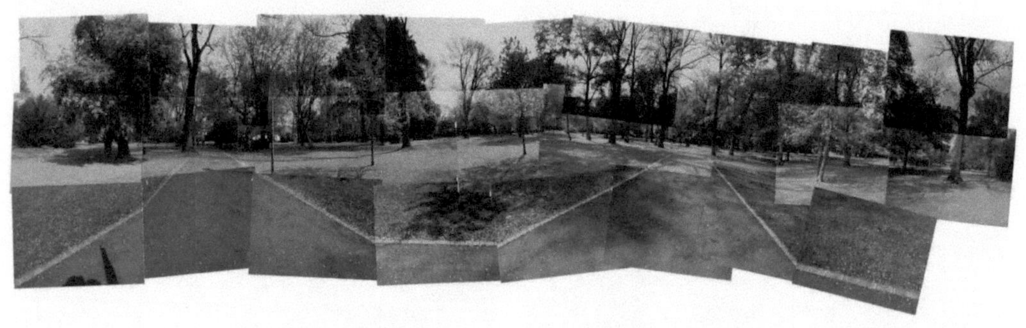

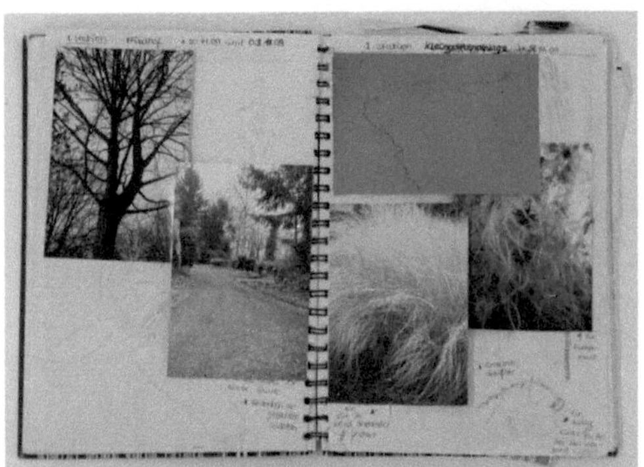

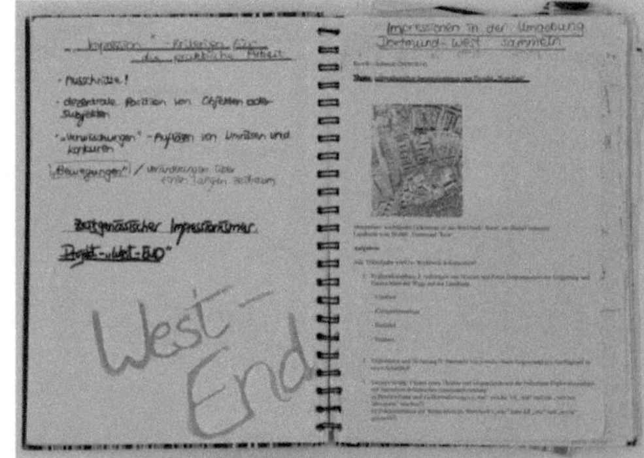

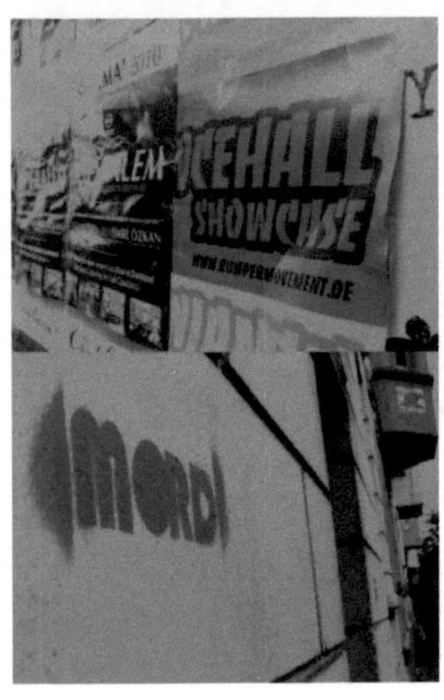

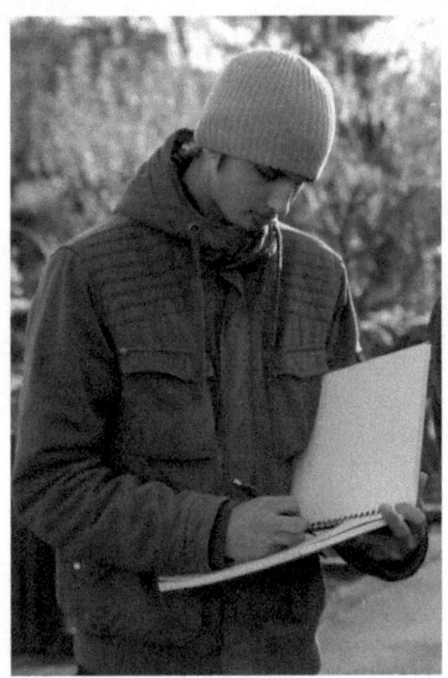

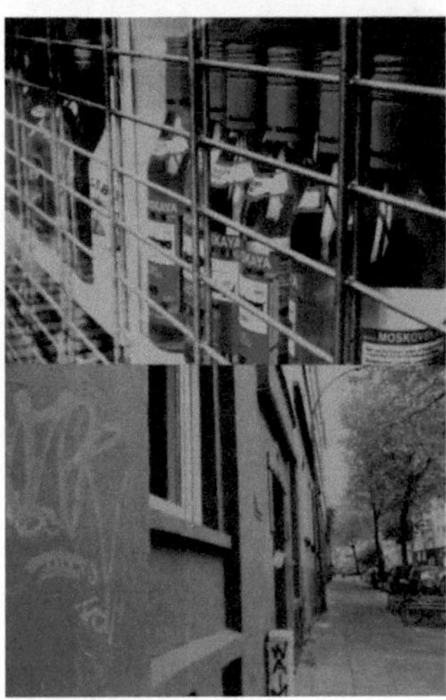

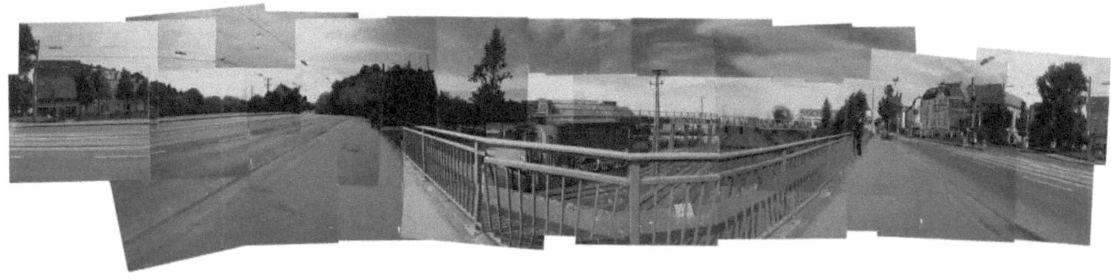

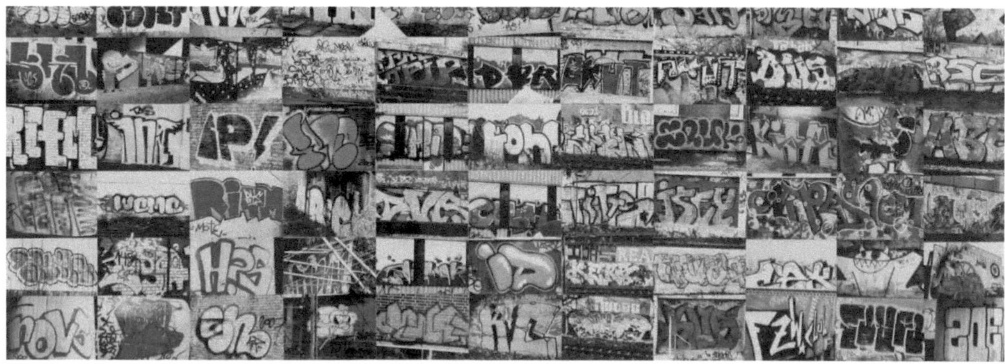

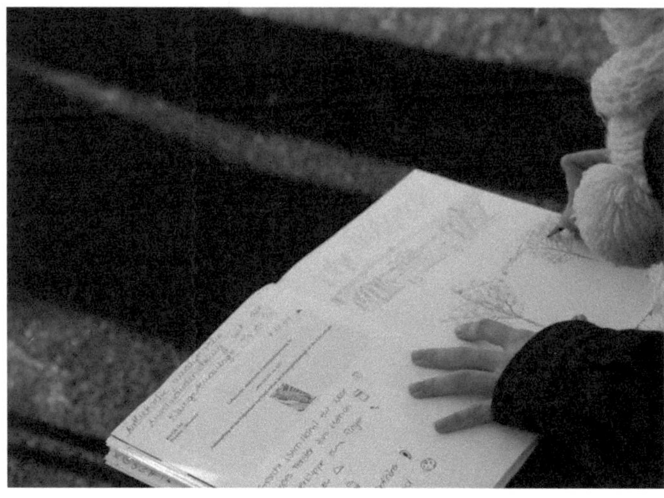

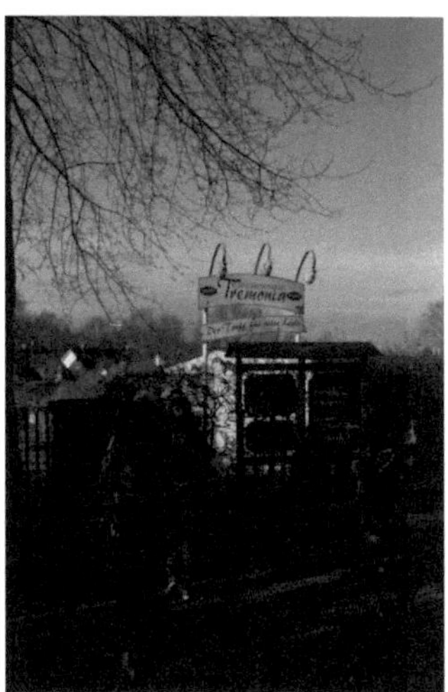

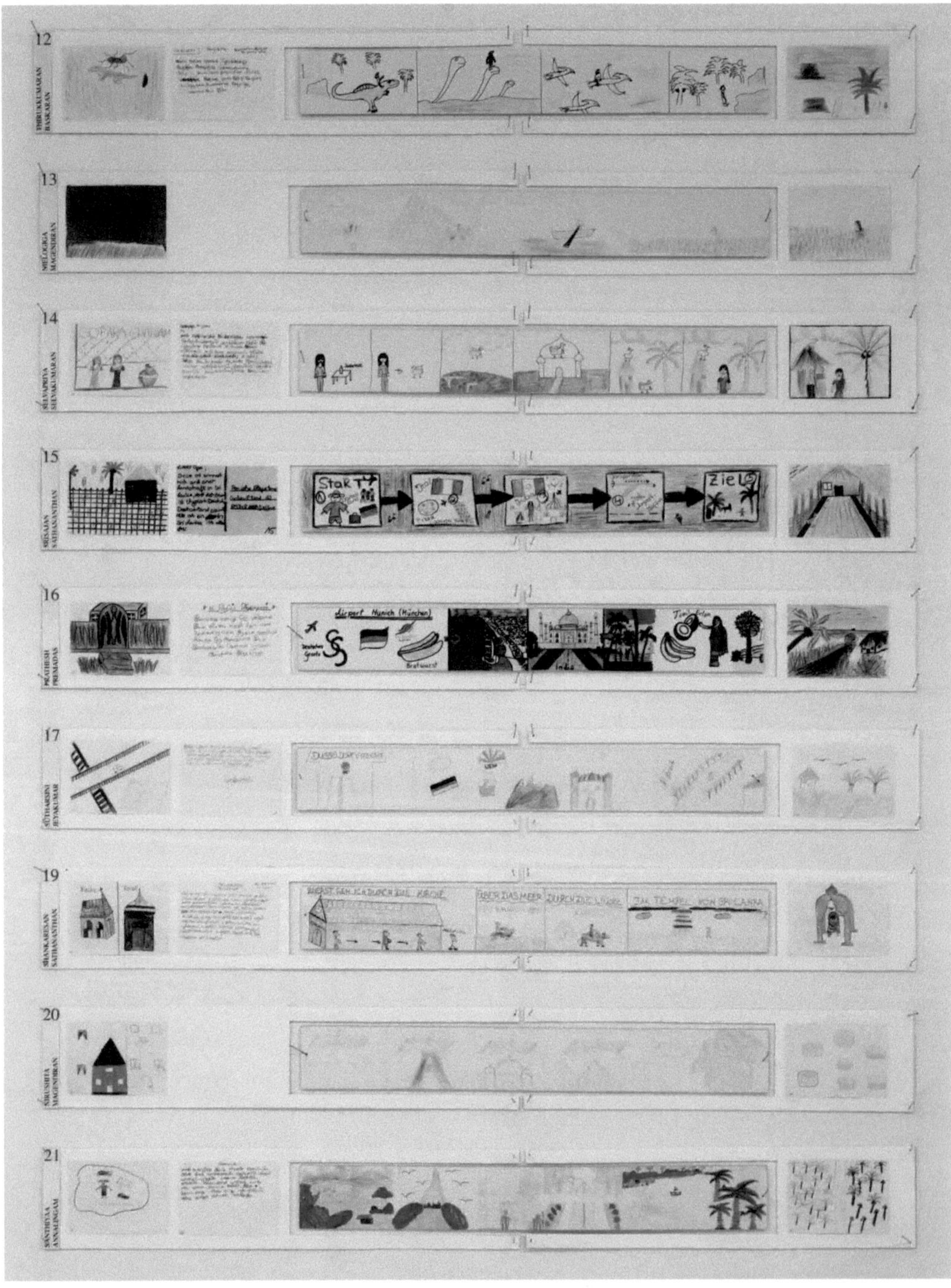

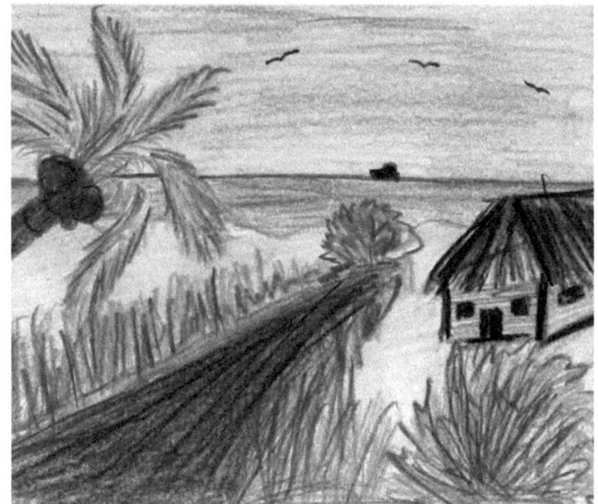

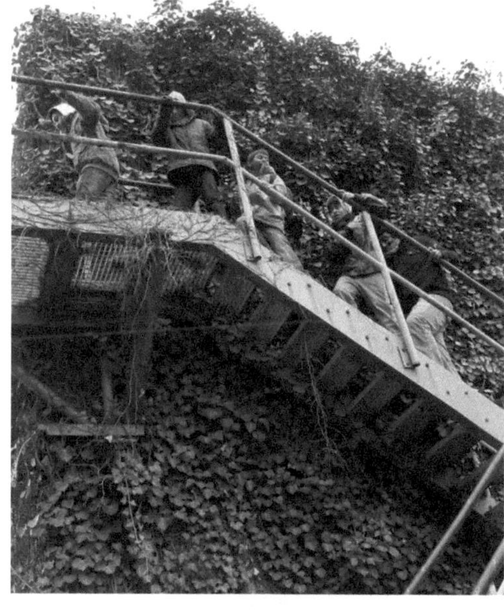

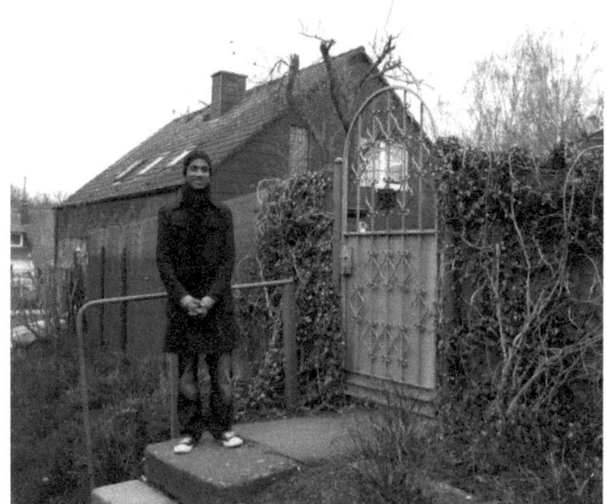

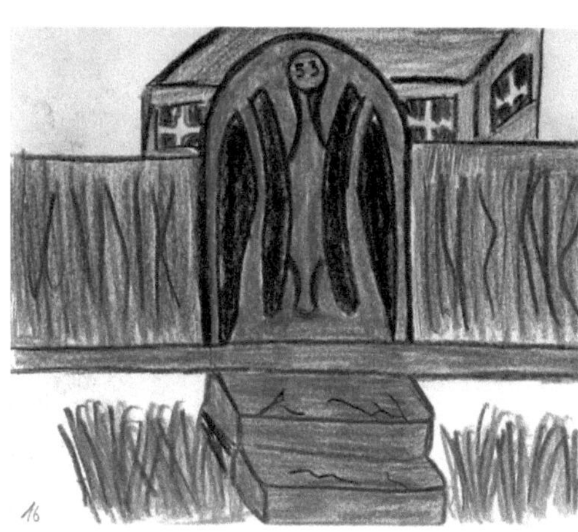

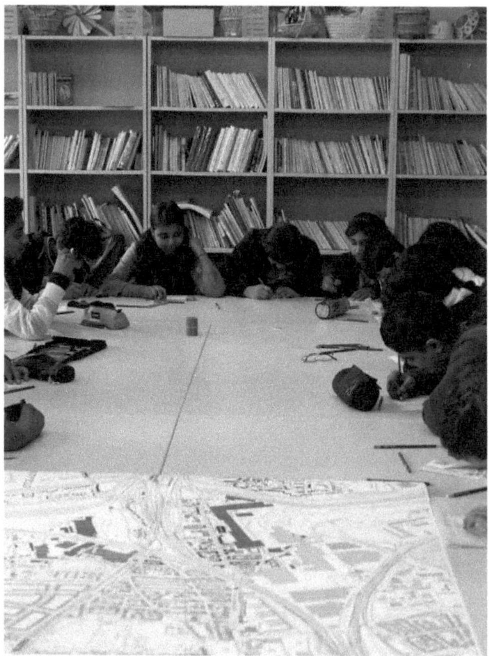

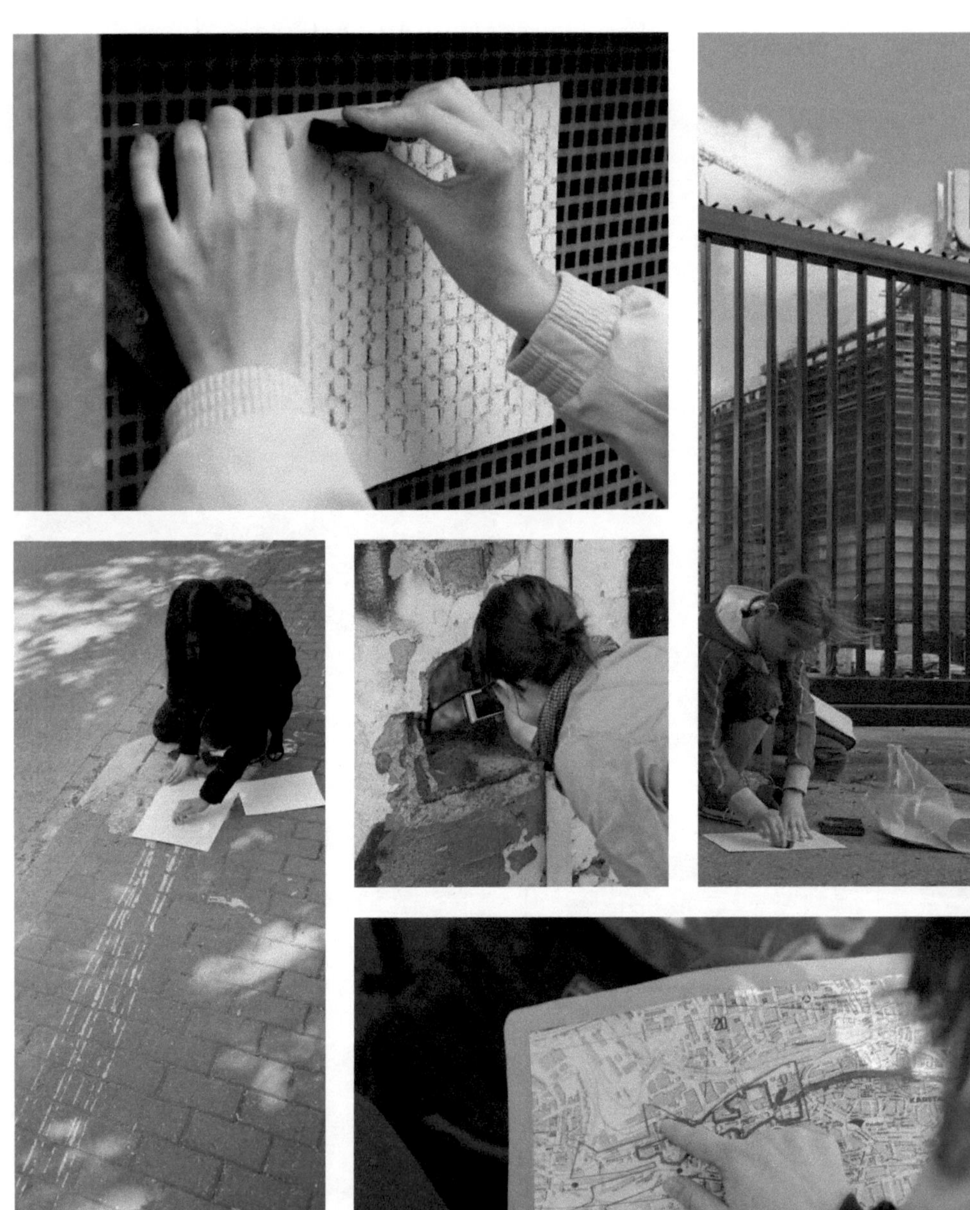

DORSTFELD

Barbara Hlali

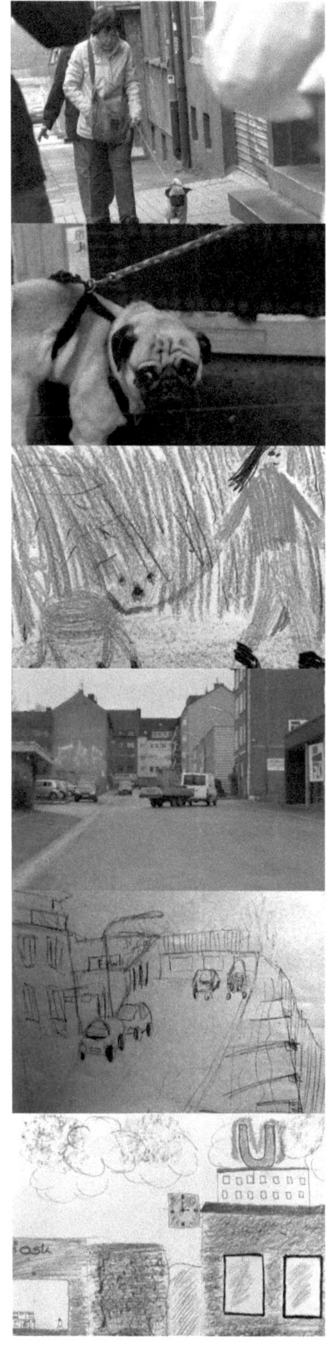
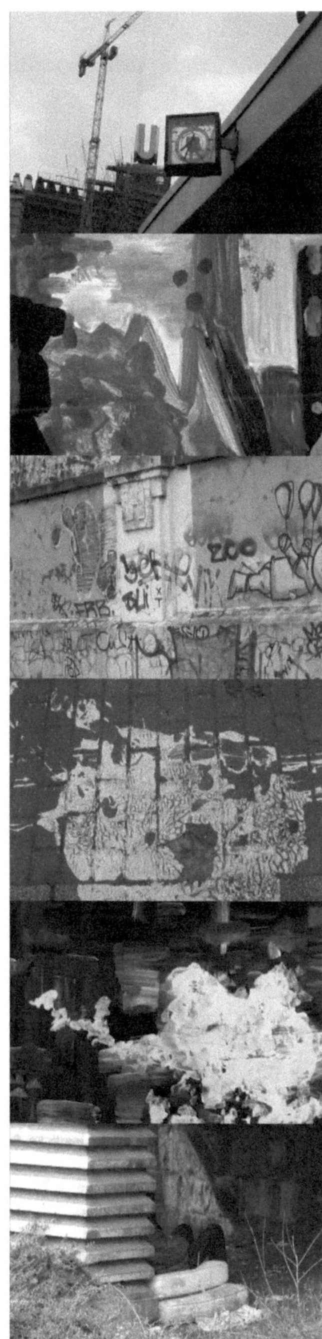
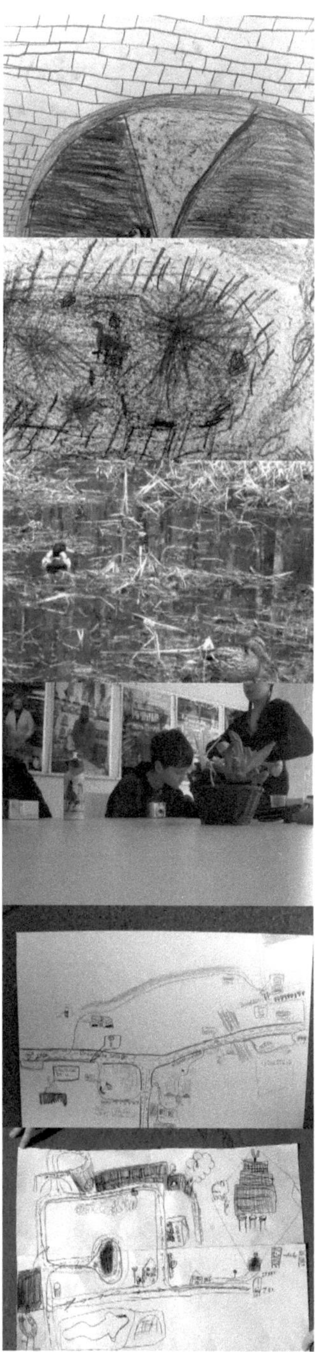

Kunstkurse des Museums Ostwall für Kinder und Jugendliche unter der Leitung von Silke Bachner und Sabine Gorski

Das Projekt wurde in zwei Kompaktphasen an zwei Wochenenden und in den regelmäßigen Kunstkursen des Museums durchgeführt.

Beteiligt waren Kinder und Jugendliche der beiden Museumskunstkurse von Silke Bachner und Sabine Gorski. Unterstützt wurde das Projekt von der Jahrespraktikantin Renata Aaros aus Bolivien, die ein Jahr lang mit der Kunstpädagogin Silke Bachner zusammengearbeitet hat.

Ausgestattet mit Digitalkameras, Skizzenblöcken, Bleistiften und leeren Behältnissen für allerlei Fundstücke, begaben sich die Teilnehmer und Teilnehmerinnen auf eine künstlerische Expedition in den Stadtteil Westend. Es ging aber nicht um die Sichtweise von Architekten und Raumplanern, sondern um die Perspektive von Kindern und Jugendlichen. Wie nehmen sie ihre Umwelt wahr, welchen Blick haben sie auf diesen Stadtteil?

Für einige der Kinder und Jugendlichen war es die erste Begegnung mit diesem Stadtteil. Unkompliziert gingen sie an ihren künstlerischen Auftrag heran. Durch den fotografischen und zeichnerischen Blick auf ihre Umgebung sowie auf der Suche nach Fundstücken vollzog sich eine Wandlung bei ihnen. Die Wahrnehmung und die Sinne wurden geschärft und der Blick öffnete sich für Details, Besonderes, Absurdes, Hässliches, Schönes. Die Kinder und Jugendlichen tauchten ein in einen Mikrokosmos aus Gullydeckeln, Kaugummiflecken auf dem Asphalt, bröckelndem Putz von Hausfassaden, Müll am Straßenrand und natürlicher Fauna, die sich erfolgreich ihren Weg durch den Asphalt bahnte. Dieses „Unperfekte" bot den idealen Nährgrund für Ideen und Utopien.

In einem weiteren Schritt wurden die entstandenen Fotos gesichtet, ausgewählt, ausgedruckt und auf Platten aufgezogen. Hilfreich erwies sich dabei, die Beschränkung auf drei ausgewählte Motive.

Ähnlich dem Lesen von Wolkenbildern, wurden die Motive anschließend assoziativ weitergesponnen und mittels Collage, Malerei und Zeichnung verfremdet bzw. vervollständigt.

Die Ergebnisse sind kunstvolle Entwürfe eines Stadtteils von Kindern und Jugendlichen, als Reaktion auf die sie umgebende urbane Wirklichkeit, angesiedelt im Spannungsfeld von traditionellen bildnerischen Mitteln, Fotografie und Streetart.

Im Laufe des Projektes stellte sich zudem bei den Kindern und Jugendlichen ein „Heimatgefühl", eine Identifikation mit der Stadt und diesem Stadtbezirk mit seinen Falten und Macken ein.

Silke Bachner und Sabine Gorski

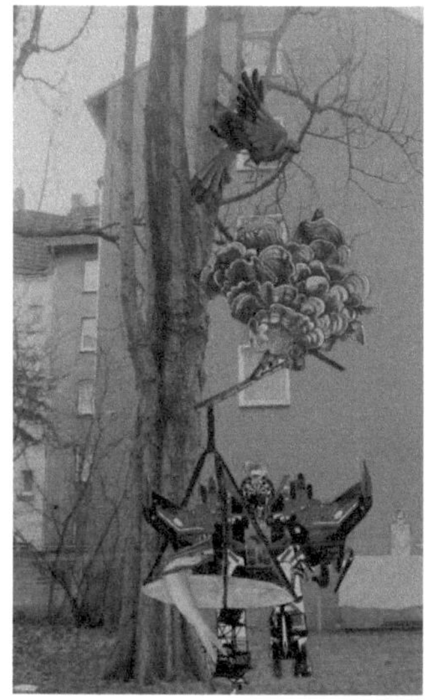
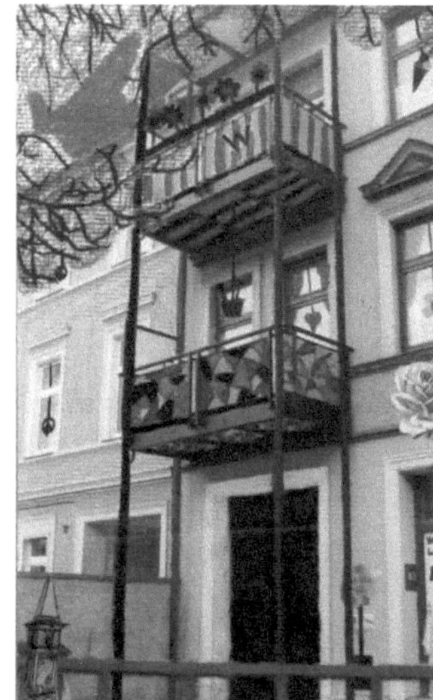
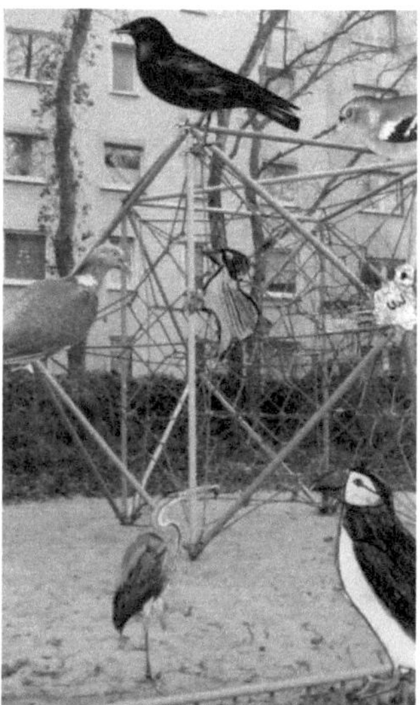

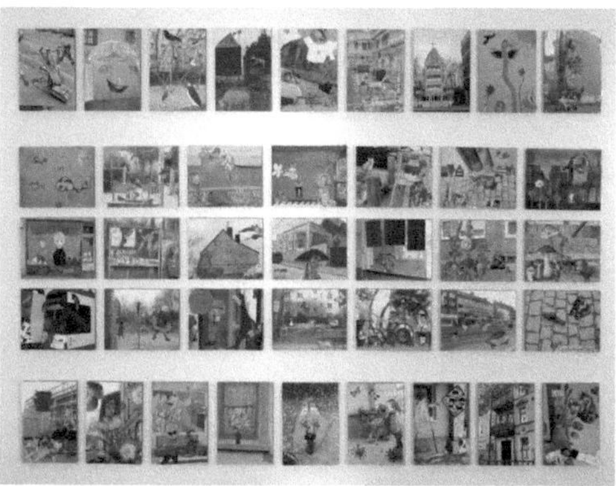
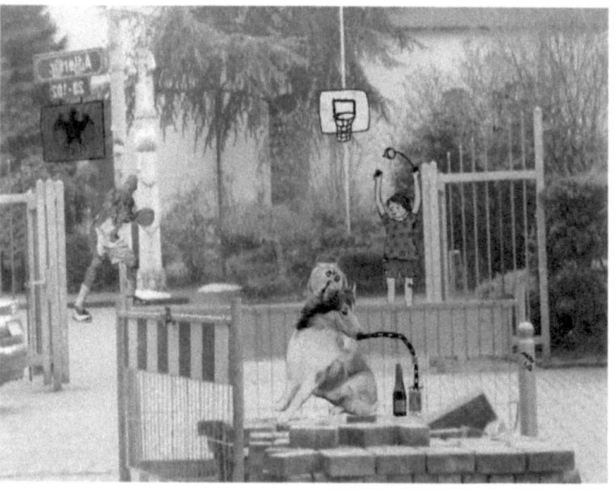

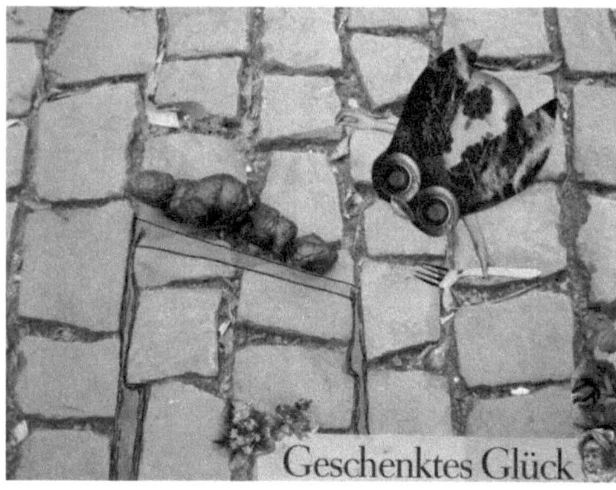

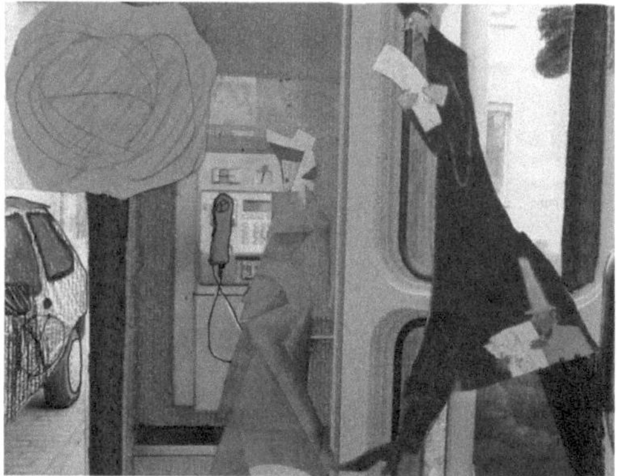

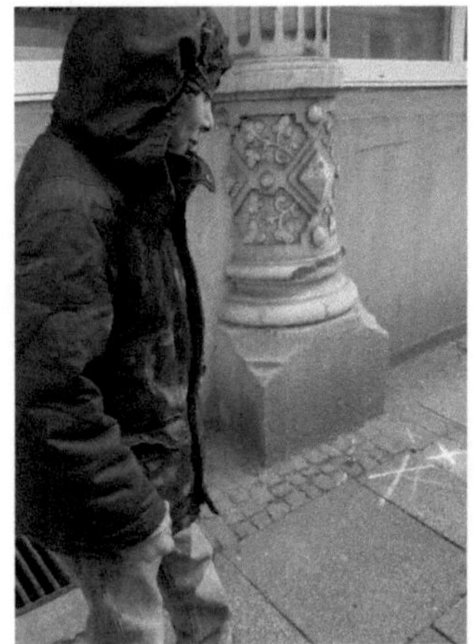
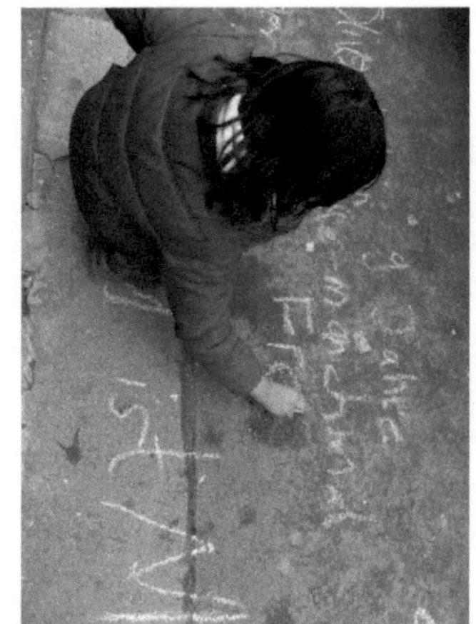
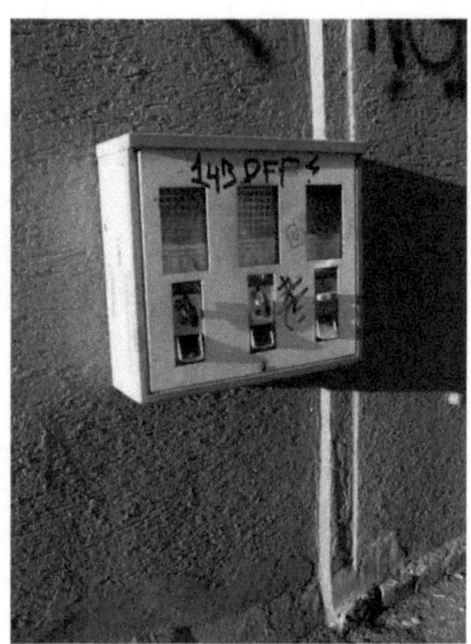

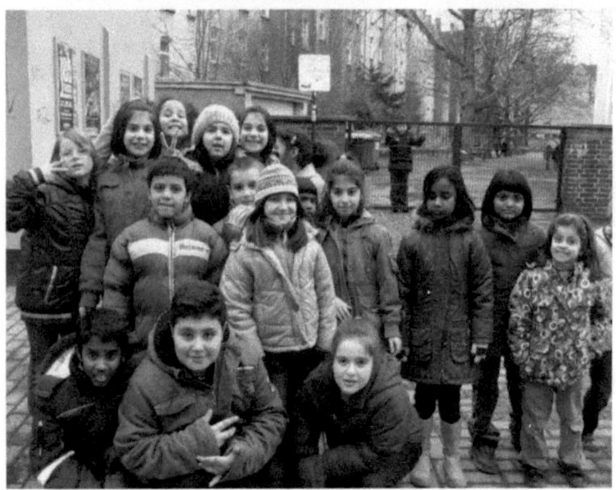
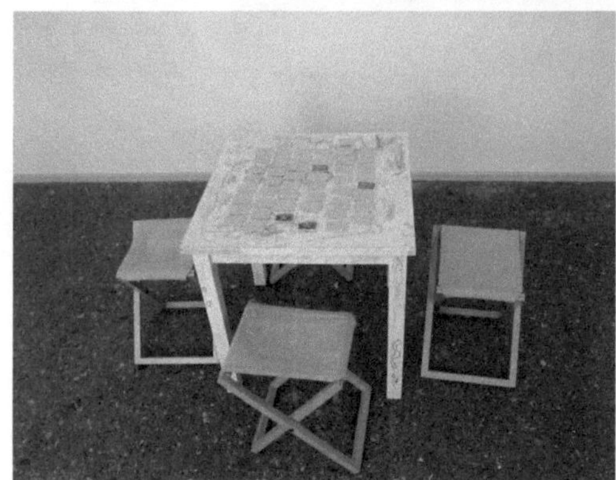

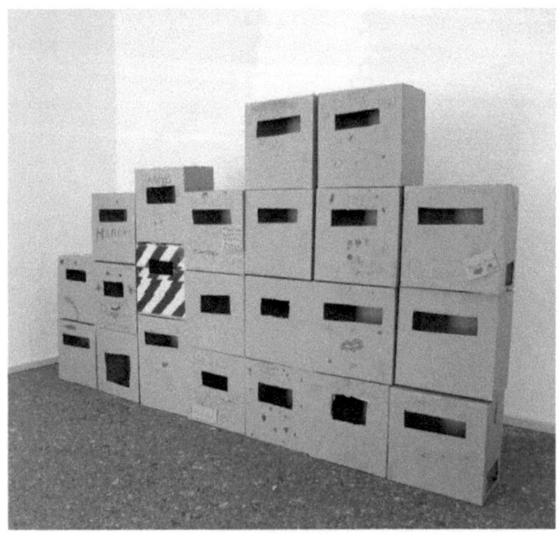
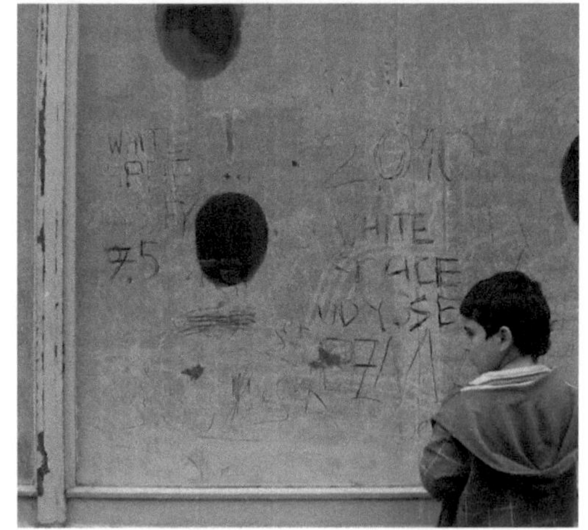

Alischa Leutner

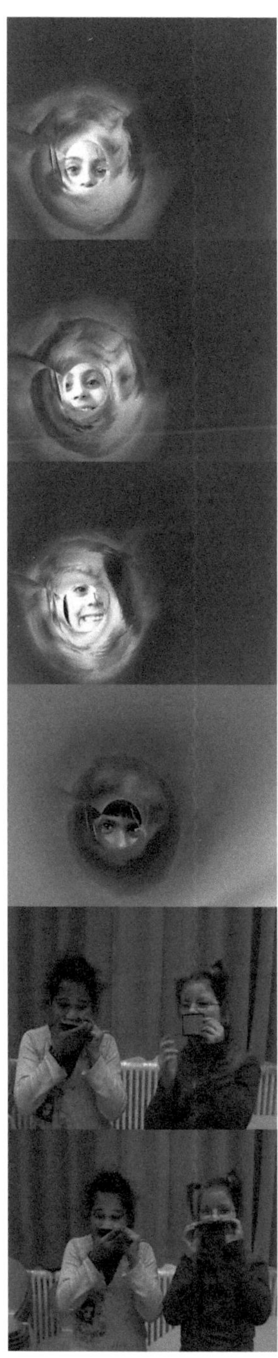

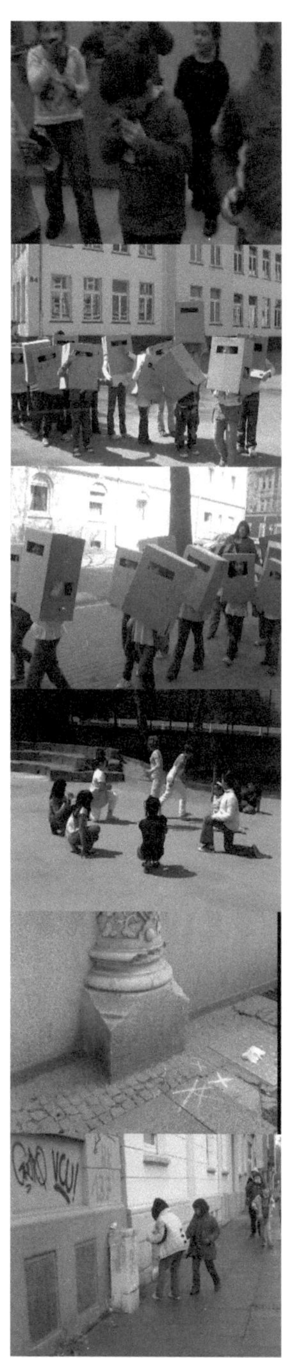

Bei unseren gemeinsamen Streifzügen und Erkundungen in unserem Westend-Viertel fielen uns besonders die kleinen, winzigen Randbepflanzungen um solitäre Bäume auf. Im Häusermeer, den eintönigen Straßenschluchten und den mit Autos vollgestellten Straßen war wohl hier die Sehnsucht nach etwas Grün, etwas Natur der Auslöser für diese Aktionen. Diese inszenierten, winzigen Fleckchen Erde, die vom Asphalt und Gehsteigen nicht bedeckt sind, haben sogar etwas Anrührendes. Hier werden nicht nur Blumen um den Baum gesetzt, sondern auch kleine verspielte Zäune und Figuren platziert. Das fanden unsere Schulkinder besonders interessant. Bei der Umsetzung der selbstgestellten Aufgabe sind sie mit sehr viel Eifer an die Arbeit gegangen. Sie schafften ihre kleinen Inseln vor der Tür mit sehr viel Fantasie, Träumen und Sehnsüchten. Der Baum im Mittelpunkt von Abenteuer, Spiel und Liebe.

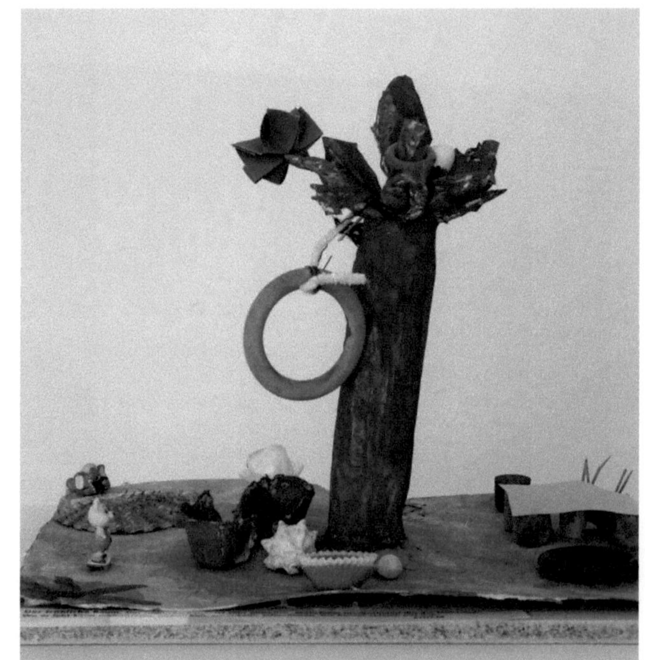

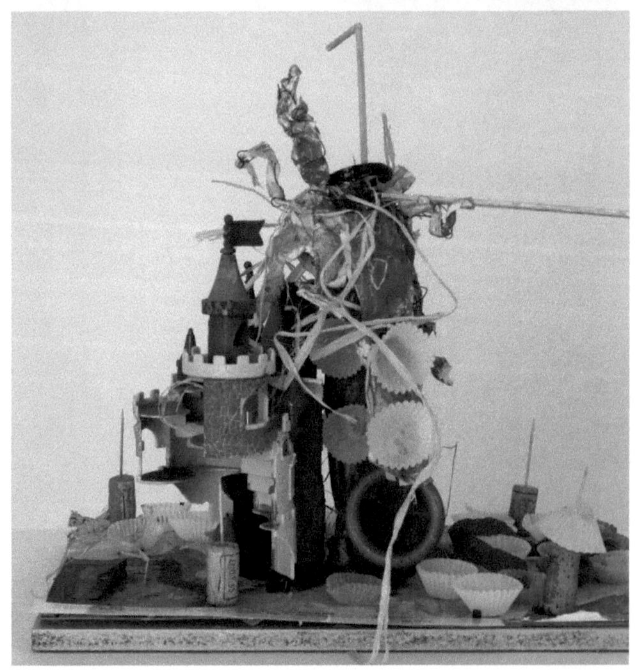

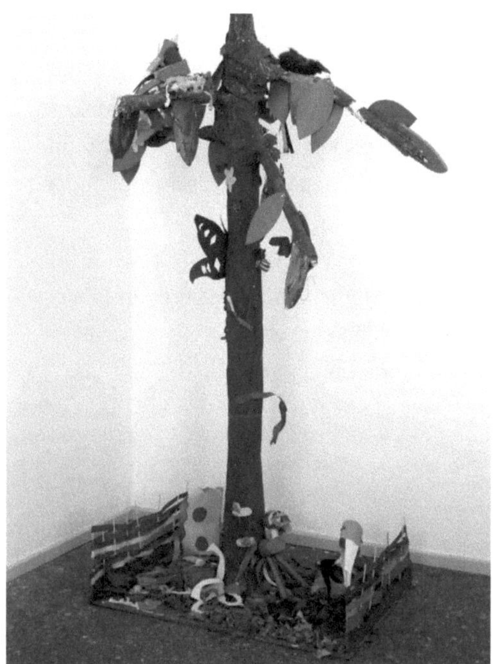

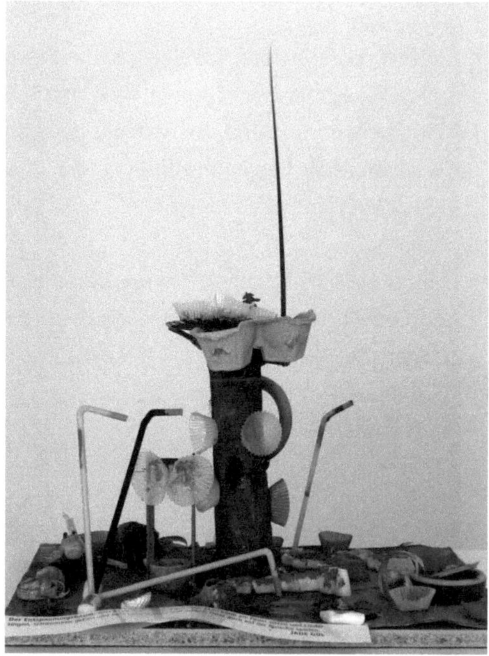

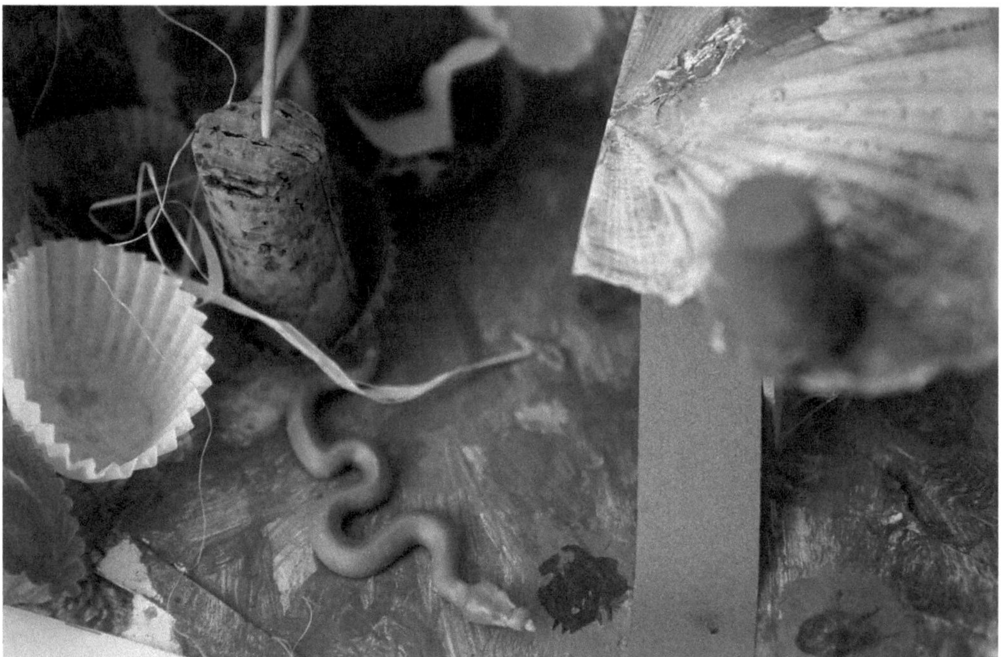

Das Projekt der beiden Absolventen des Freiwilligen Sozialen Jahres in der Kultur, Chris Mende und Julius Linnenbrink, thematisiert den U-Turm in seiner Größe und Position als statisches Monument im Westend, vor dem das bewegte Alltagsleben abläuft. Wie treffen hier Statik und das Moment der Bewegung aufeinander, in welches Zusammenspiel treten die entstehenden, unterschiedlichen Zeitebenen?

In ihrer vielschichtigen Arbeit werden die verschiedenen Medien Video, Malerei und Zeichnung kombiniert, in der das zeitlich ablaufende Medium Video eine unbewegte und zeitlose, bildnerische Arbeit aus den Medien Malerei und Zeichnung überlagert.

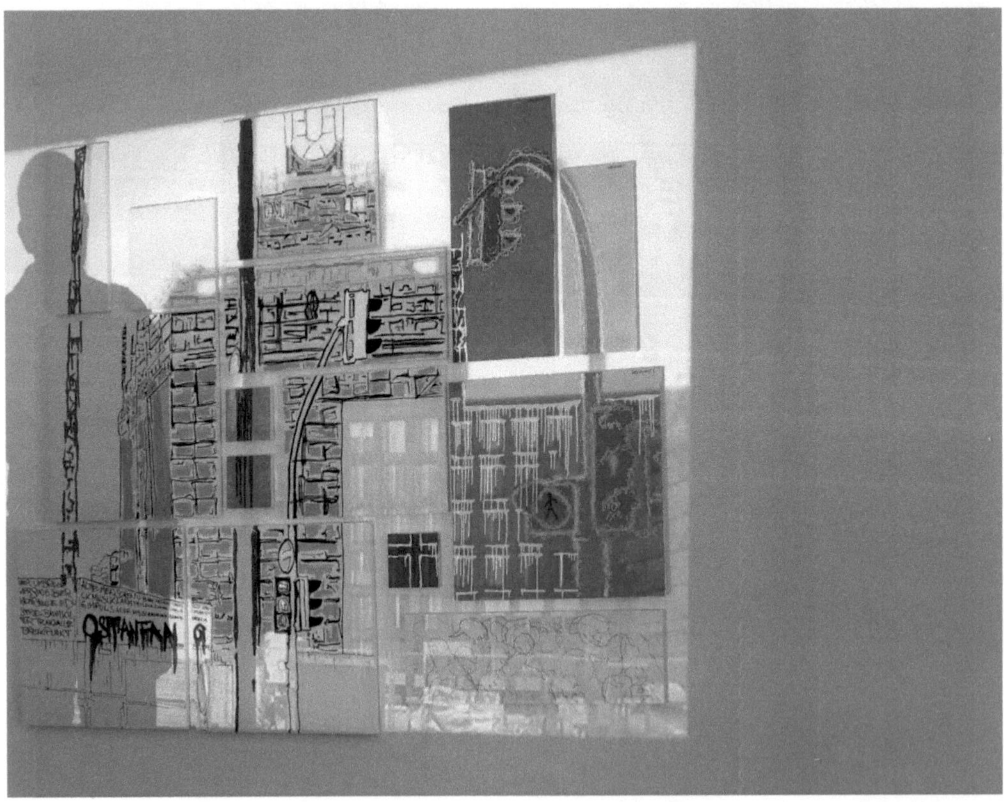

Die von einem Gully der Rheinischen Straße auf das Dortmunder U gerichtete Videoaufnahme funktioniert einerseits als bewegte Projektion auf die Leinwände, zugleich aber auch als unbewegte Vorlage für die Bilder. Teile des Videobildes werden damit malerisch und davor stattfindenden Bewegungsabläufe von Passanten oder Autos zeichnerisch festgehalten. Diese sind also nicht mehr nur flüchtig in der Videoprojektion beobachtbar, sondern ihre Silhouetten bleiben in der Arbeit als Zeichnungen ständig sichtbar – die verschiedenen künstlerischen Medien sind nicht mehr getrennt wahrzunehmen, ein Gesamtbild aus Statik und Bewegung verschiedener Augenblicke entsteht.

Tritt der Besucher zwischen Beamer und Leinwände, lockert sein geworfener Schatten hingegen das Gefüge aus Video und Bildern und er wird ein Teil der Momentaufnahme des Dortmunder U.

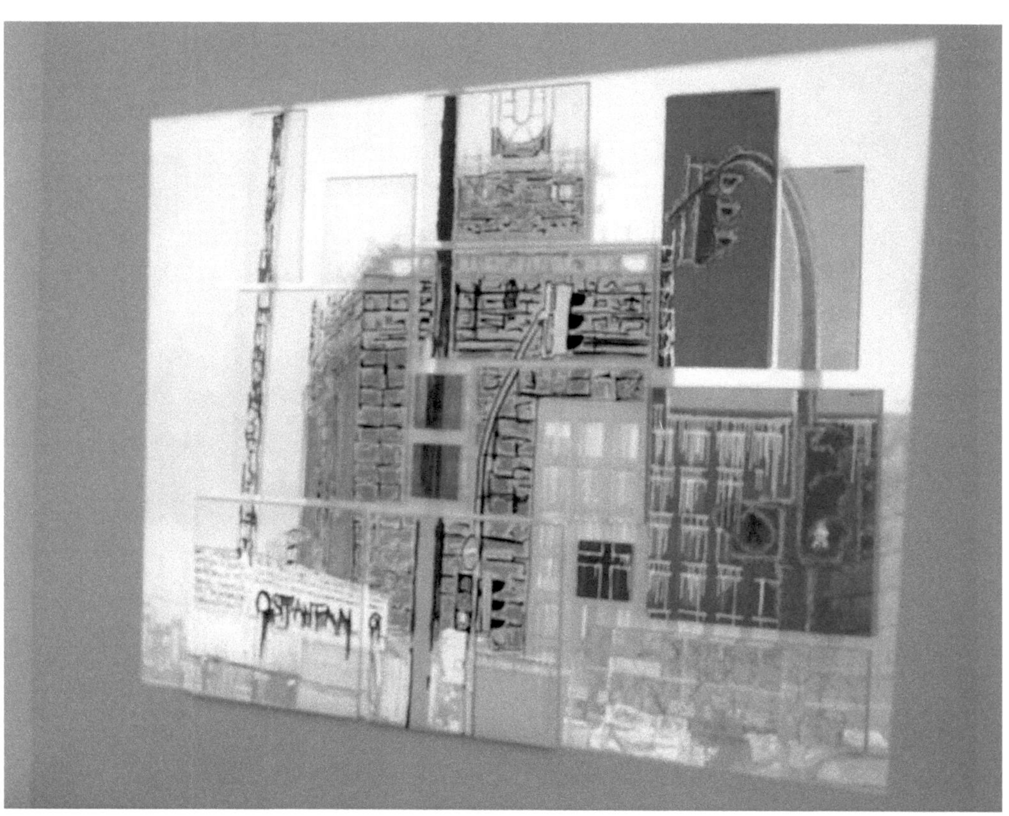

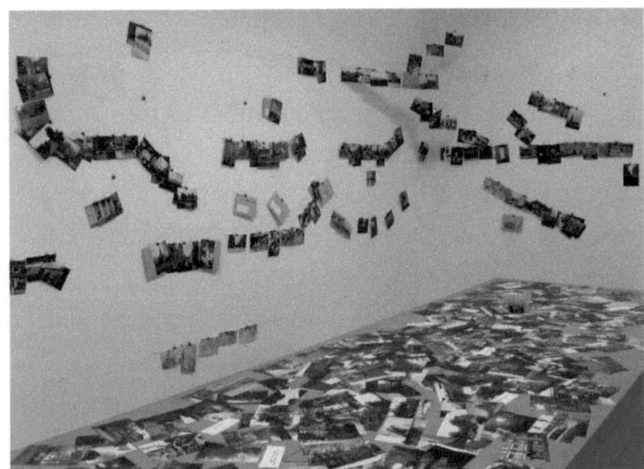

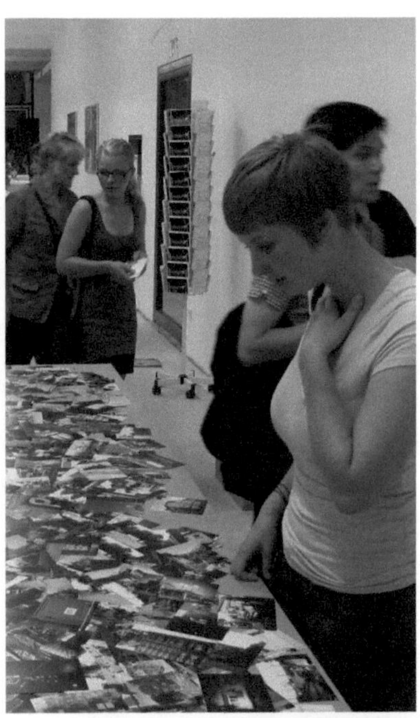

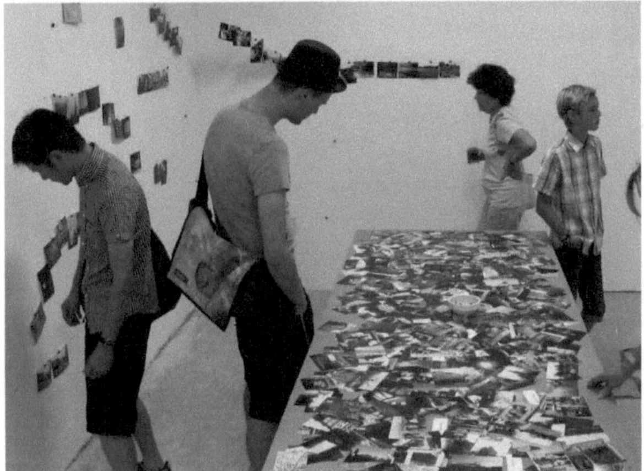

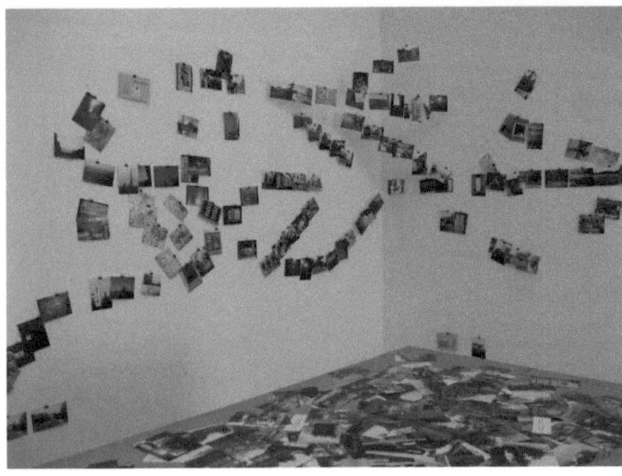

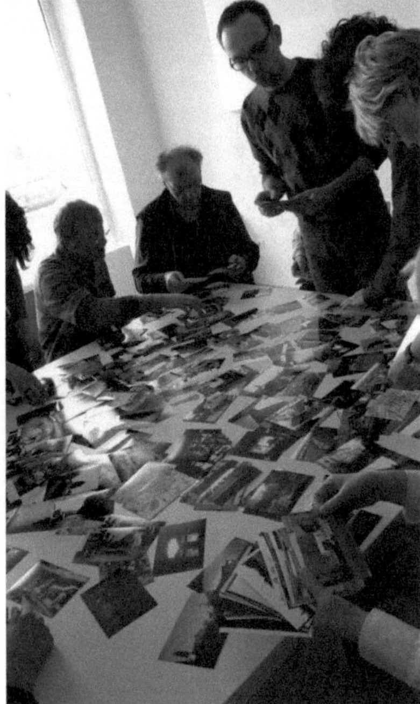

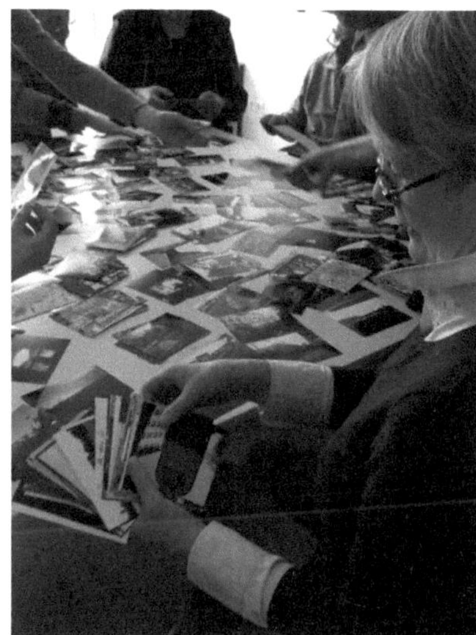
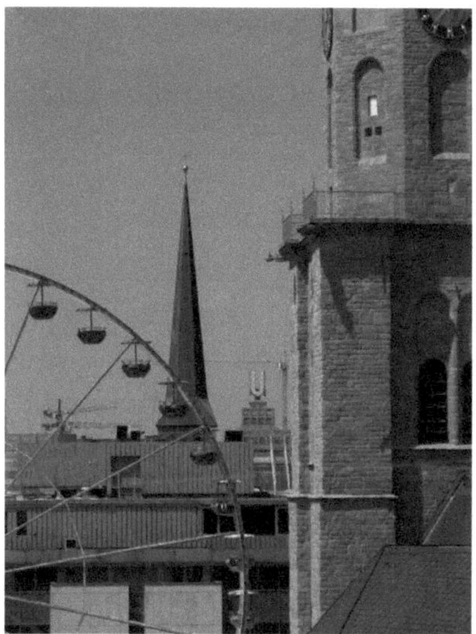
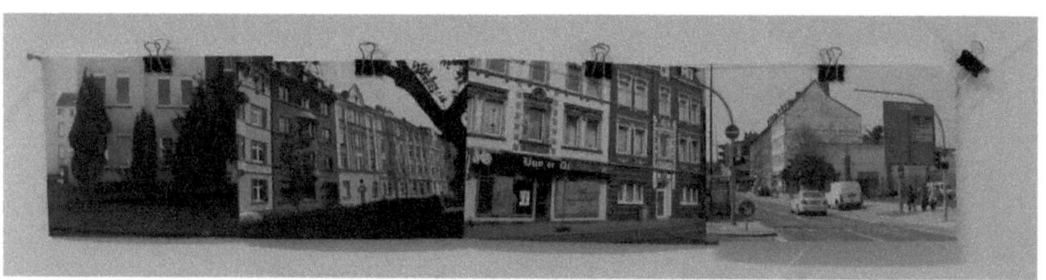
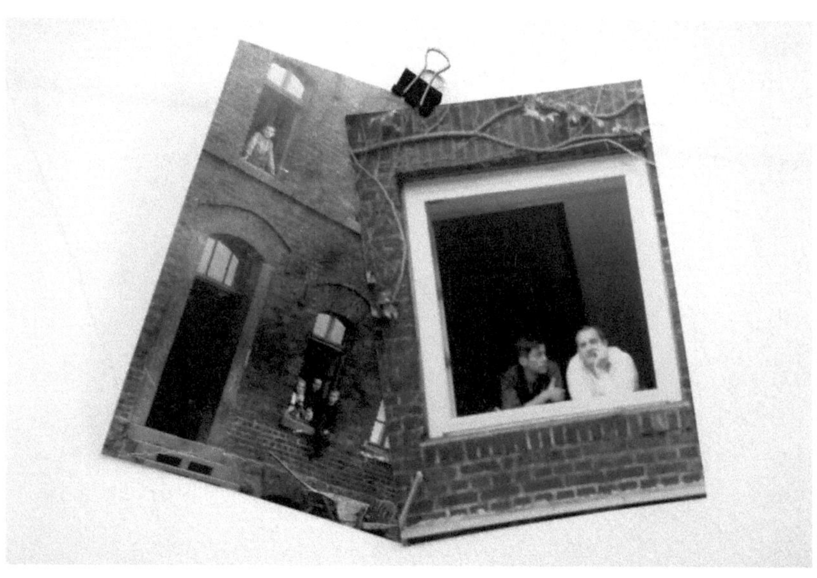

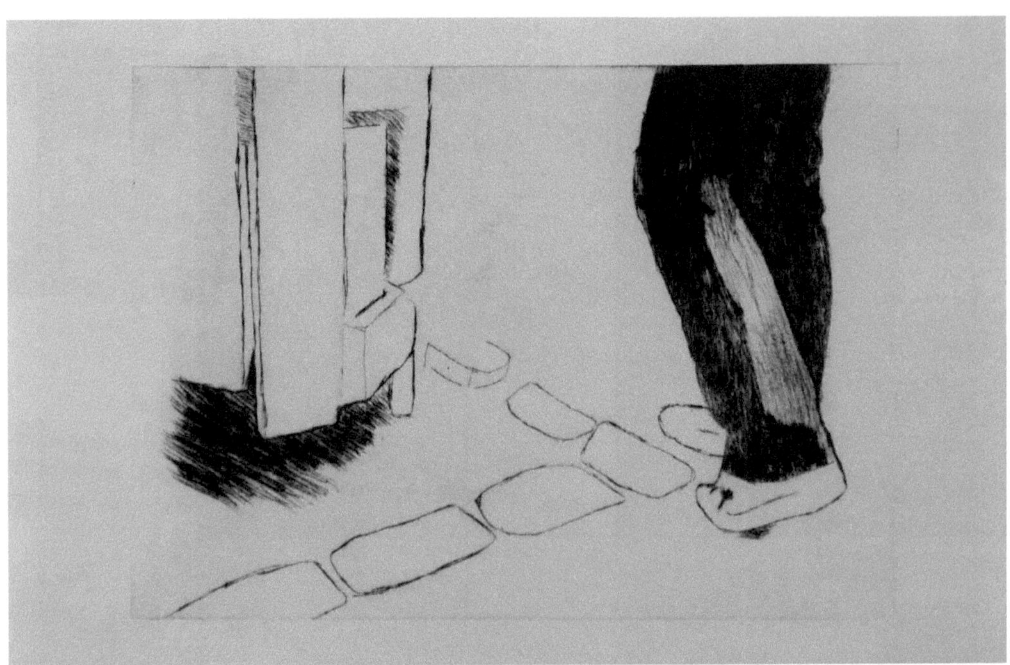

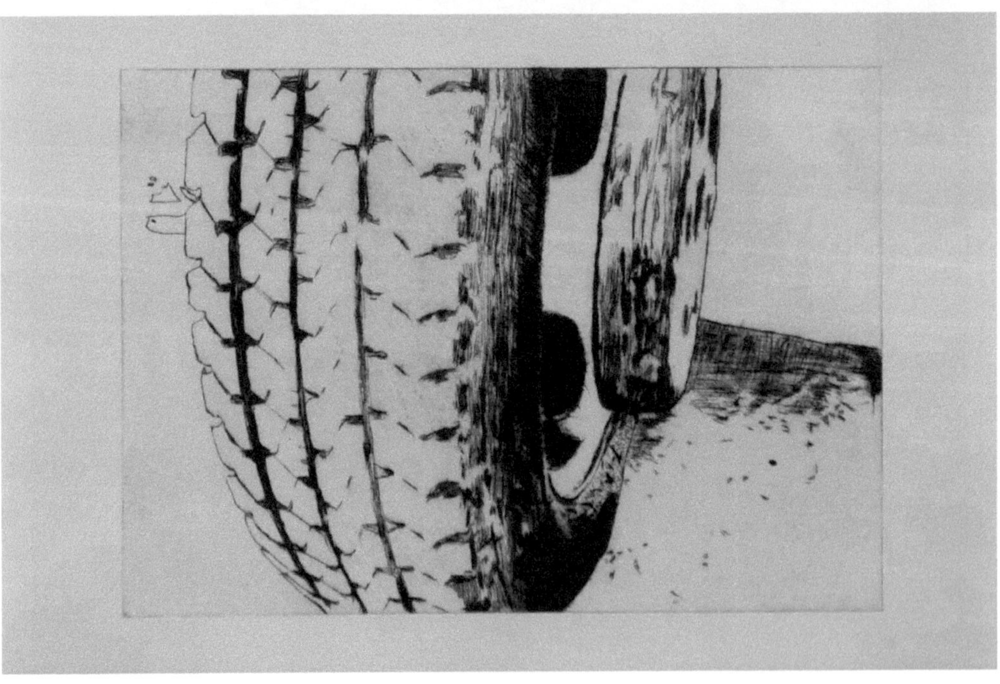

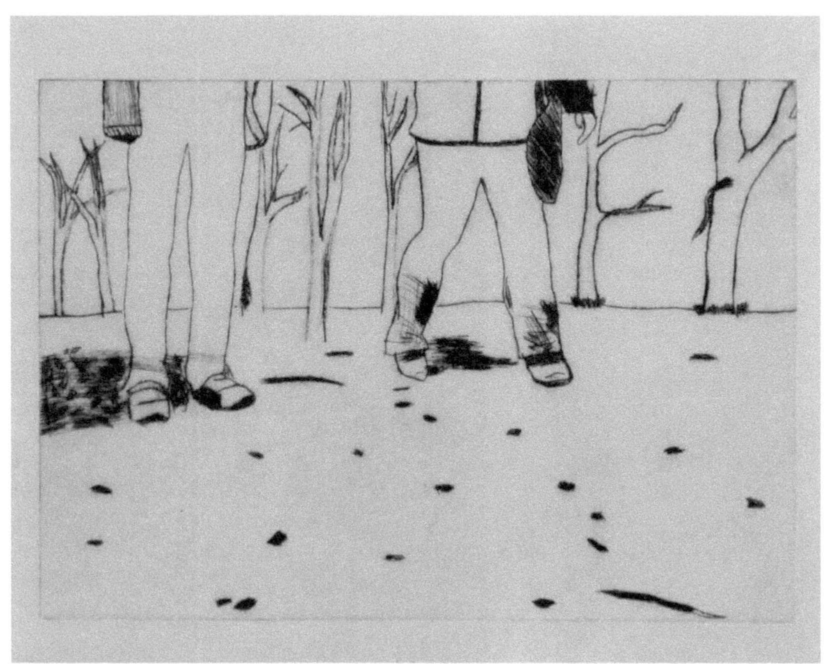

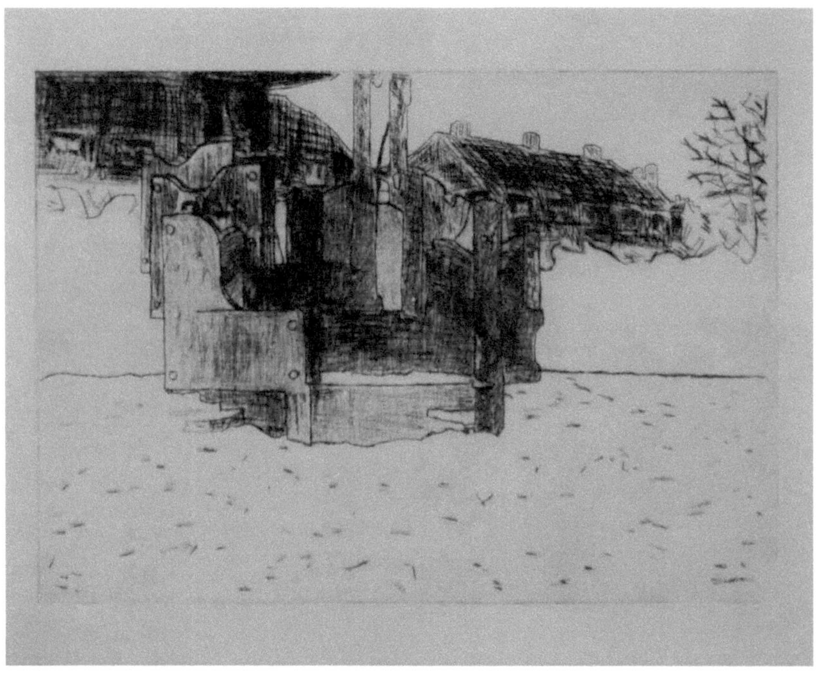

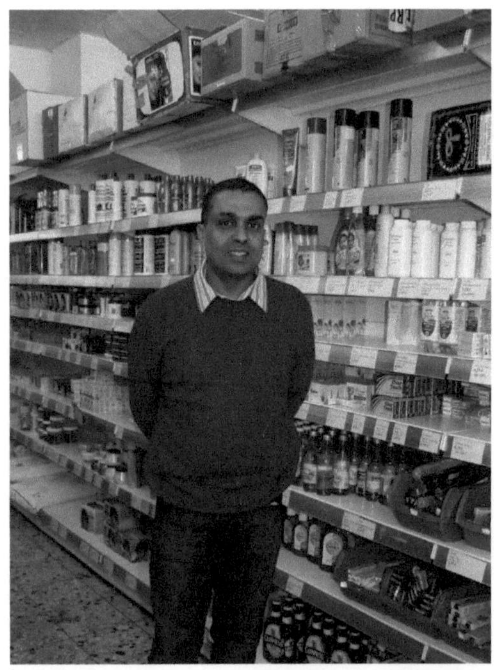
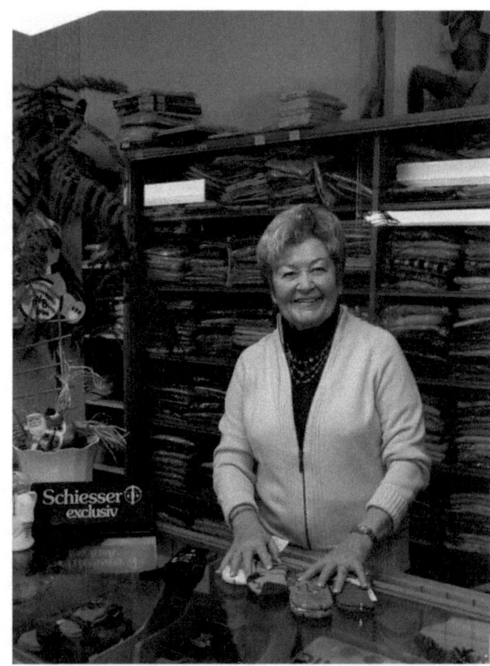
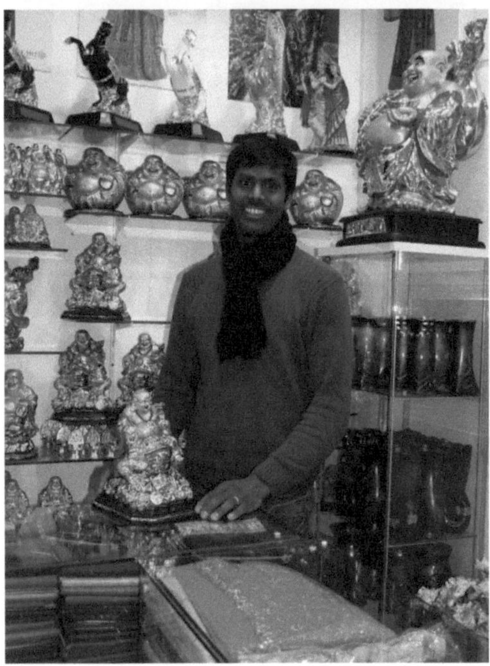
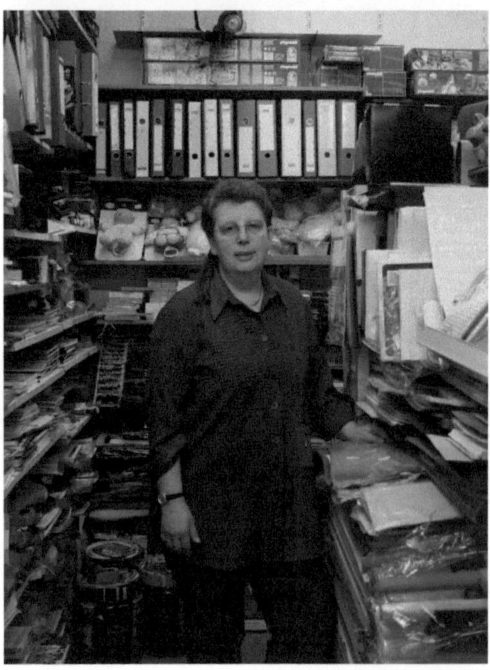

Carolin Marchelek | Studentin TU Dortmund

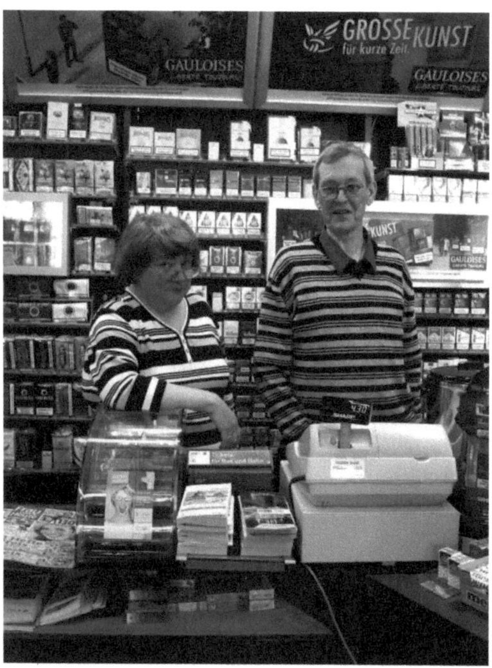

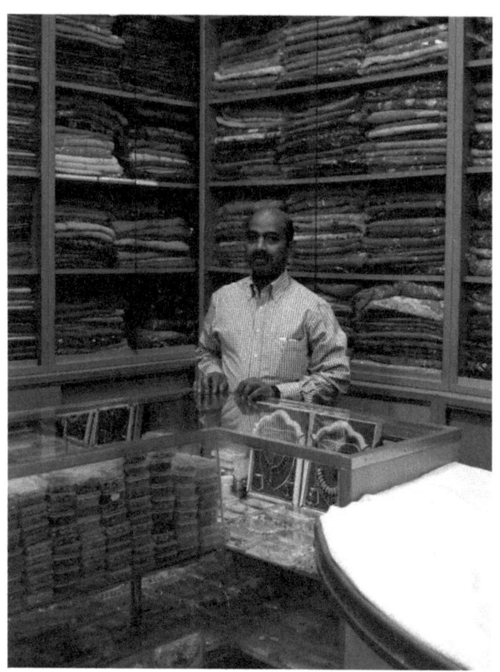

„Westendend Portraits" und „Ganja"

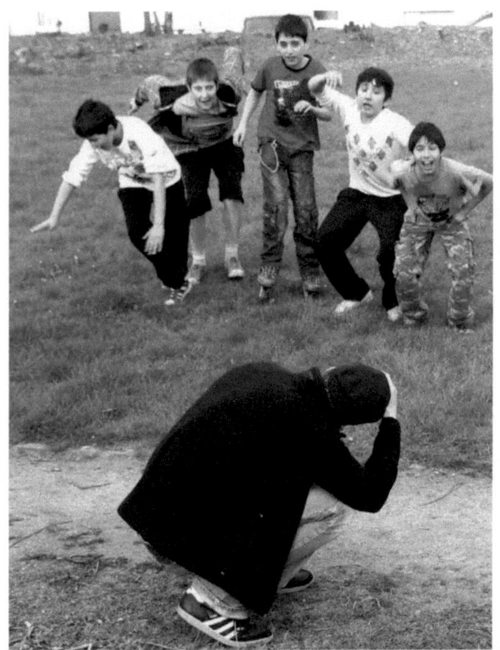
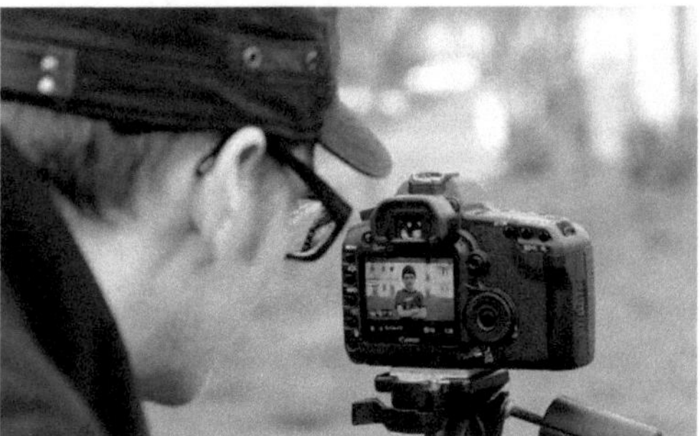
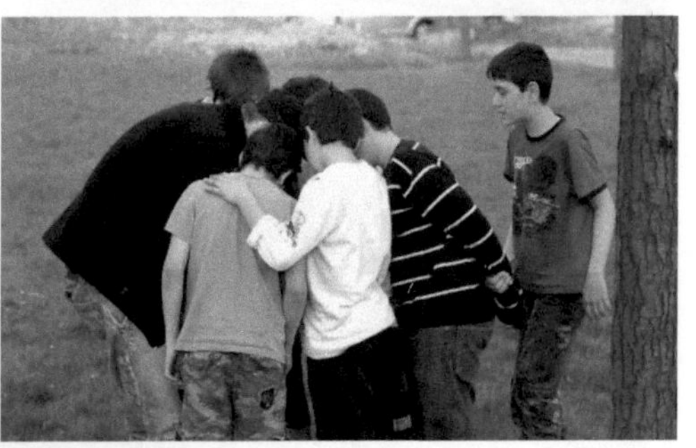
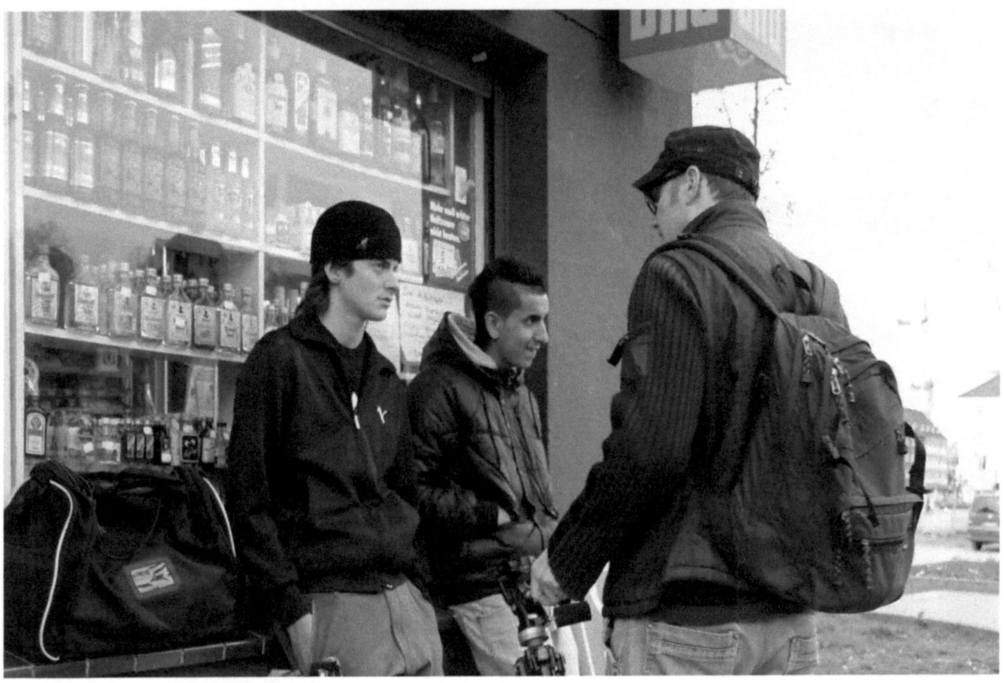

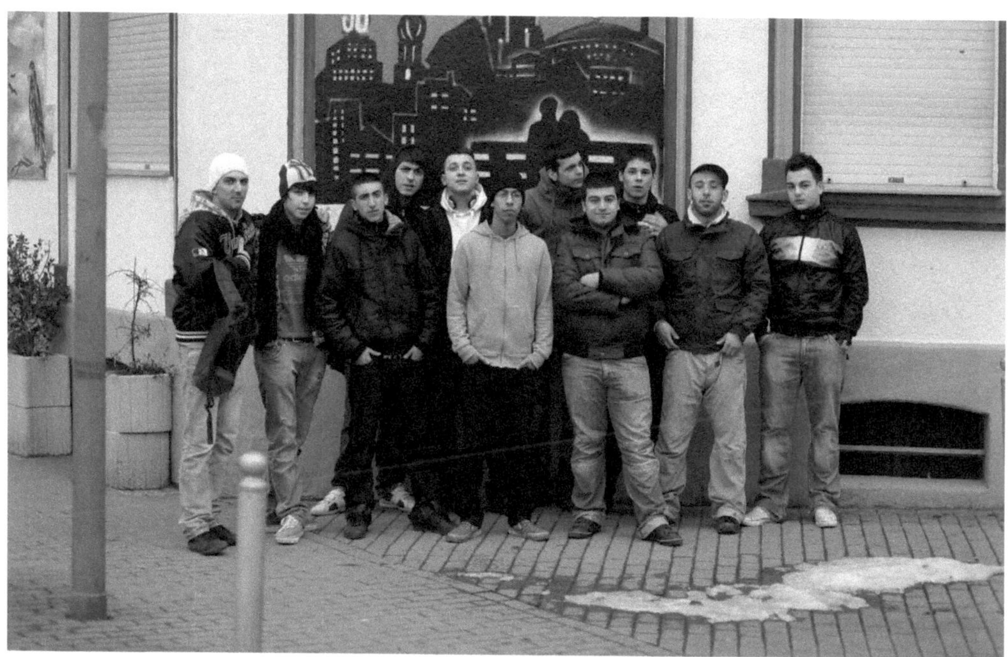

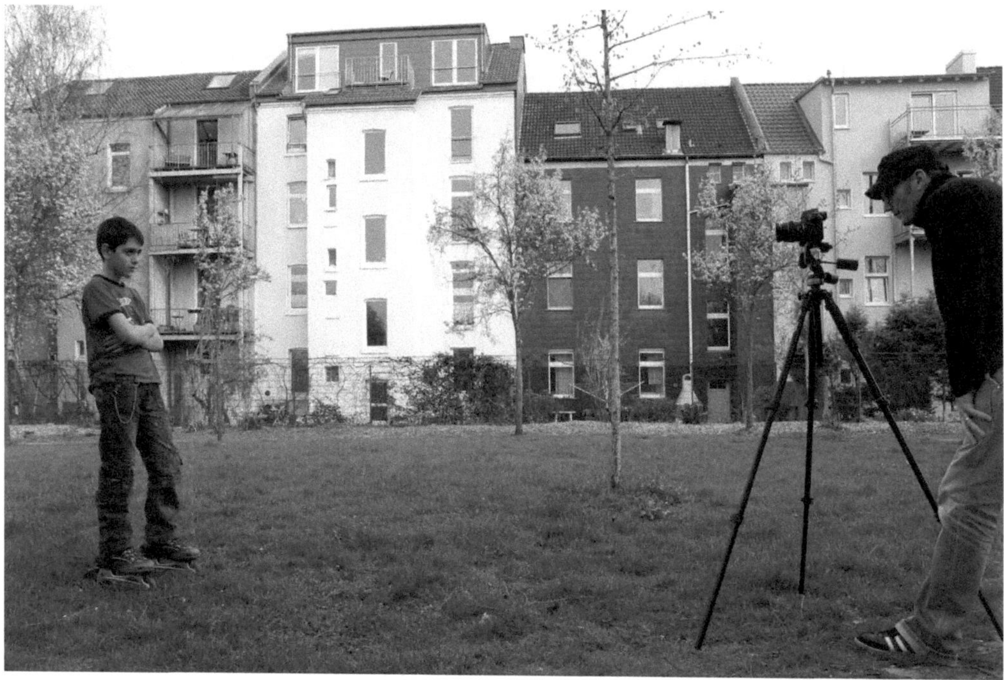

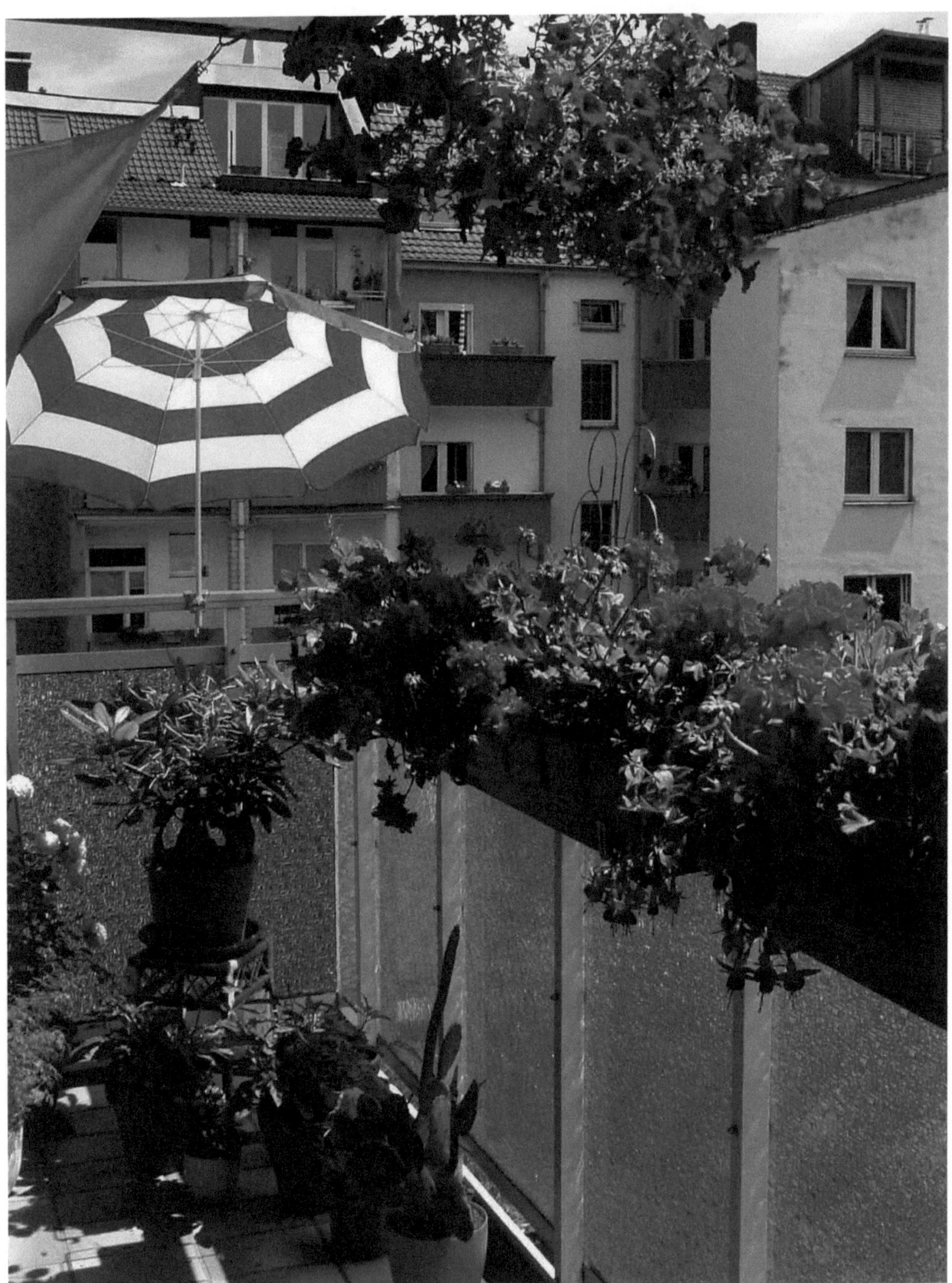

Linda Otto

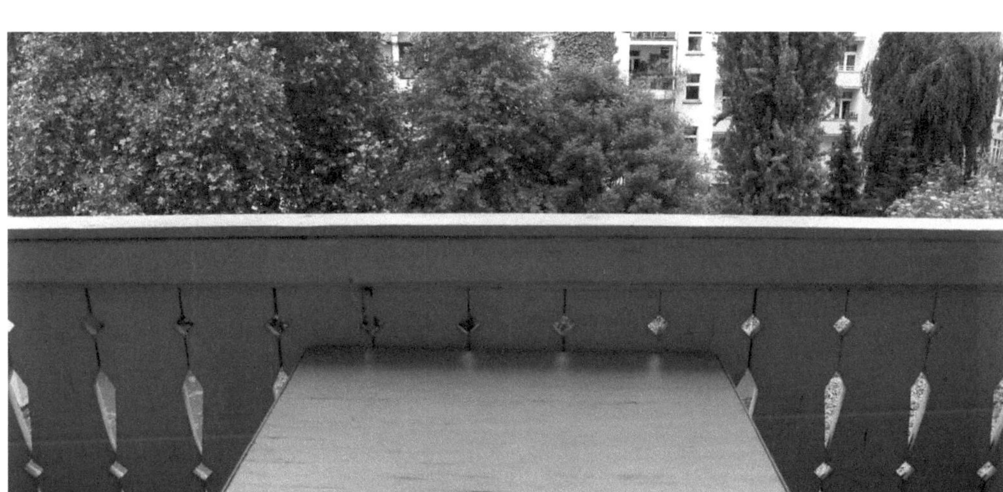

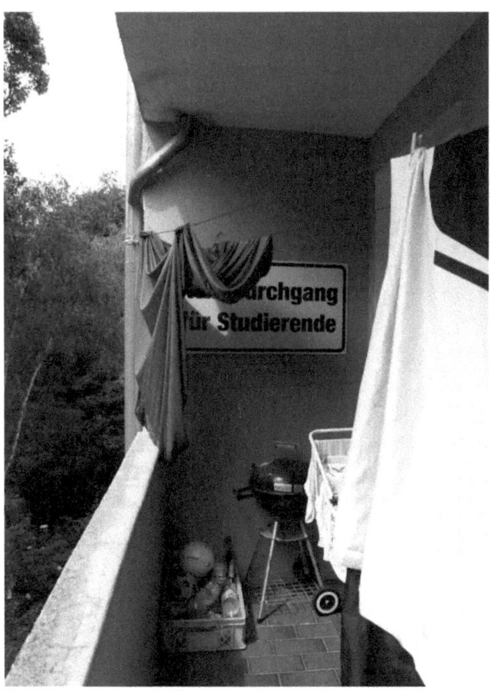

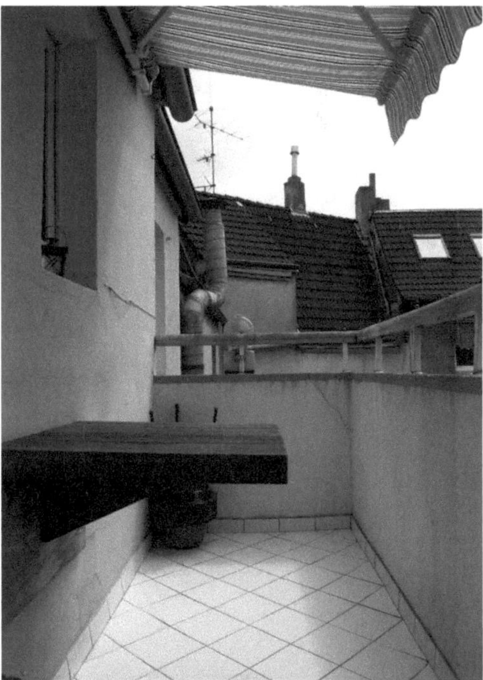

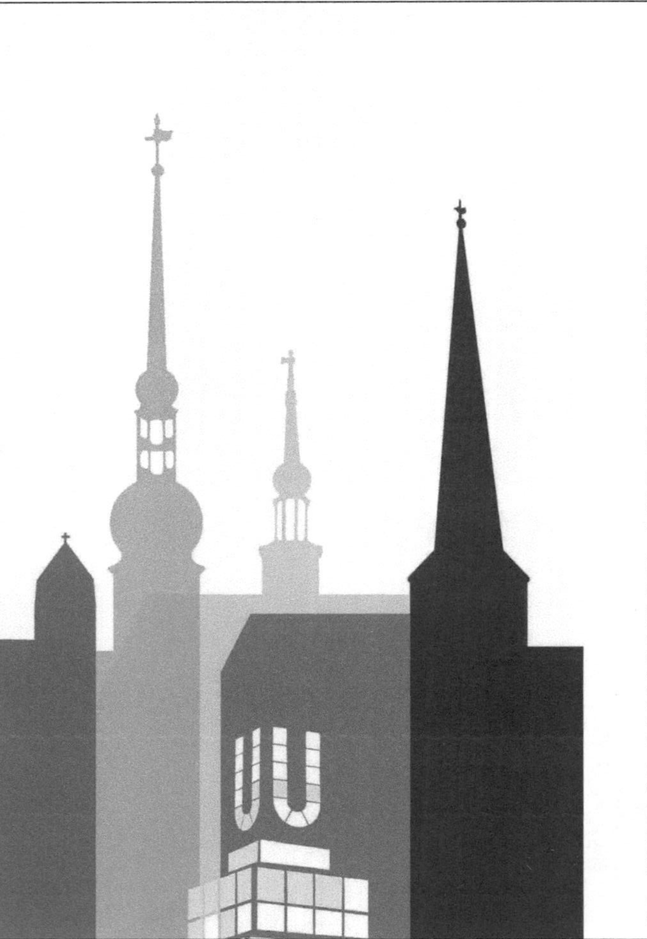

Die Rheinische Straße im Westen Dortmunds ist die Achse eines Gebietes, das derzeit – basierend auf groß angelegten und inhaltlich breiten Planungen – umgebaut und umstrukturiert wird. Ein Städtebauprojekt will sowohl durch eine Umnutzung der großen Brachflächen ehemaliger Industrieanlagen, wie auch durch eine verkehrliche Neuordnung, das Anlegen von Grünflächen und eine Verbesserung der Wohnfunktion das Viertel attraktiver machen. Zukunftsweisende Planungen für die Reaktivierung eines verhältnismäßig jungen Dortmunder Stadtteils.

Entlang der Rheinischen Straße bewegt man sich auf historischem Boden: Auf dem früheren Hellweg kann man die Stadtgeschichte Dortmunds wie kaum andernorts ablesen. Bauwerke und kunsthistorische Zeugnisse, aber auch Ortsbezeichnungen bilden dabei Erinnerungsorte des Mittelalters und der Industrialisierung. Sie bieten somit Einblicke in diese für die Stadt Dortmund so bedeutenden Epochen.

Die Befestigung eines wichtigen frühmittelalterlichen Verkehrsknotenpunktes im 9. Jahrhundert stand am Beginn der Stadtwerdung Dortmunds. Die Bedeutung des Hellwegs – eine der beiden Handelsstraßen des Knotenpunktes – für die Stadt markieren noch heute die mittelalterlichen Innenstadtkirchen entlang des Osten- und Westenhellwegs.

Um 1200 hatte Dortmund mit 81 Hektar seine größte mittelalterliche Ausdehnung erreicht. Diese Ausdehnung ist gegenwärtig an der mit »Wall« bezeichneten Ringstraße, die um die City herum führt, abzulesen. Die U-Bahn-Station »Westentor« verweist noch immer auf eines der wichtigsten Stadttore in Sichtweite zur Petrikirche, in der seit Anfang des 19. Jahrhunderts einer der bedeutendsten Kunstschätze Dortmunds, das »Goldene Wunder«, aufbewahrt wird. Folgt man dem Hellweg stadtauswärts, gelangt man zum Dortmunder »U«, dem ehemaligen Gär- und Lagerhochhaus der Dortmunder Unionbrauerei. Dieser Bau bildet zusammen mit den Türmen der Petrikirche und der Dorstfelder Kirche die Landmarken des Gebietes »Rheinische Straße«. Außerdem wurde bei Beginn der Bauarbeiten auf dem Unionsgelände 1907 ein, heute im Museum für Kunst und Kulturgeschichte ausgestellter, Schatz mit 444 Goldmünzen aus den Jahren 307 bis 408 n. Chr. gefunden: ein Hinweis auf die Besiedlung der heutigen Innenstadt bereits zur Römerzeit.

Die längst baufällig gewordene Stadtmauer wurde im Laufe des 19. Jahrhunderts vollständig niedergelegt. Damit trug man den Veränderungen dieses Jahrhunderts Rechnung. Die Ansiedlung von Brauereien und Schwerindustrie verlangte nach einer neuen Infrastruktur, neuen Arbeitsstätten, Verwaltungsbauten und nach neuen Wohnsiedlungen und Kirchen, kurz: die Stadt dehnte sich aus. Zeugnisse aller Facetten dieses Umbruchs im 19. Jahrhundert finden sich entlang der Rheinischen Straße mit dem Gebäude der Union-Brauerei, der St. Anna-Kirche, dem Verwaltungsgebäude der Hoesch-Union sowie der Dorstfelder Kirche.

Sie alle – zusammen mit den Innenstadtkirchen und dem Westentor – erzählen von der langen Geschichte dieser Straße und der Stadt Dortmund.

Barbara Welzel

STADT KULTUR RAUM

VOM HELLWEG ZUR RHEINISCHEN STRASSE

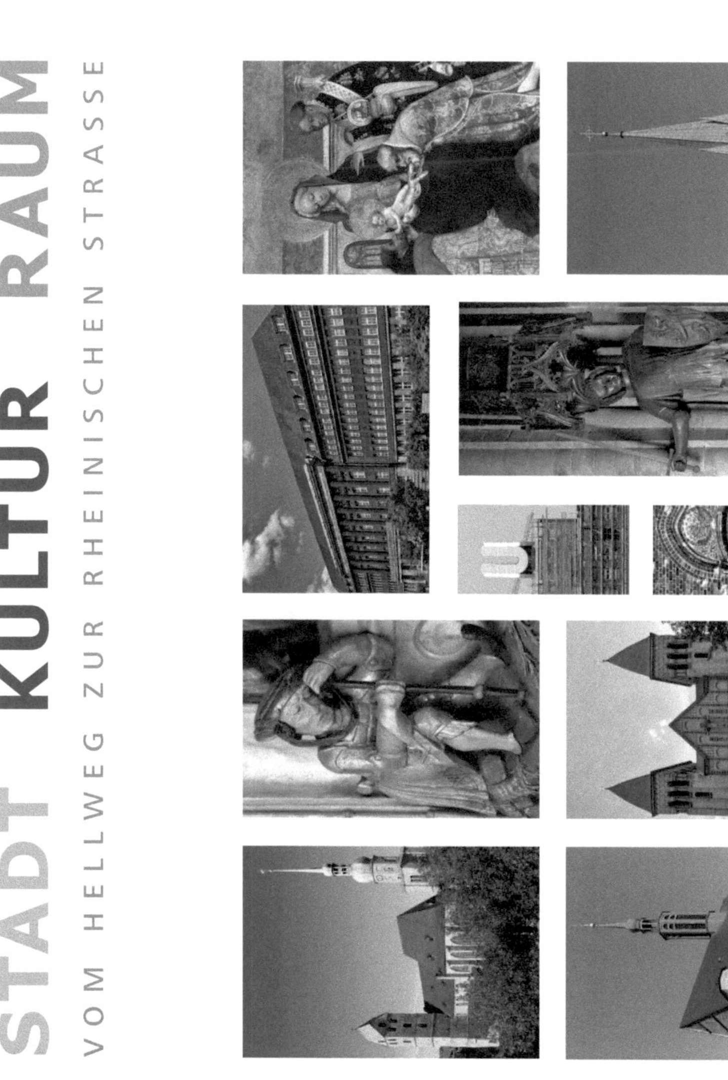

WESTENTOR

Die U-Bahn Station Westentor ist nach einem der fünf Dortmunder Stadttore benannt. Diese waren entlang der heutigen Verkehrsader, des Walls – der damaligen Stadtmauer – errichtet und mussten auf dem Weg in die mittelalterliche Stadt passiert werden. An der heutigen Straßenführung des Walls lässt sich somit die mittelalterliche Ausdehnung der Stadt ablesen. Die stark baufällige Stadtmauer wurde letztendlich auch aufgrund der enormen Ausdehnung Dortmunds in Folge der Industrialisierung im 19. Jahrhundert abgetragen.

DORTMUNDER »U«

»Erstes Hochhaus Dortmunds«, ab 1926 als Gär- und Lagerhaus der Union-Brauerei errichtet. Den Hauptturm ziert bis heute ein gitterförmiger Aufsatz aus Eisenbeton, der 1968 mit dem weithin sichtbaren »U« gekrönt wurde. Das noch heute erhaltene Hochhaus ist als Industriebau Zeugnis der Größe und Bedeutung des Unternehmens und prägt die Stadtsilhouette bis heute nachhaltig. Noch immer symbolisiert es stellvertretend die industrielle Bierproduktion im 20. Jahrhundert in Dortmund. 2010 öffnet es erneut die Pforten als Zentrum für Kunst und Kreativität. Bei der baulichen Erschließung des Gebietes um das »U« wurde 1907 ein Schatz aus 444 Goldmünzen aus den Jahren 307-408 nach Christus gefunden. Dieser bezeugt die frühe Besiedlung des Gebietes bereits zur Römerzeit.

ST. PETRI

Eine in der ersten Hälfte des 14. Jahrhunderts erbaute gotische Hallenkirche. Der fast quadratische Grundriss und der vergleichsweise kurze Chor erzeugen die kompakte Erscheinung des Baus. Im Gegensatz dazu steht die beachtliche Turmhöhe von insgesamt 105 Metern. Im Innenraum befindet sich eines der größten erhaltenen Antwerpener Schnitzretabel: das »Goldene Wunder« – ein aufwändig gearbeiteter, spätgotischer Flügelaltar, der im 16. Jahrhundert aus der Stadt an der Schelde importiert wurde.

PROPSTEI-KIRCHE

Die spätgotische Dominikaner-Klosterkirche wurde im 14. Jahrhundert erbaut und ist heute die letzte nach der Reformation verbliebene katholische Kirche der Innenstadt. In ihr befindet sich das von Derick Baegert angefertigte Altarretabel aus dem 15. Jahrhundert mit der ältesten überlieferten Stadtansicht Dortmunds. Auch der Marienleuchter mit hölzerner Doppelmadonna und die Überreste des Kreuzganges zeugen von der großen Kunstfertigkeit der mittelalterlichen Künstler. Der Name des angrenzenden Platzes »Möchenwordt« beschreibt seine mittelalterliche Funktion: Vermutlich von einer Außenkanzel predigten hier Dominikanerbrüder zu den Gläubigen.

HELLWEG

Hauptverkehrsader und bedeutende Handelsstraße des Mittelalters. Er verband auf rund 200 Kilometern in west-östlicher Richtung Rhein und Weser, mehr noch: Er führte von Brügge bis Novgorod. In der Mitte Dortmunds kreuzte er einen weiteren bedeutenden Handelsweg – die heutige Hansastraße war die Nord-Süd-Verbindung von Norddeutschland nach Köln. Dies trug wesentlich zur Stadtwerdung und Entwicklung Dortmunds bei: Sie wurde bedeutendste Hansestadt Westfalens mit einer wirtschaftlichen und kulturellen Blütezeit vom 13. bis zum 15. Jahrhundert. So konnte die Hanse – eine Vereinigung von Händlern, die sich zu Interessen- und Fahrtenkorporationen zusammengeschlossen hatten – von Dortmund aus in ganz Nordeuropa Handel treiben. Handelsgüter waren u. a.: Wolle, Tuche, Getreide, Schmiedeerzeugnisse, Lederwaren, aber auch Kunsthandwerksschätze, wie wir sie bis heute in den Innenstadtkirchen bewundern können.

Der mittelalterliche Hellweg war jedoch nicht allein Handelsstraße: Seit dem 12. Jahrhundert pilgerten Christen über Dortmund nach Köln oder Aachen. Von dort war es auch möglich, der Hauptroute des Jakobswegs nach Santiago di Compostela zu folgen.

ST. MARIEN

Die im 12. Jahrhundert erbaute spätromanische Basilika mit spätgotischem Chor aus der Mitte des 14. Jahrhunderts ist das älteste noch erhaltene Gotteshaus der Stadt. Ursprünglich hatte diese Kirche zwei baugleiche 42 Meter hohe Türme, von denen einer 1805 wegen Baufälligkeit abgetragen wurde. Im Inneren besticht der Marienaltar Conrad von Soests durch seine intensive und kostbare Farbgebung. Auch der um 1385 entstandene Berswordt-Altar ist zum einerseits ein herausragendes Werk altdeutscher Malerei, andererseits Zeugnis der im Mittelalter betriebenen Jenseitsvorsorge.

ST. REINOLDI

Die im 13. Jahrhundert erbaute, romanische Basilika mit ihrem gotischen Chor. Sie ist dem heiligen Reinoldus – dem Stadtpatron Dortmunds – geweiht. Der heute 104 Meter hohe und weit sichtbare Turm galt im Mittelalter als »Wunder von Westfalen«. Im Kircheninnern befinden sich Statuen des heiligen Reinoldus sowie Kaiser Karls des Großen. Der Chorraum ist ausgestattet mit einem aufwändig verzierten Chorgestühl und dem Reliquienhaus.

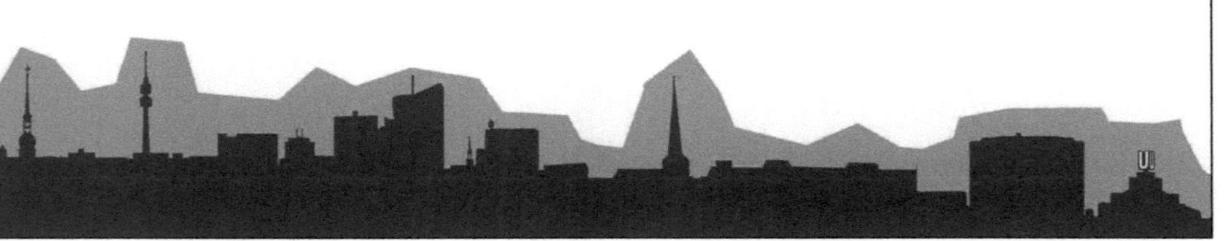

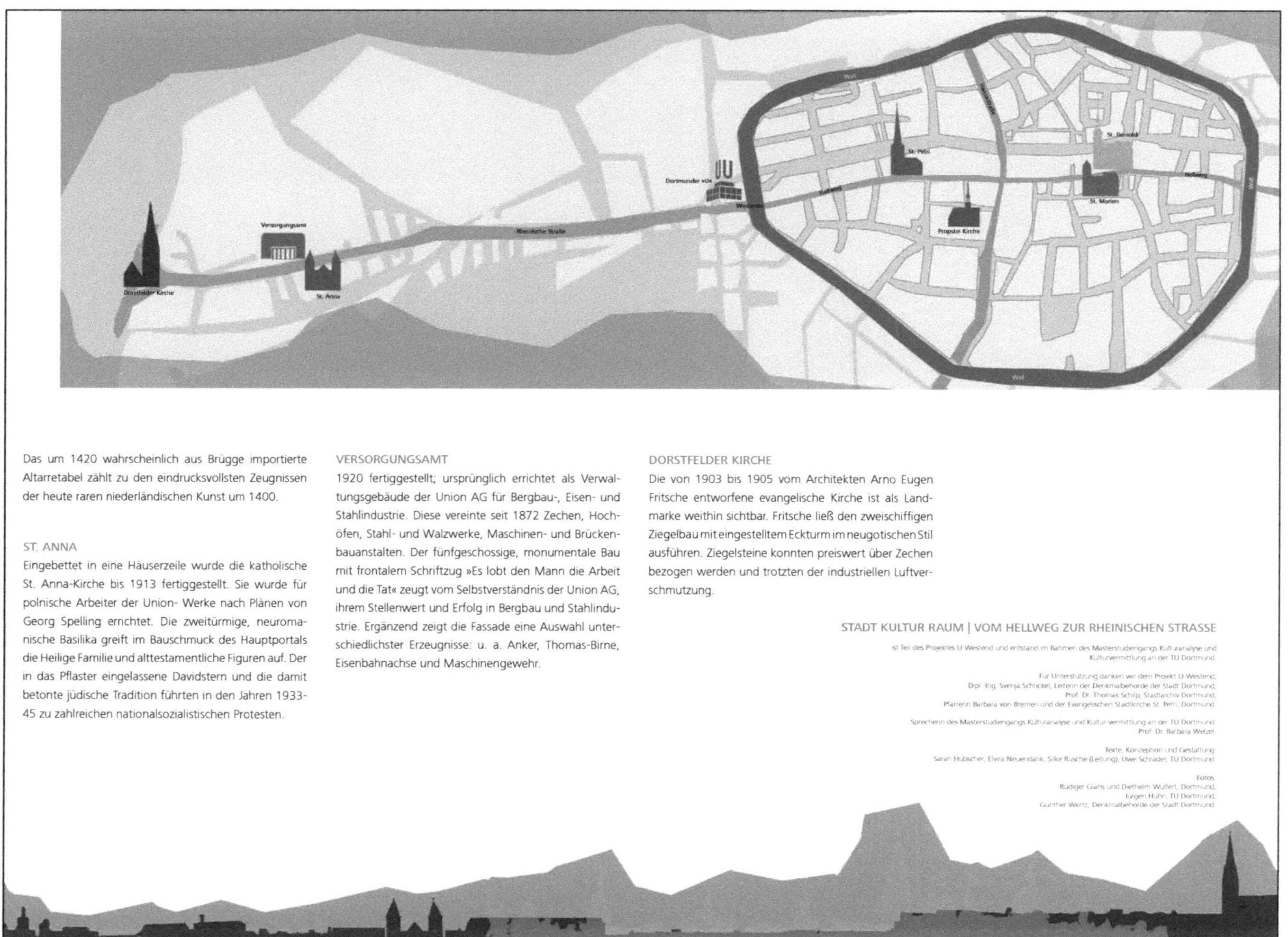

Das um 1420 wahrscheinlich aus Brügge importierte Altarretabel zählt zu den eindrucksvollsten Zeugnissen der heute raren niederländischen Kunst um 1400.

ST. ANNA

Eingebettet in eine Häuserzeile wurde die katholische St. Anna-Kirche bis 1913 fertiggestellt. Sie wurde für polnische Arbeiter der Union- Werke nach Plänen von Georg Spelling errichtet. Die zweitürmige, neuromanische Basilika greift im Bauschmuck des Hauptportals die Heilige Familie und alttestamentliche Figuren auf. Der in das Pflaster eingelassene Davidstern und die damit betonte jüdische Tradition führten in den Jahren 1933-45 zu zahlreichen nationalsozialistischen Protesten.

VERSORGUNGSAMT

1920 fertiggestellt; ursprünglich errichtet als Verwaltungsgebäude der Union AG für Bergbau-, Eisen- und Stahlindustrie. Diese vereinte seit 1872 Zechen, Hochöfen, Stahl- und Walzwerke, Maschinen- und Brückenbauanstalten. Der fünfgeschossige, monumentale Bau mit frontalem Schriftzug »Es lobt den Mann die Arbeit und die Tat« zeugt vom Selbstverständnis der Union AG, ihrem Stellenwert und Erfolg in Bergbau und Stahlindustrie. Ergänzend zeigt die Fassade eine Auswahl unterschiedlichster Erzeugnisse: u. a. Anker, Thomas-Birne, Eisenbahnachse und Maschinengewehr.

DORSTFELDER KIRCHE

Die von 1903 bis 1905 vom Architekten Arno Eugen Fritsche entworfene evangelische Kirche ist als Landmarke weithin sichtbar. Fritsche ließ den zweischiffigen Ziegelbau mit eingestelltem Eckturm im neugotischen Stil ausführen. Ziegelsteine konnten preiswert über Zechen bezogen werden und trotzten der industriellen Luftverschmutzung.

STADT KULTUR RAUM | VOM HELLWEG ZUR RHEINISCHEN STRASSE

ist Teil des Projektes U-Westend und entstand im Rahmen des Masterstudiengangs Kulturanalyse und Kulturvermittlung an der TU Dortmund.

Für Unterstützung danken wir dem Projekt U-Westend;
Dipl.-Ing. Svenja Schnickel, Leiterin der Denkmalbehörde der Stadt Dortmund;
Prof. Dr. Thomas Schilp, Stadtarchiv Dortmund;
Pfarrerin Barbara von Bremen und der Evangelischen Stadtkirche St. Petri, Dortmund.

Sprecherin des Masterstudiengangs Kulturanalyse und Kultur-vermittlung an der TU Dortmund:
Prof. Dr. Barbara Welzel

Texte, Konzeption und Gestaltung:
Sarah Hubscher, Elvira Neuendank, Silke Rusche (Leitung), Uwe Schrader, TU Dortmund

Fotos:
Rüdiger Glahs und Diethelm Wulfert, Dortmund;
Jürgen Huhn, TU Dortmund;
Gunther Wertz, Denkmalbehörde der Stadt Dortmund

Kreuzganges zeugen von der großen Kunstfertigkeit der mittelalterlichen Künstler. Der Name des angrenzenden Platzes »Möchenwordt« beschreibt seine mittelalterliche Funktion: Vermutlich von einer Außenkanzel predigten hier Dominikanerbrüder zu den Gläubigen.

5 HELLWEG

Hauptverkehrsader und bedeutende Handelsstraße des Mittelalters. Er verband auf rund 200 Kilometern in west-östlicher Richtung Rhein und Weser, mehr noch: Er führte von Brügge bis Novgorod. In der Mitte Dortmunds kreuzte er einen weiteren bedeutenden Handelsweg – in etwa auf Höhe der heutige Hansastraße war die Nord-Süd-Verbindung von Norddeutschland nach Köln. Dies trug wesentlich zur Stadtwerdung und Entwicklung Dortmunds bei: Sie wurde bedeutendste Hansestadt Westfalens mit einer wirtschaftlichen und kulturellen Blütezeit vom 13. bis zum 15. Jahrhundert. So konnte die Hanse – eine Vereinigung von Händlern, die sich zu Interessen- und Fahrtenkorporationen zusammengeschlossen hatten – von Dortmund aus in ganz Nordeuropa Handel treiben. Handelsgüter waren u. a.: Wolle, Tuche, Getreide, Schmiedeerzeugnisse, Lederwaren, aber auch Kunsthandwerksschätze, wie wir sie bis heute in den Innenstadtkirchen bewundern können.

Der mittelalterliche Hellweg war jedoch nicht allein Handelsstraße: Seit dem 12. Jahrhundert pilgerten Christen über Dortmund nach Köln oder Aachen. Von dort war es auch möglich, der Hauptroute des Jakobswegs nach Santiago di Compostela zu folgen.

6 ST. MARIEN

Die im 12. Jahrhundert erbaute spätromanische Basilika mit spätgotischem Chor aus der Mitte des 14. Jahrhunderts ist das älteste noch erhaltene Gotteshaus der Stadt. Ursprünglich hatte diese Kirche zwei baugleiche 42 Meter hohe Türme, von denen einer 1805 wegen Baufälligkeit abgetragen wurde. Im Inneren besticht der Marienaltar Conrad von Soests durch seine intensive und kostbare Farbgebung. Auch der um 1385 entstandene Berswordt-Altar ist zum einerseits ein herausragendes Werk altdeutscher Malerei, andererseits Zeugnis der im Mittelalter betriebenen Jenseitsvorsorge.

7 ST. REINOLDI

Die im 13. Jahrhundert erbaute Basilika mit ihrem hochgotischen Chor. Sie ist dem heiligen Reinoldus – dem Stadtpatron Dortmunds – geweiht. Der heute 104 Meter hohe und weit sichtbare Turm galt im Mittelalter als »Wunder von Westfalen«. Im Kircheninnern befinden sich Statuen des heiligen Reinoldus sowie Kaiser Karls des Großen. Der Chorraum ist ausgestattet mit einem aufwändig verzierten Chorgestühl und dem Reliquienhaus. Das um 1420 wahrscheinlich aus Brügge importierte Altarretabel zählt zu den eindrucksvollsten Zeugnissen der heute raren niederländischen Kunst um 1400.

8 ST. ANNA

Eingebettet in eine Häuserzeile wurde die katholische St. Anna-Kirche bis 1913 fertiggestellt. Sie wurde für polnische Arbeiter der Union-Werke nach Plänen von Georg Spelling errichtet. Die zweitürmige, neuromanische Basilika greift im Bauschmuck des Hauptportals die Heilige Familie und alttestamentliche Figuren auf. Der in das Pflaster eingelassene Davidstern und die damit betonte jüdische Tradition führten in den Jahren 1933-45 zu zahlreichen nationalsozialistischen Protesten.

9 VERSORGUNGSAMT

1920 fertiggestellt; ursprünglich errichtet als Verwaltungsgebäude der Union AG für Bergbau-, Eisen- und Stahlindustrie. Diese vereinte seit 1872 Zechen, Hochöfen, Stahl- und Walzwerke, Maschinen- und Brückenbauanstalten. Der fünfgeschossige, monumentale Bau mit frontalem Schriftzug »Es lobt den Mann die Arbeit und die Tat« zeugt vom Selbstverständnis der Union AG, ihrem Stellenwert und Erfolg in Bergbau und Stahlindustrie. Ergänzend zeigt die Fassade eine Auswahl unterschiedlichster Erzeugnisse: u. a. Anker, Thomas-Birne, Eisenbahnachse und Maschinengewehr.

10 DORSTFELDER KIRCHE

Die von 1903 bis 1905 vom Architekten Arno Eugen Fritsche entworfene evangelische Kirche ist als Landmarke weithin sichtbar. Fritsche ließ den zweischiffigen Ziegelbau mit eingestelltem Eckturm im neugotischen Stil ausführen. Ziegelsteine konnten preiswert über Zechen bezogen werden und trotzten der industriellen Luftverschmutzung.

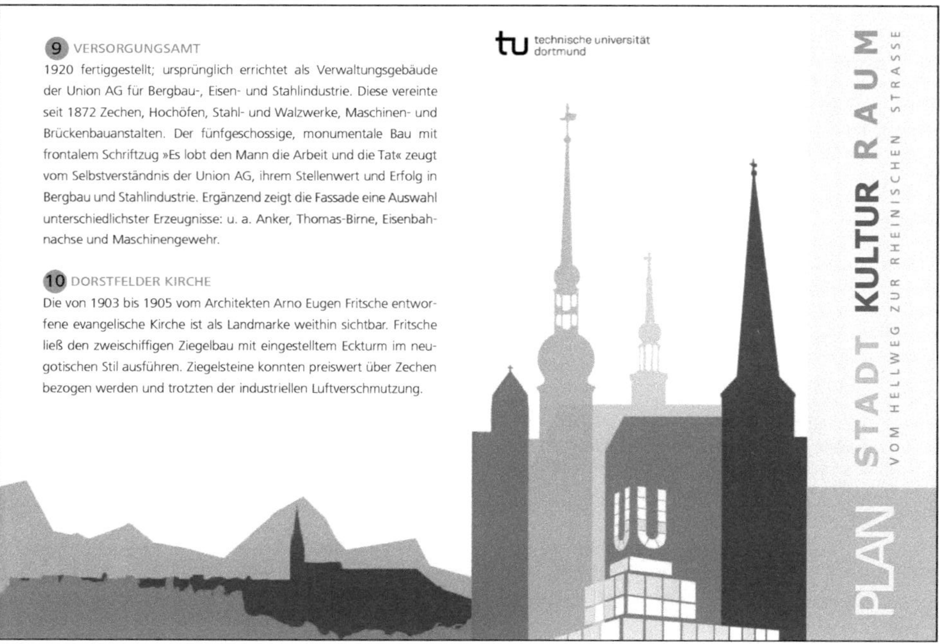

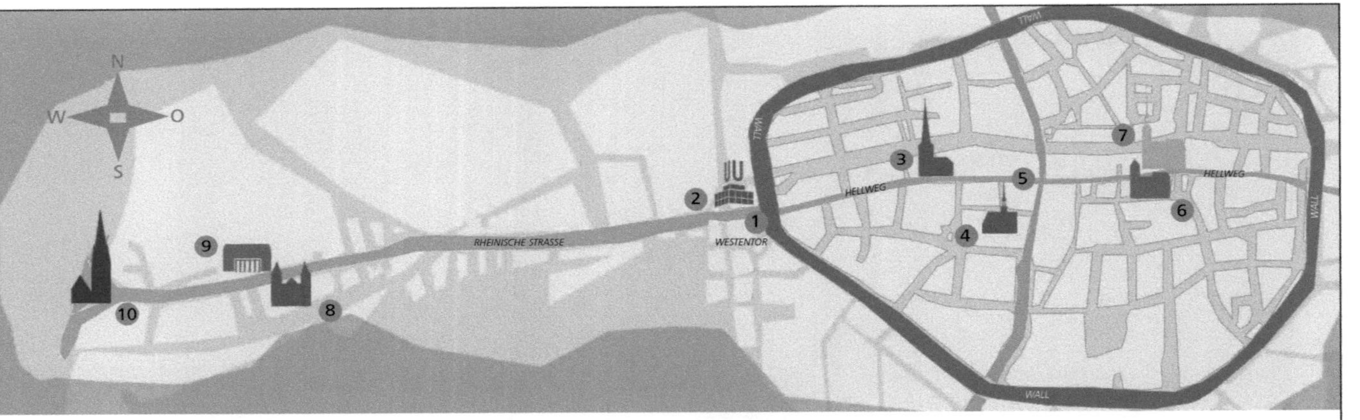

1 WESTENTOR

Die U-Bahn Station Westentor ist nach einem der fünf Dortmunder Stadttore benannt. Diese waren entlang der heutigen Verkehrsader, des Walls – der damaligen Stadtmauer – errichtet und mussten auf dem Weg in die mittelalterliche Stadt passiert werden. An der heutigen Straßenführung des Walls lässt sich somit die mittelalterliche Ausdehnung der Stadt ablesen. Die stark baufällige Stadtmauer wurde letztendlich auch aufgrund der enormen Ausdehnung Dortmunds in Folge der Industrialisierung im 19. Jahrhundert abgetragen.

2 DORTMUNDER »U«

»Erstes Hochhaus Dortmunds«, ab 1926 als Gär- und Lagerhaus der Union-Brauerei errichtet. Den Hauptturm ziert bis heute ein gitterförmiger Aufsatz aus Eisenbeton, der 1968 mit dem weithin sichtbaren »U« gekrönt wurde. Das noch heute erhaltene Hochhaus ist als Industriebau Zeugnis der Größe und Bedeutung des Unternehmens und prägt die Stadtsilhouette bis heute nachhaltig. Noch immer symbolisiert es stellvertretend die industrielle Bierproduktion im 20. Jahrhundert in Dortmund. 2010 öffnet es erneut die Pforten als Zentrum für Kunst und Kreativität. Bei der baulichen Erschließung des Gebietes um das »U« wurde 1907 ein Schatz aus 444 Goldmünzen aus den Jahren 307-408 nach Christus gefunden. Dieser bezeugt die frühe Besiedlung des Gebietes bereits zur Römerzeit.

3 ST. PETRI

Eine in der ersten Hälfte des 14. Jahrhunderts erbaute gotische Hallenkirche. Der fast quadratische Grundriss und der vergleichsweise kurze Chor erzeugen die kompakte Erscheinung des Baus. Im Gegensatz dazu steht die beachtliche Turmhöhe von insgesamt 105 Metern. Im Innenraum befindet sich eines der größten erhaltenen Antwerpener Schnitzretabel: das »Goldene Wunder« – ein aufwändig gearbeiteter, spätgotischer Flügelaltar, der im 16. Jahrhundert aus der Stadt an der Schelde importiert wurde.

4 PROPSTEI-KIRCHE

Die spätgotische Dominikaner-Klosterkirche wurde im 14. Jahrhundert erbaut und ist heute die letzte nach der Reformation verbliebene katholische Kirche der Innenstadt. In ihr befindet sich das von Derick Baegert angefertigte Altarretabel aus dem 15. Jahrhundert mit der ältesten überlieferten Stadtansicht Dortmunds. Auch der Marienleuchter mit hölzerner Doppelmadonna und die Überreste des

STADT KULTUR RAUM | VOM HELLWEG ZUR RHEINISCHEN STRASSE und der STADTPLAN sind Teil des Projektes U-Westend und entstanden im Rahmen des Masterstudiengangs Kulturanalyse und Kulturvermittlung an der TU Dortmund.

Sprecherin des Masterstudiengangs Kulturanalyse und Kulturvermittlung an der TU Dortmund: Prof. Dr. Barbara Welzel.

Texte, Konzeption und Gestaltung des Flyers und des Stadtplanes: Sarah Hübscher, Elvira Neuendank, Silke Rüsche (Leitung), Uwe Schrader, TU Dortmund.
Informationen: www.fb16.tu-dortmund.de/kunst

Dauer der Stadtwanderung: ca. 2 Std.

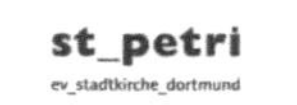

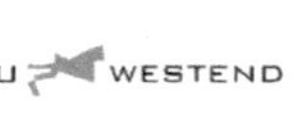

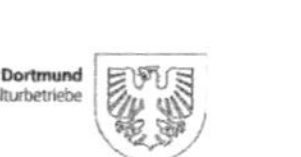

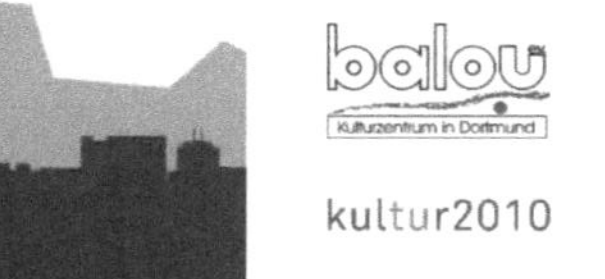

Das Projekt „Stadt Kultur Raum. Vom „Hellweg zur Rheinischen Strasse"

Petri-Kirchengemeinde das Retabel und präsentiert es heute in einem gläsernen Schutzraum. Die drei verschiedenen Wandlungen des größten noch erhaltenen Antwerpener Schnitzretabels zeigen auf der Alltagsseite die Eucharistiefeier, der Sonntagsseite die Familiengeschichte und Geburt Jesu sowie auf der prachtvollen Festtagsseite den Leidensweg und die Auferstehung Christi. Dem Westenhellweg weiter stadteinwärts folgend, erreicht man rechterhand den kleinen Platz Mönchenwordt. Hier predigten im Mittelalter regelmäßig Mönche. Die Dominikanerbrüder taten dies vermutlich von einer Außenkanzel der angrenzenden Kirche St. Johannes Baptist (heute: Propsteikirche). Die spätgotische Klosterkirche wurde von den Dominikanern im 14. Jahrhundert erbaut und ist heute die letzte nach der Reformation verbliebene katholische Kirche der Innenstadt. Ein Blick in die Kirche ist äußerst lohnenswert. Auf dem von Derick Baegert angefertigten Altarretabel aus dem 15. Jahrhundert befindet sich die älteste überlieferte Stadtansicht Dortmunds. Zwei weitere Kostbarkeiten sind der Marienleuchter mit Doppelmadonna sowie die Überreste des angrenzenden Kreuzganges.

Begibt man sich wieder zurück auf den Westenhellweg, erreicht man nach etwa 200 Metern das mittelalterliche Stadtzentrum mit seiner Rats- und Hauptpfarrkirche St. Reinoldi. Die im 13. Jahrhundert erbaute dreischiffige, romanische Basilika mit ihrem gotischen Chor ist dem heiligen Reinoldus – dem Stadtpatron Dortmunds – geweiht. Der 1454 fertiggestellte, 112 Meter hohe und weit sichtbare Turm galt im Mittelalter als »Wunder von Westfalen«, stürzte 1661 ein und wurde in veränderter Form wieder aufgebaut. Wie schon den mittelalterlichen Stadtwächtern, bietet der heute – nach den Zerstörungen des Zweiten Weltkriegs erneut aufgebaute – immerhin noch 104 Meter hohe Turm Besuchern Gelegenheit, den Blick von oben auf den Hellweg und die City zu richten. Im Kircheninnern vor dem Chor befinden sich Statuen des heiligen Reinoldus in Rittergestalt sowie Kaiser Karl des Großen mit Krone, Reichsapfel, Zepter und Schwert. Der Chorraum ist ausgestattet mit einem aufwändig verzierten Chorgestühl, dem Reliquienhaus sowie einem Altarretabel. Das um 1420 wahrscheinlich aus Brügge importierte Retabel zählt zu den eindrucksvollsten Zeugnissen der heute raren niederländischen Kunst um 1400.

Überquert man von St. Reinoldi aus den Hellweg erreicht man die im ausgehenden 12. Jahrhundert erbaute spätromanische Basilika St. Marien. Das älteste noch erhaltene Gotteshaus der Stadt wurde im Mittelalter vom Rat der Stadt als Gerichtskirche genutzt. Die beiden niedrigen Seitenschiffe mündeten in zwei baugleiche 42 Meter hohe Türme, von denen einer 1805 wegen Baufälligkeit abgetragen wurde. Der das Mittelschiff weit überragende spätgotische Chor aus der Mitte des 14. Jahrhunderts diente dem 70 Jahre später errichteten Chor von St. Reinoldi als Vorbild. Im Inneren besticht der Marienaltar des Dortmunder Meisters Conrad von Soest durch seine intensive und kostbare Farbgebung in Gold und Lapislazuli-Blau. Das dreiteilige Retabel zeigt die Geburt Jesu, Marias Tod und die Anbetung der heiligen drei Könige. Der um 1385 entstandene Berswordt-Altar ist zum einen ein herausragendes Werk altdeutscher Malerei, andererseits aber auch Zeugnis der im Mittelalter betriebenen Jenseitsvorsorge.

Bei einer Erkundung der vier Innenstadtkirchen erhält man einen Eindruck davon, mit welchen Augen Pilger das mittelalterliche Dortmund gesehen haben müssen. Der Osten- und Westenhellweg war im Mittelalter nicht allein Handelsstraße. Seit dem 12. Jahrhundert pilgerten Christen über Dortmund nach Aachen oder Köln, um – wenn sie denn eine noch größere Pilgerreise unternahmen – von dort aus der Hauptroute des Jakobswegs nach Santiago di Compostela zu folgen. Der Dortmunder Jakobsweg ist seit einigen Jahren auch wieder mit der für ihn signifikanten Muschel gekennzeichnet und ausgebaut worden. Direkt am Westenhellweg befanden sich bis ins 20. Jahrhundert, an Stelle des heutigen Krügerhauses, das Heilig-Geist-Hospital und verschiedene Herbergen, zum Beispiel das 1358 gegründete Gasthaus für Pilger in der Nähe des Westentores. Einen letzten Halt legten sie in der stadteinwärts im Westentor gelegenen Jakobskapelle ein, bevor sie sich wieder, dem Hellweg folgend, in Richtung der heutigen Rheinischen Straße, auf ihre über 3.000 Kilometer weite Reise begaben. Heute ist es wichtig, die mittelalterlichen Spuren Dortmunds, insbesondere die mittelalterlichen Stadtkirchen als Erinnerungsorte unserer Zeit zu begreifen. Sie erfüllen neben ihrer Funktion des Gotteshauses auch die Funktion eines Ortes des Erinnerns und des Staunens über Kunst und Kultur. Sie laden unabhängig von Konfession und Glauben zum Besuch ein: als Landmarken der Stadtkultur.

ERINNERUNGSORTE DER INDUSTRIEKULTUR ENTLANG DER RHEINISCHEN STRASSE

Zu Beginn des 19. Jahrhunderts war Dortmund eine von Agrarwirtschaft geprägte Stadt, deren Einwohner noch innerhalb der mittelalterlichen Stadtmauern lebten. Rund 100 Jahre später hatte sich das Bild der Stadt gravierend gewandelt: Nach der Niederlegung der Stadtmauer, im Zuge der Industrialisierung mit ihrem immensen Bevölkerungszustrom, dehnte sich Dortmund auch entlang des alten Hellwegs Richtung Bochum aus. Mit dem Anschluss an das entstehende Eisenbahn- und Kanalwegenetz sowie dem Bau des Hafens wurde Dortmund zu einem Verkehrsknotenpunkt im Ruhrgebiet.

Bis in die Jahre um 1900 hatte sich die Industrialisierung fest in das Stadtbild Dortmunds eingeschrieben. Jenseits des mittelalterlichen Stadtkerns wurden Kohlevorkommen erschlossen und zahlreiche Eisen- und Stahlwerke erbaut. Entlang der heutigen Rheinischen Straße ließen sich industrielle Unternehmen wie Brauereien nieder. Schon von Weitem war der markante Bau der Union-Brauerei zu sehen und veränderte die Silhouette der Stadt. Ab 1926 wurde dieses Gär- und Lagerhaus als »erstes Hochhaus Dortmunds« errichtet. Die Fassade ist größtenteils verklinkert; den Hauptturm ziert ein gitterförmiger Aufsatz aus Eisenbeton, der 1968 mit dem weithin sichtbaren »U« gekrönt wurde. Das noch heute erhaltene Hochhaus – die übrigen Fabrikgebäude wurden inzwischen abgerissen – ist als Industriebau Zeugnis der Größe und Bedeutung des Unternehmens. Ebenso steht es

stellvertretend für die Bierproduktion auf industrieller Basis seit den Jahren 1900 in Dortmund, die die Stadt im 20. Jahrhundert entscheidend geprägt hat.

Neben dem Brauereiwesen sind auch die beiden anderen Säulen der Industrialisierung in Dortmund – Kohle und Stahl – an der Rheinischen Straße vertreten. Das heutige Versorgungsamt wurde geplant als das Verwaltungsgebäude der Union AG für Bergbau-, Eisen- und Stahlindustrie. Die Union AG vereinte seit 1872 Zechen, Hochöfen, Stahl- und Walzwerke, Maschinen- und Brückenbauanstalten. Auch wenn heute weite Teile des Werkgeländes längst brach liegen, kündet das 1920 fertig gestellte Verwaltungsgebäude von der einstigen Größe des Unternehmens. Der fünfgeschossige Bau wird durch die Monumentalität seiner Fassade mit ihren Säulen geprägt. Die Bildprogramme an der Fassade und im Innenraum unterstreichen den Machtanspruch des Unternehmens: Anker, Geschosse, Schlägel und Eisen, Gießpfanne, Thomas-Birne, Eisenbahnachse und Maschinengewehr spiegeln die Produkte wieder. Heroische Motive wie der Lorbeerkranz und Bilder des Reichtums wie das Füllhorn sowie der frontal sichtbare Schriftzug »Es lobt den Mann die Arbeit und die Tat« zeugen von dem Selbstverständnis der Union AG, ihrem Stellenwert und Erfolg in Bergbau und Stahlindustrie.

Einhergehend mit dem Wachstum der Industrie erfolgte ein explosionsartiger Bevölkerungsanstieg: Lebten zu Beginn des 19. Jahrhunderts nur etwas über 4.000 Einwohner im Stadtgebiet, waren es 100 Jahre später 40mal so viele Menschen! Die Arbeiter ließen sich außerhalb der alten Stadtmauer nieder. Um im Sog der Indus-

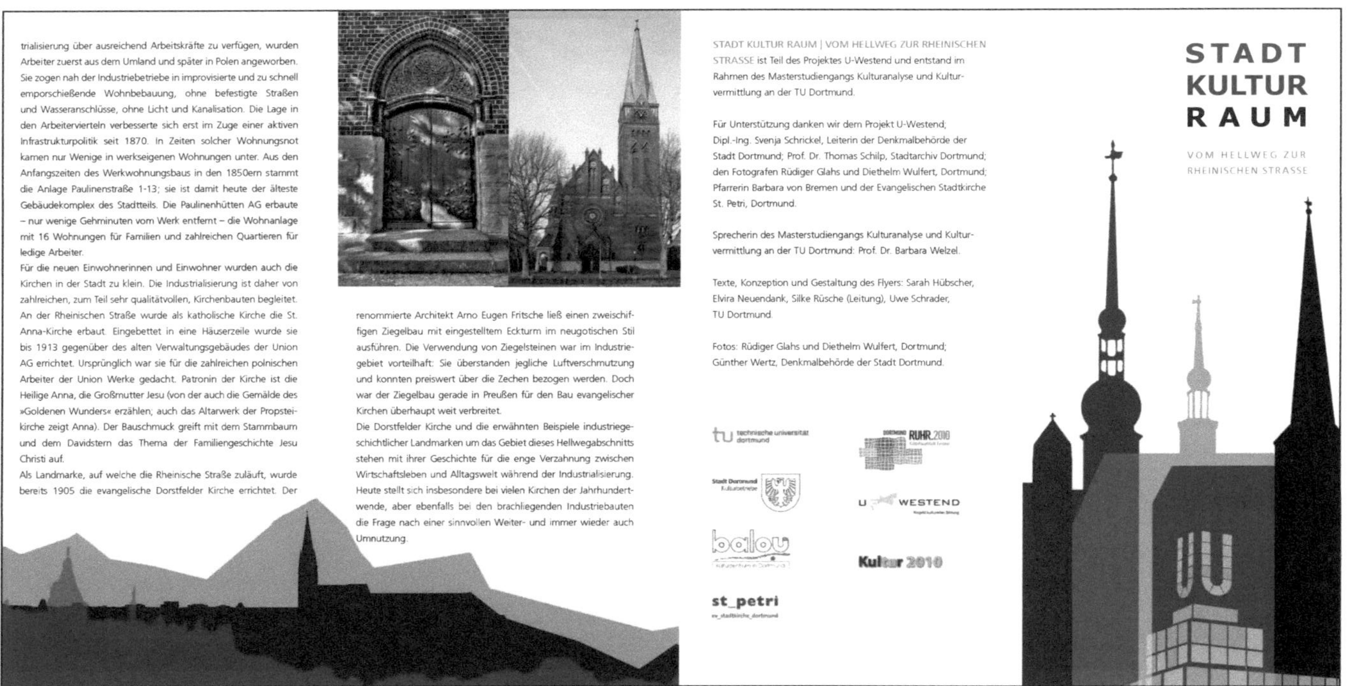

trialisierung über ausreichend Arbeitskräfte zu verfügen, wurden Arbeiter zuerst aus dem Umland und später in Polen angeworben. Sie zogen nah der Industriebetriebe in improvisierte und zu schnell emporschießende Wohnbebauung, ohne befestigte Straßen und Wasseranschlüsse, ohne Licht und Kanalisation. Die Lage in den Arbeitervierteln verbesserte sich erst im Zuge einer aktiven Infrastrukturpolitik seit 1870. In Zeiten solcher Wohnungsnot kamen nur Wenige in werkseigenen Wohnungen unter. Aus den Anfangszeiten des Werkwohnungsbaus in den 1850ern stammt die Anlage Paulinenstraße 1-13; sie ist damit heute der älteste Gebäudekomplex des Stadtteils. Die Paulinenhütten AG erbaute – nur wenige Gehminuten vom Werk entfernt – die Wohnanlage mit 16 Wohnungen für Familien und zahlreichen Quartieren für ledige Arbeiter.

Für die neuen Einwohnerinnen und Einwohner wurden auch die Kirchen in der Stadt zu klein. Die Industrialisierung ist daher von zahlreichen, zum Teil sehr qualitätvollen, Kirchenbauten begleitet. An der Rheinischen Straße wurde als katholische Kirche die St. Anna-Kirche erbaut. Eingebettet in eine Häuserzeile wurde sie bis 1913 gegenüber des alten Verwaltungsgebäudes der Union AG errichtet. Ursprünglich war sie für die zahlreichen polnischen Arbeiter der Union Werke gedacht. Patronin der Kirche ist die Heilige Anna, die Großmutter Jesu (von der auch die Gemälde des »Goldenen Wunders« erzählen; auch das Altarwerk der Propsteikirche zeigt Anna). Der Bauschmuck greift mit dem Stammbaum und dem Davidstern das Thema der Familiengeschichte Jesu Christi auf.

Als Landmarke, auf welche die Rheinische Straße zuläuft, wurde bereits 1905 die evangelische Dorstfelder Kirche errichtet. Der renommierte Architekt Arno Eugen Fritsche ließ einen zweischiffigen Ziegelbau mit eingestelltem Eckturm im neugotischen Stil ausführen. Die Verwendung von Ziegelsteinen war im Industriegebiet vorteilhaft: Sie überstanden jegliche Luftverschmutzung und konnten preiswert über die Zechen bezogen werden. Doch war der Ziegelbau gerade in Preußen für den Bau evangelischer Kirchen überhaupt weit verbreitet.

Die Dorstfelder Kirche und die erwähnten Beispiele industriegeschichtlicher Landmarken um das Gebiet dieses Hellwegabschnitts stehen mit ihrer Geschichte für die enge Verzahnung zwischen Wirtschaftsleben und Alltagswelt während der Industrialisierung. Heute stellt sich insbesondere bei vielen Kirchen der Jahrhundertwende, aber ebenfalls bei den brachliegenden Industriebauten die Frage nach einer sinnvollen Weiter- und immer wieder auch Umnutzung.

STADT KULTUR RAUM | VOM HELLWEG ZUR RHEINISCHEN STRASSE ist Teil des Projektes U-Westend und entstand im Rahmen des Masterstudiengangs Kulturanalyse und Kulturvermittlung an der TU Dortmund.

Für Unterstützung danken wir dem Projekt U-Westend; Dipl.-Ing. Svenja Schrickel, Leiterin der Denkmalbehörde der Stadt Dortmund; Prof. Dr. Thomas Schilp, Stadtarchiv Dortmund; den Fotografen Rüdiger Glahs und Diethelm Wulfert, Dortmund; Pfarrerin Barbara von Bremen und der Evangelischen Stadtkirche St. Petri, Dortmund.

Sprecherin des Masterstudiengangs Kulturanalyse und Kulturvermittlung an der TU Dortmund: Prof. Dr. Barbara Welzel.

Texte, Konzeption und Gestaltung des Flyers: Sarah Hübscher, Elvira Neuendank, Silke Rüsche (Leitung), Uwe Schrader, TU Dortmund.

Fotos: Rüdiger Glahs und Diethelm Wulfert, Dortmund; Günther Wertz, Denkmalbehörde der Stadt Dortmund.

Das Projekt „Stadt Kultur Raum. Vom „Hellweg zur Rheinischen Strasse"

Die Rheinische Straße im Westen Dortmunds ist die Achse eines Gebietes, das derzeit – basierend auf groß angelegten und inhaltlich breiten Planungen – umgebaut und umstrukturiert wird. Ein Städtebauprojekt will sowohl durch eine Umnutzung der großen Brachflächen ehemaliger Industrieanlagen, wie auch durch eine verkehrliche Neuordnung das Anlegen von Grünflächen und eine Verbesserung der Wohnfunktion das Viertel attraktiver machen. Zukunftsweisende Planungen für die Reaktivierung eines verhältnismäßig jungen Dortmunder Stadtteils.

Entlang der Rheinischen Straße bewegt man sich auf historischem Boden: Auf dem früheren Hellweg kann man die Stadtgeschichte Dortmunds wie kaum andernorts ablesen. Bauwerke und kunsthistorische Zeugnisse, aber auch Ortsbezeichnungen bilden dabei Erinnerungsorte des Mittelalters und der Industrialisierung. Sie bieten somit Einblicke in diese für die Stadt Dortmund so bedeutenden Epochen.

Die Befestigung eines wichtigen frühmittelalterlichen Verkehrsknotenpunktes im 9. Jahrhundert stand am Beginn der Stadtwerdung Dortmunds. Die Bedeutung des Hellwegs – eine der beiden Handelsstraßen des Knotenpunktes – für die Stadt markieren noch heute die mittelalterlichen Innenstadtkirchen entlang des Osten- und Westenhellwegs.

Um 1200 hatte Dortmund mit 81 Hektar seine größte mittelalterliche Ausdehnung erreicht. Diese Ausdehnung ist gegenwärtig an der mit »Wall« bezeichneten Ringstraße, die um die City herum führt, abzulesen. Die U-Bahn-Station »Westentor« verweist noch immer auf eines der wichtigsten Stadttore in Sichtweite zur Petrikirche, in der seit Anfang des 19. Jahrhunderts einer der bedeutendsten Kunstschätze Dortmunds, das »Goldene Wunder«, aufbewahrt wird. Folgt man dem Hellweg stadtauswärts, gelangt man zum Dortmunder »U«, dem ehemaligen Gär- und Lagerhochhaus der Dortmunder Unionbrauerei. Dieser Bau bildet zusammen mit den Türmen der Petrikirche und der Dorstfelder Kirche die Landmarken des Gebietes »Rheinische Straße«. Außerdem wurde bei Beginn der Bauarbeiten auf dem Unionsgelände 1907 ein, heute im Museum für Kunst und Kulturgeschichte ausgestellter, Schatz mit 444 Goldmünzen aus den Jahren 307 bis 408 n. Chr. gefunden: ein Hinweis auf die Besiedlung der heutigen Innenstadt bereits zur Römerzeit.

Die längst baufällig gewordene Stadtmauer wurde im Laufe des 19. Jahrhunderts vollständig niedergelegt. Damit trug man den Veränderungen dieses Jahrhunderts Rechnung. Die Ansiedlung von Brauereien und Schwerindustrie verlangte nach einer neuen Infrastruktur, neuen Arbeitsstätten, Verwaltungsbauten und nach neuen Wohnsiedlungen und Kirchen, kurz: die Stadt dehnte sich aus. Zeugnisse aller Facetten dieses Umbruchs im 19. Jahrhundert finden sich entlang der Rheinischen Straße mit dem Gebäude der Union-Brauerei, der St. Anna-Kirche, dem Verwaltungsgebäude der Hoesch-Union sowie der Dorstfelder Kirche.

Sie alle – zusammen mit den Innenstadtkirchen und dem Westentor – erzählen von der langen Geschichte dieser Straße und der Stadt Dortmund.

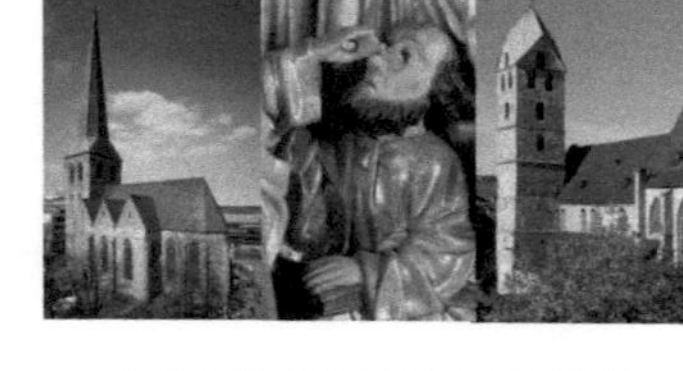

AUS DORTMUND IN DIE WELT – HANSE UND HANDEL IM MITTELALTER

Bier. Kohle. Stahl. Schlagworte, mit denen Dortmund und die angrenzenden Regionen bekannt und groß geworden sind. Doch werden diese Begriffe erst seit der Industrialisierung des 19. Jahrhunderts mit der Stadt in Verbindung gebracht. Dies ist nicht falsch, doch haben andere Güter der Stadt bereits im Mittelalter zu Ruhm und Reichtum verholfen.

Einige Schätze und Orte dieser Zeit sind im heutigen Stadtbild glücklicherweise noch immer aufsuchbar. Bewegt man sich durch die Dortmunder Innenstadt, betritt man unweigerlich die Hauptverkehrsader des Mittelalters: den Hellweg. Der Hellweg, aufgeteilt im Stadtkern in den Westen- und Ostenhellweg, war und ist bedeutende Handelsstraße.

Heute ist der Hellweg Handelsplatz, Einkaufsstraße, Fußgängerzone, kurz: Ort des Konsums. Im Mittelalter waren die Funktionen vermischter und war vor allem der zweite Teil des Namens – »Weg« – von Bedeutung: Der Hellweg war wichtiger Handelsweg und verband auf rund 200 Kilometern in west-östlicher Richtung Rhein und Weser. Günstigerweise kreuzte ein weiterer bedeutender Handelsweg – die Nord-Süd-Verbindung von Norddeutschland nach Köln – den Hellweg auf Höhe Dortmunds, welches wesentlich zur Stadtwerdung und Entwicklung beitrug. Schnell wurde Dortmund zur bedeutendsten Hansestadt Westfalens mit einer wirtschaftlichen und kulturellen Blüte vor allem vom 13. bis zum 15. Jahrhundert. Die Stadt hatte damals 6.000 - 7.000 Einwohner. Doch war Dortmund nicht nur Hansestadt, sondern auch freie Reichsstadt;

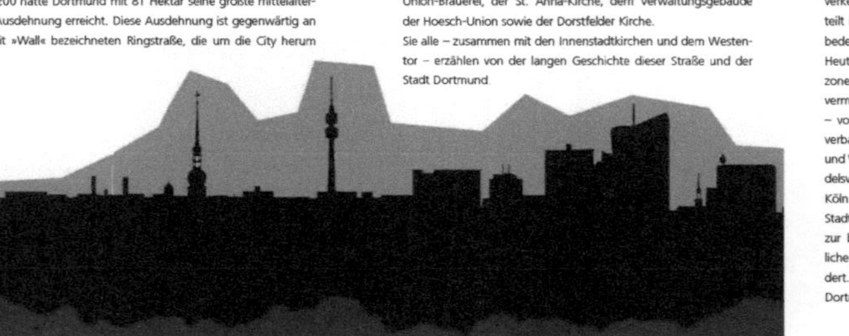

dies bedeutete, dass die Stadt einzig dem König unterstand und nicht – wie andere Städte – einem weiteren Territorialherren. Exemplarisch lassen sich hier nicht nur soziale Organisationsformen des Mittelalters, wie die Entstehung einer Stadtgemeinschaft, oder die Struktur der städtischen Selbstverwaltung, die am Beginn des 19. Jahrhunderts als Vorbild für die Moderne bewertet wurde, erkennen. Auch die Handelsformen der Kaufleute und Handelsfamilien haben Spuren hinterlassen: Bis heute zählen bedeutende Kunstwerke, die als Luxusgüter importiert wurden, zu den Schätzen der Stadt.

Entgegen weitläufiger Meinungen war die Hanse kein fester, organisierter Zusammenschluss mit fixem Gründungsdatum. Hanse meint – wörtlich übersetzt – »Schar«/»Menschengruppe«; sie war ein Kollektiv von organisierten Schwurgemeinschaften, also Handelsgruppen, die sich zu Interessens- und Fahrtenkorporationen vereinigten. Die wichtigsten Handelsfamilien in Dortmund waren die Kleppings, Wißtrates, Sudermanns, Berswordts und Wickedes, deren Namen wir noch im heutigen Stadtbild auf Straßenschildern wieder finden. Die herausragende Bedeutung der Dortmunder Handelsfamilien lässt sich zum einen daran ablesen, dass ihre Mitglieder innerhalb der Stadt als Ratsmitglieder oder Bürgermeister tätig waren und zu Stiftern von Bauwerken und Kunstwerken wurden; zum anderen daran, dass die Dortmunder Fernkaufleute überregional an gesamthansischen Versammlungen teilnahmen, als Aldermänner (Vorsitzende eines Hansekontors) fungierten und maßgebliche Beschlüsse fassten.

Barbara Welzel

dies bedeutete, dass die Stadt einzig dem König unterstand und nicht – wie andere Städte – einem weiteren Territorialherren. Exemplarisch lassen sich hier nicht nur soziale Organisationsformen des Mittelalters, wie die Entstehung einer Stadtgemeinschaft, oder die Struktur der städtischen Selbstverwaltung, die am Beginn des 19. Jahrhunderts als Vorbild für die Moderne bewertet wurde, erkennen. Auch die Handelsformen der Kaufleute und Handelsfamilien haben Spuren hinterlassen: Bis heute zählen bedeutende Kunstwerke, die als Luxusgüter importiert wurden, zu den Schätzen der Stadt.

Entgegen weitläufiger Meinungen war die Hanse kein fester, organisierter Zusammenschluss mit fixem Gründungsdatum. Hanse meint – wörtlich übersetzt – »Schar«/»Menschengruppe«; sie war ein Kollektiv von organisierten Schwurgemeinschaften, also Handelsgruppen, die sich zu Interessens- und Fahrtenkorporationen vereinigten. Die wichtigsten Handelsfamilien in Dortmund waren die Kleppings, Wißstrates, Sudermanns, Berswordts und Wickedes, deren Namen wir noch im heutigen Stadtbild auf Straßenschildern wieder finden. Die herausragende Bedeutung der Dortmunder Handelsfamilien lässt sich zum einen daran ablesen, dass ihre Mitglieder innerhalb der Stadt als Ratsmitglieder oder Bürgermeister tätig waren und zu Stiftern von Bauwerken und Kunstwerken wurden; zum anderen daran, dass die Dortmunder Fernkaufleute überregional an gesamthansischen Versammlungen teilnahmen, als Aldermänner (Vorsitzende eines Hansekontors) fungierten und maßgebliche Beschlüsse fassten.

Die Hanse war kein starres Modell. Je nach wirtschaftlichen, politischen oder persönlichen Vorkommnissen änderte sich ihre Struktur. Zahlte man anfangs mit Münzen, so wurde beispielsweise mit der Einführung des bargeldlosen Zahlungsverkehrs und von Kreditzahlungen der Handel neu belebt – eine Erfindung auch der Hansekaufleute, die bis heute Bestand hat. Der Wirkungskreis der Hanse reichte zu Höchstzeiten im europäischen Raum von Visby auf Gotland über Novgorod, Reval/Tallinn, London, Bergen, Brügge und Antwerpen. Die Notwendigkeit von solchen Handels- und Fahrtengemeinschaften lag im Schutz vor möglichen Raubüberfällen und Piraterie. Transportiert wurden immer auch die verschiedensten Luxusgüter, zu denen kostbare Textilien und Altarwerke gehörten. Doch auch der Verderb von Lebensmitteln, mögliche Seenotfälle oder die gemeinsame Nutzung einer Handelskogge veranlassten diese Zusammenschlüsse – zeitlicher Aufwand, Risiken und Kosten wurden so minimiert. Zugleich ist der Hanseraum auch ein durch Sprache, Schrift und Kunst geprägter Kulturraum.

Die Mobilität nahm im Laufe der Zeit zu. Dennoch brauchte man für eine Strecke von Reval/Tallinn nach Brügge rund 40 bis 72 Tage, je nach Wahl des Fortbewegungsmittels und der Route – per Land- oder Seeweg . Da das Reisen sehr mühsam und gefährlich war, änderten viele Fernhandelsleute ihre Strategie: Sie selbst blieben im heimischen Handelskontor und sendeten »Außendienstmitarbeiter«, meist Familienangehörige oder Vertraute mit Handelsvollmachten in die Ferne.

Handelsgüter waren Wolle aus England oder Florentiner Samte. Aus der Dortmunder Region selbst stammten Rohwaren, Getreide als Lebensmittel und zur Herstellung von Bier, Metallrohmaterialien und Kunsthandwerk aus Eisen, geschmiedete Gebrauchsgegenstände, Waffen und Rüstungen, aber auch Lederwaren wie Kleidung und

Schuhwerk. Insbesondere die Metallherstellung und -bearbeitung wurden durch archäologische Funde belegt: So wurden Schlacken der Eisen- und Stahlverarbeitung im Großraum Dortmund entdeckt. Die Erwähnung des ersten Dortmunder Bergmannes geht bereits auf das Jahr 1296 zurück. Ein Zeugnis Dortmunder Schmiedekunst ist der Marienleuchter in der Propsteikirche, dessen schmiedeeiserne Leuchterkrone aus dem Jahr 1523 die ältere hölzerne Doppelmadonna umgibt. Nachweislich handelt es sich bei dieser Arbeit um das Werk des Dortmunder Schmiedes Berthold Smet.

Wohl wichtigste Handelsmetropole nördlich der Alpen war seit dem ausgehenden 15. Jahrhundert die Stadt Antwerpen: eine Großstadt mit etwa 100.000 Einwohnern. Hier fanden zahlreiche Künstler und Handwerker mit den unterschiedlichsten Spezialisierungen ihr Auskommen und produzierten – mit hohem, auch durch Arbeitsteilung gesichertem, Qualitätsanspruch – Kunstwerke für den Export. Hierzu zählen gerade auch die großen Altarwerke, von denen eines der in seiner Zeit aufwändigsten und teuersten nach Dortmund geliefert wurde: das »Goldene Wunder«, welches wir heute in St. Petri bewundern können. Dokumentiert ist der Liefervertrag aus dem Jahr 1521, der nicht nur Namen und Preise nennt, sondern auch festlegt, dass der verantwortliche Bildschnitzer das Werk nach Dortmund begleiten und die Aufstellung überwachen sollte: Zeugnis der großen Mobilität während des späten Mittelalters. Dieser Altaraufsatz mit beeindruckenden, in Gold gefassten Figuren und mit den umfangreichen Malereien, der für die nicht mehr erhaltene Franziskanerkirche in Dortmund bestellt worden war, schmückt auch heute eine Kirche und ihre Gottesdienste. Er besitzt mehrere Ansichten, die im Rhythmus des Kirchenjahres gewandelt werden. Als Kulturdenkmal ist er Zeugnis der mittelalterlichen Kultur und der Handelsbeziehungen zwischen Dortmund und Antwerpen wie überhaupt der Hanse. Er ist – zusammen mit den anderen Kunstschätzen in den Dortmunder Innenstadtkirchen – unser Fenster in die Vergangenheit, durch das wir die Kultur, in der wir heute leben, und die Stadt, durch die wir uns bewegen, verstehen lernen können.

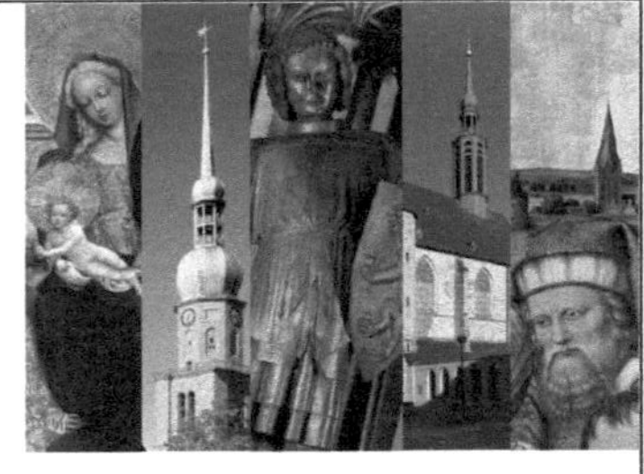

Das Mittelalter bedeutete für Dortmund eine wirtschaftliche und kulturelle Blütezeit, in der die Stadt zur einzigen Reichsstadt Westfalens aufstieg und unter dem Dach der Hanse bereits europaweiten – und auch in den nahen und fernen Orient reichenden – Handel trieb. Kaufleute und Handwerker schätzten die günstige Lage an der Kreuzung zweier bedeutender Handelsstraßen. Obwohl die Dortmunder Innenstadt im Zweiten Weltkrieg stark zerstört und der Wiederaufbau in weiten Teilen bewusst als Bruch mit der geschichtlichen Kontinuität vollzogen wurde, lassen sich bis heute eine Fülle mittelalterlicher Spuren in der Stadt finden. Folgt man vom Westend kommend der Rheinischen Straße stadteinwärts auf den Westenhellweg, muss der Hohe Wall überquert werden.

AUTORENVERZEICHNIS

Prof. Dr. Klaus-Peter Busse	Lehrstuhl für Kunstdidaktik ,TU Dortmund
Rosa Fehr-von Ilten	Studienrätin Kunsterziehung, Max-Planck-Gymnasium Dortmund
Barbara Hlali	Künstlerin und Diplompädagogin, Museum Ostwall
Sarah Hübscher	Studentin TU Dortmund
Lisa-Marie Karnagel	Studentin TU Dortmund
Päivi Kataikko	Projektleitung JAS, JAS – Jugend Architektur Stadt e.V.
Alischa Leutner	Projekteitung, balou e.V.
Caroline Marchelek	Studentin, TU Dortmund
Elvira Neuendank	Studentin, TU Dortmund
Dr. Rudolf Preuss	Vorsitzender, balou e.V.
Thorsten Schauz	Projektleitung JAS, JAS – Jugend Architektur Stadt e.V.
Bodo Schmidt	Studienrat Kunsterziehung, Leibnitz-Gymnasium Dortmund
Anna Schulte	Industriemeisterin Metall
M.A. Regina Selter	Leitung Bildung und Kommunikation, Museum Ostwall

Darija Šimunović   Gesamtprojektmangerin
Dorothee Tesmer   Studentin, TU Dortmund
Benjamin Vogel   Lehrer Kunsterziehung,
                        Hauptschule West, Dortmund
Prof. Dr. Barbara Welzel   Lehrstuhl Kunstgeschichte, TU Dortmund
Prof. Dr. Kurt Wettengl   Direktor, Museum Ostwall, Honorarprofessor für
                        Kunstgeschichte, TU-Dortmund

DORTMUNDER SCHRIFTEN ZUR KUNST (REIHENÜBERBLICK, STAND DEZEMBER 2010)

Intermedia-Studien:

Band 1 - Hans Breder/Klaus-Peter Busse (ed.), Intermedia: Enacting the Liminal, Norderstedt 2005

Band 2 - John G. Hanhardt (mit einem Vorwort und herausgegeben von Klaus-Peter Busse), Intermedia and Process in Late Twentieth-Century Art, Norderstedt 2007

Band 3 - Heiner Hachmeister (ed.) with essays by Klaus-Peter Busse and Herman Rapaport, Ana Mendieta / Hans Breder. A Relationship in Documents, Norderstedt 2010

Kataloge und Essays:

Band 1 - Bernhard Waldenfels, Findigkeit des Körpers, Norderstedt 2004

Band 2 - Holger Schnapp (mit einem Beitrag von Jean-Marie Gleize), Inter.View, Norderstedt 2007

Band 3 - Bettina van Haaren (Hg.), Pfandjäger, Norderstedt 2007

Band 4 - Jan Kolata (Hg.), Friedrichsburg, Dortmund 2008

Band 5 - Benjamin Vogel (mit Textbeiträgen von Klaus-Peter Busse und Nils Büttner), Landschaften erfinden: Von der Idee zur Landkarte zum Bild, Norderstedt 2008

Band 6 - Barbara Welzel/Bettina van Haaren (Hg.), Doppelt im Visier. Kunst und Wissenschaft vor Ort in der Immanuel-Kirche in Dortmund-Marten und in der Zeche Zollern III/IV in Dortmund-Bövinghausen, Norderstedt 2009

Band 7 -   Bettina van Haaren (Hg.), Linienfahrt, Dortmund 2010
Band 8 -   Bettina van Haaren (Hg.), Christine Laprell: „Hier sein - being here",
           Norderstedt 2011
Band 10 - Bettina van Haaren/Barbara Welzel (Hg.), Kunst und Wissenschaft vor
           Ort: Der Hohenhof in Hagen, Norderstedt (2011)
Band 11 - Bettina van Haaren, DSW21 (Hg.). Sichtflug. Ein graphisches Projekt von
           Studierenden der Technischen Universität Dortmund am Dortmund
           Airport, Dortmund 2011

Studien zur Kunstgeschichte

Band 1 -   Esther Meier, Kunstproduktion in den Franziskanerklöstern zu Korbach
           und Meitersdorf, Norderstedt 2008 (zugleich Waldeckische Forschung.
           Band 1)
Band 2 -   Leander Büsing, Vom Versuch, Kunstwerke zweckmäßig zusammen-
           zustellen. Malerei und Kunstdiskurs im Dresden der Romantik, Nor-
           derstedt 2011
Band 3 -   Birgit Franke und Barbara Welzel (Hg.), Warum ist hier kein Einkaufs-
           zentrum? Die Reinoldikirche in Dortmund, Norderstedt (2011)

Studien zur Kunstdidaktik:

Band 1 -   Klaus-Peter Busse (Hg.), Kunstdidaktisches Handeln, Norderstedt 2003
Band 2 -   Klaus-Peter Busse, Bildumgangsspiele: Kunst unterrichten, Norderstedt
           2004
Band 3 -   Klaus-Peter Busse, Vom Bild zum Ort: Mapping lernen, Norderstedt
           2007
Band 4 -   Jürgen Stiller, Gegen das blinde Sehen - empirische Rezeptionsfor-
           schung im Unterrichtsfach Kunst, in Vorbereitung
Band 5 -   Jürgen Stiller (Hg.), Bildräume - Bildungsräume. Kulturvermittlung und
           Kommunikation im Museum, Norderstedt 2007
Band 6 -   Karl-Josef Pazzini/Klaus-Peter Busse (Hg.), (Un)Vorhersehbares Lernen:
           Kunst-Kultur-Bild, Norderstedt 2008
Band 7 -   Rudolf Preuss (Hg.), Mapping Brackel, Norderstedt 2008
Band 8 -   Ansgar Schnurr, Über das Werk von Timm Ulrichs und den künstleri-
           schen Witz als Erkenntnisform, Norderstedt 2008
Band 9 -   Klaus-Peter Busse (mit einem Projekt von Katrin Laupenmühlen und
           Sehra Karakus), Bildumgangsspiele einrichten, Norderstedt 2009
Band 10 - Barbara Welzel (Hg.), Weltwissen Kunstgeschichte. Kinder entdecken
           das Mittelalter in Dortmund, Norderstedt 2009

Band 11 - Klaus-Peter Busse, Blickfelder: Kunst unterrichten - die Vermittlung künstlerischer Praxis, Norderstedt 2011

Band 12 - Rudolf Preuss, Intermedia: Künstlerische Experimente und Vermittlungsprozesse, Norderstedt 2011

Band 13 - Klaus-Peter Busse/Rudolf Preuss/Kurt Wettengl (Hg.), U-Westend. Ein Projekt kultureller Bildung, Norderstedt 2011